中公新書 1916

君塚直隆著

ヴィクトリア女王

大英帝国の〝戦う女王〟

中央公論新社刊

まえがき

二十世紀の幕が開いたばかりの一九〇一年一月二十二日。ロンドンから南西に一二〇キロほど下った軍港ポーツマスに面して浮かぶワイト島で一人の女性が息を引き取った。イギリス王室が所有する別邸オズボーン・ハウスの一室で亡くなったこの女性こそが、イギリス帝国を六四年近くにわたって治めてきたヴィクトリア女王である。享年八十一。かたわらには時のドイツ皇帝ヴィルヘルム二世の姿があった。彼は女王の初孫であった。愛する「おばあちゃま《グランママ》」の死の床で、この野心家の皇帝はこう洩《も》らした。「彼女は実に傑出した女性だった。……何人《なんぴと》も彼女が有したようなパワーなど持ち合わせていなかった」。

それから一〇日ほど後の二月二日、亡き女王の棺《ひつぎ》はロンドンを経由して、ウィンザー城へと移され、荘厳な国葬が営まれた。女王の後継者たる新国王のエドワード七世を喪主に、一人の皇帝、三人の国王、七人の皇太子をはじめ、世界各国から弔問の客がひしめいていた。老齢のオーストリア皇帝は帝位継承者のフランツ・フェルディナント大公を、女王が溺愛《できあい》した孫娘と結婚したロシア皇帝は弟のミハイル・アレクサンドロヴィチ大公を、それぞれ遣わした。その場に集っていた誰もが予想していなかったことであろうが、それから一五年もしないうちに彼らのすべてが敵味方に分かれて戦い合うことになるのである。女王の葬儀は、「イギリスの世紀」を謳歌《おうか》したヴィクトリア時代の人々にとって、つらく悲しい幕開けになったとともに、ヨーロッパ、さらには世界全体にとっても新たな戦争の世紀のはじまりを予感させる重要な儀式でもあった。

この世紀の葬列を「宿の主人」の肩に乗ってロンドンで目撃した男がいた。のちの明治の文豪、夏目漱石である。ワイト島からの棺が到着したヴィクトリア駅から、ウィンザーに通ずるパディントン駅まで、三万二〇〇〇人の歩兵たちに守られて二時間にわたり続いた“Queen”の葬列を、漱石はハイド・パークの人混みのなかで垣間見た。それはまた、大英帝国自体の葬列であったのかもしれない。思えば、当時はるか東方の日本からロンドンに留学していた漱石にとっても、イギリスはあらゆる意味で世界の最先進国であった。漱石だけではない。文明開化の日本を牽引《けんいん》した福澤諭吉や大隈重信らにとっても、イギリスは世界最大の経済大国であり、七つの海を支配する大英帝国であり、議会政治・政党政治に立脚した立憲君主国家として、日本が将来お手本にすべき大国であった。その頂点に君臨していたのがヴィクトリア女王だった。

しかし、その彼らにとって女王は、政治の諸事全般を大臣や議会に託し、あくまでも儀礼的な役割に徹する存在であって、現実政治のなかで政策決定にかかわることはほとんどない、まさに立憲君主の鑑《かがみ》のような存在だった。それは明治維新と時を同じくした頃に、ロンドンで出版されたウォルター・バジョットの『イギリス国制論』（一八六七年）で語られる、イギリス政治の尊厳的な部分としての君主像に大きな影響を受けているからであろう。バジョットが理想の君主とする「君臨すれども統治せず」という姿は、同書の刊行の時期が女王の隠《いん》遁《とん》時代（本書第Ⅲ章を参照）と重なり、ヴィクトリアが女性であったこととも関係して、当時はもとより今日にいたるまで、彼女以降のイギリス君主の実像であるかのように思われがちであるが、はたしてそうだったのか――。

ヴィクトリア女王(1819〜1901)

本書は、イギリスの最盛期とも言われた十九世紀の大半を統治したヴィクトリア女王の「君主」としての役割に注目し、彼女の生涯を描くことを通じて、この時代のイギリスの実像に迫っていくことを目的としている。

近年、ヴィクトリア女王については、さまざまな視点から再検討が進められている。特に歴史学の昨今の成果でもある、「ジェンダー」「表象」「帝国」といった観点から、女王さらには当時のイギリス社会全体を見直そうとする試みである。本書も、そのような近年の学問的成果を押さえたうえで、女王の実像を描ければと考えてはいる。

しかし、先に記したとおり、彼女は女性であり、妻であり、母であるとともに、「君主」でもあった。それは別の視点からすれば、イギリスという国家の妻であり、世界大に拡がった大英帝国の母でもあった。本書では、むしろこの政治・外交におけるヴィクトリア女王の役割に特に注目して、議論を進めていきたい。

もちろん、経済や社会、文化や芸術といった要素を無視するわけではない。なにしろヴィクトリア時代のイギリスは、世界に先駆けて未曾有《みぞう》の近代化を体験した人類史上初めての国だったからだ。

彼女が即位した一八三七年と、その治世が終わる二十世紀初頭とを比較しただけでも、これが同じ国なのかと疑いたくなるような、さまざまな側面で大きな変化が見られるようになっていた。女王がドイツ皇帝に見守られながら大往生を遂げる頃までには、その孫の治めるドイツや、かつての植民地アメリカによって工業生産の分野では追い抜かれていたかもしれないが、国際金融市場におけるイギリスの立場は揺るぎないものとなっていた。

さらに、文学・美術・音楽・演劇など、かつてはフランスやイタリアといったヨーロッパ大陸の後塵《こうじん》を拝することの多かった芸術の分野においても、世界を魅了するだけのものを築き上げていた。何よりの進歩は科学技術であろう。鉄道が国中を駆けめぐり、電信・情報網は世界大のスケールに張りめぐらされた。地球の裏側の情報も瞬時にもたらされるようになった。新聞・雑誌・書物・写真が国中にあふれかえり、人々の日常生活も便利に豊かになった。

しかし変化が見られたのは経済や社会だけではない。この治世のあいだに、成年男子の労働者階級（ただし世帯主に限定）にまで選挙権は拡大し、政党は全国に支部を置いて彼らの声を国政に反映させた。女王が即位した頃の貴族政治は徐々に鳴りを潜め、大衆民主政治へと動き出していった。さらに、ヨーロッパ大陸での国家間の闘争はある程度収まっていたが、文字どおりの世界大での植民地獲得競争（帝国主義）が展開されるようになっていた。その先陣を切ったのが、ほかならぬ女王のイギリスだった。女王が亡くなる頃までに、この国は世界の陸地面積の四分の一ほどを治めていた。

このように、あらゆる分野に見られた激動の時代の波に直面した女王は、イギリス議会政治のなかで、さらには世界大に拡がった国際政治のなかで、どのようにその「君主」としての役割を果たし、新しい世紀の幕が開くまでイギリスと世界とを牽引していったのか。ドイツ皇帝が祖母の最期のときに洩らした、並々ならぬ「パワー」を秘めたこの一人の女性の政治的生涯を追うことは、やはり新たなる世紀の幕開けとともに激動の時代の波に直面する、今日の我々にとっても多くの示唆を与えてくれるのではないだろうか。

ヴィクトリア女王　目次

ヴィクトリア女王時代の大英帝国版図

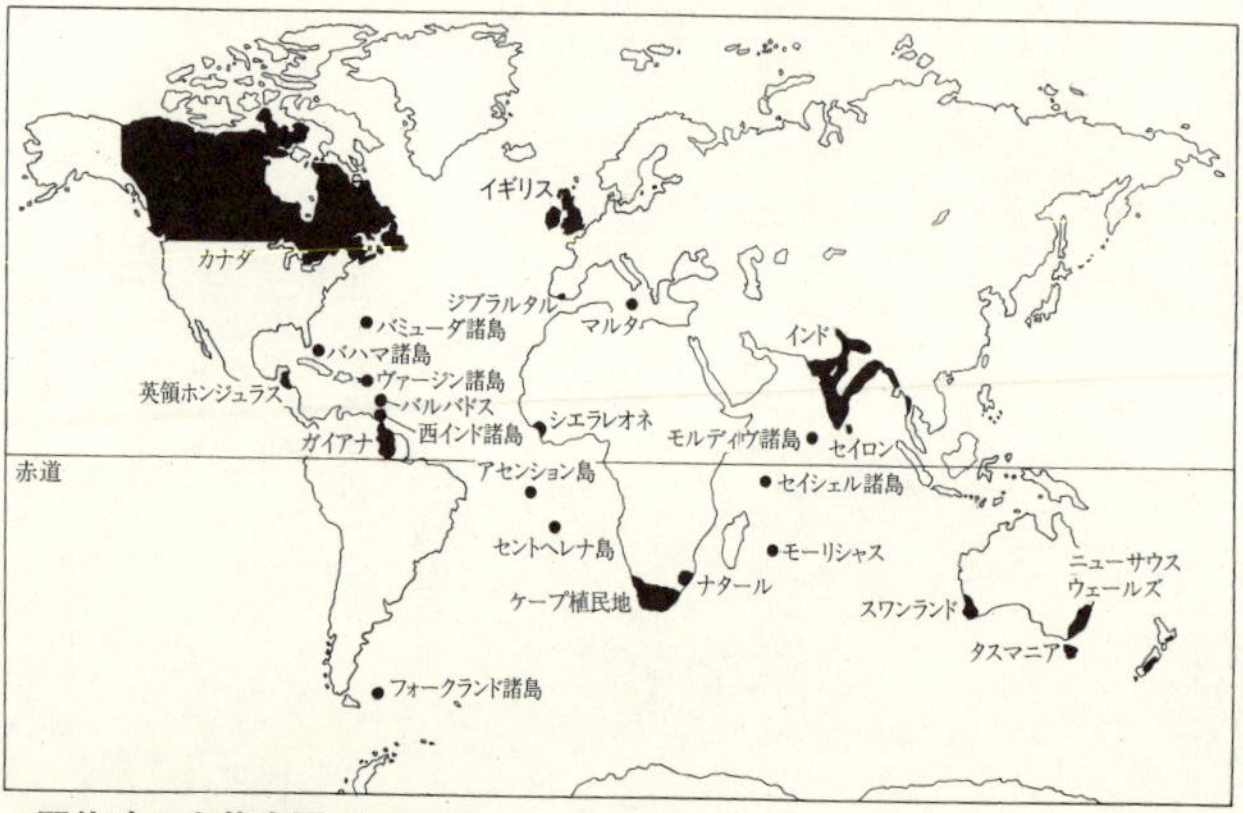

即位時の大英帝国（1837年）

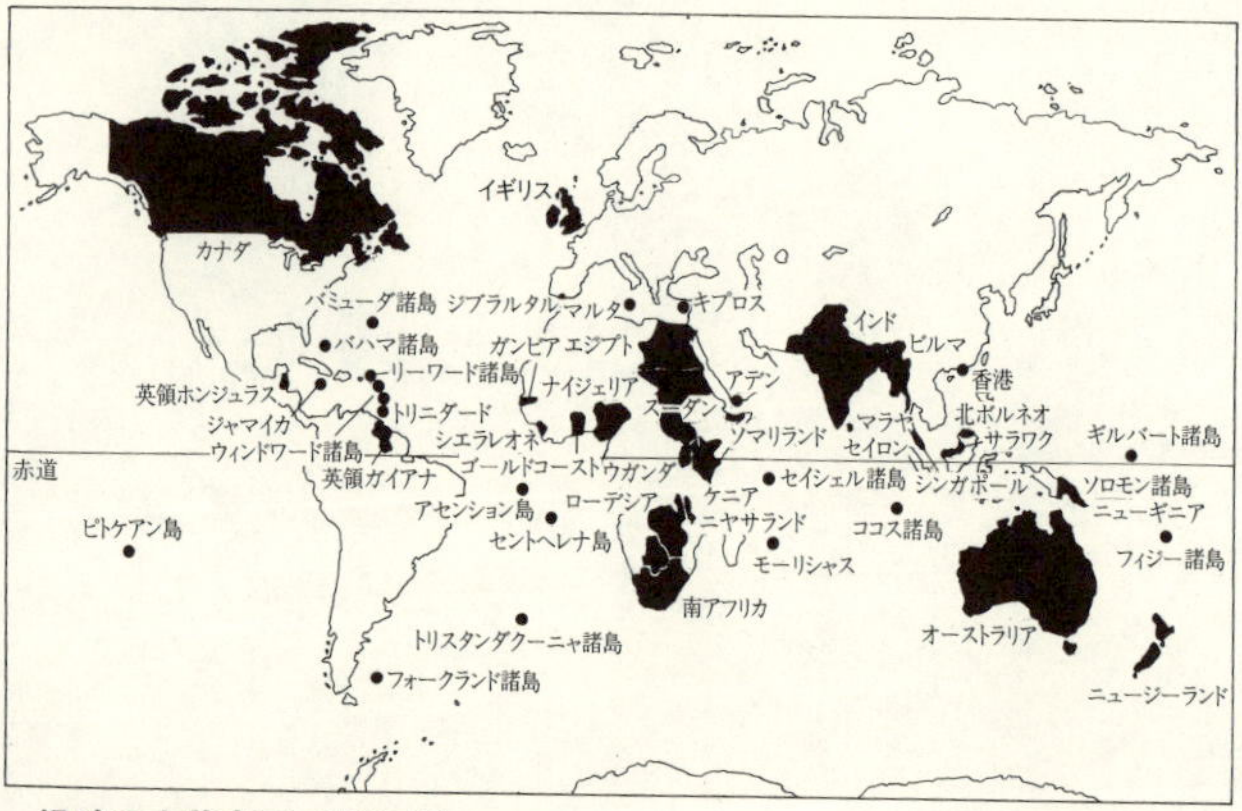

没時の大英帝国（1901年）

註）スミ部分が大英帝国領土．ただし1901年の段階で，エジプトは保護国，スーダンはイギリスとエジプトの共同統治

出所）川北稔・木畑洋一編『イギリスの歴史』（有斐閣アルマ，2000年），佐々木雄太・木畑洋一編『イギリス外交史』（有斐閣アルマ，2005年）を基に筆者作成

ヴィクトリア女王

大英帝国の〝戦う女王〟

"Fighting Queen" of The British Empire

イギリス王室略系図①

ジョージ3世 1820没
(1760～1820)

ジョージ4世 1830没
(1820～1830)

ウィリアム4世 1837没
(1830～1837)

エドワード（ケント公）
1820没

ヴィクトリア女王 1901没
(1837～1901)
‖
アルバート公 1861没

ヴィクトリア（ヴィッキー） 1901没
‖
フリードリヒ3世（フリッツ）
ドイツ皇帝 1888没

エドワード7世 1910没（1901～1910）
（アルバート・エドワード／バーティ）
‖ ── **ジョージ5世**
1936没（1910～1936）
アレキサンドラ デンマーク王女
1925没

アリス 1878没
‖
ルートヴィヒ4世 ヘッセン大公
1892没

アルフレッド 1900没
‖
マリア ロシア大公女 1920没

ヘレナ 1923没
‖
クリスチャン 1917没

ルイーズ 1939没
‖
ジョン・キャンベル 1914没

アーサー 1942没
‖
ルイーゼ プロイセン公王女 1917没

レオポルド 1884没
‖
ヘレン 1922没

ベアトリス 1944没
‖
ハインリヒ 1896没

註）略系図中の（ ）内の年は，
国王としての在位期間

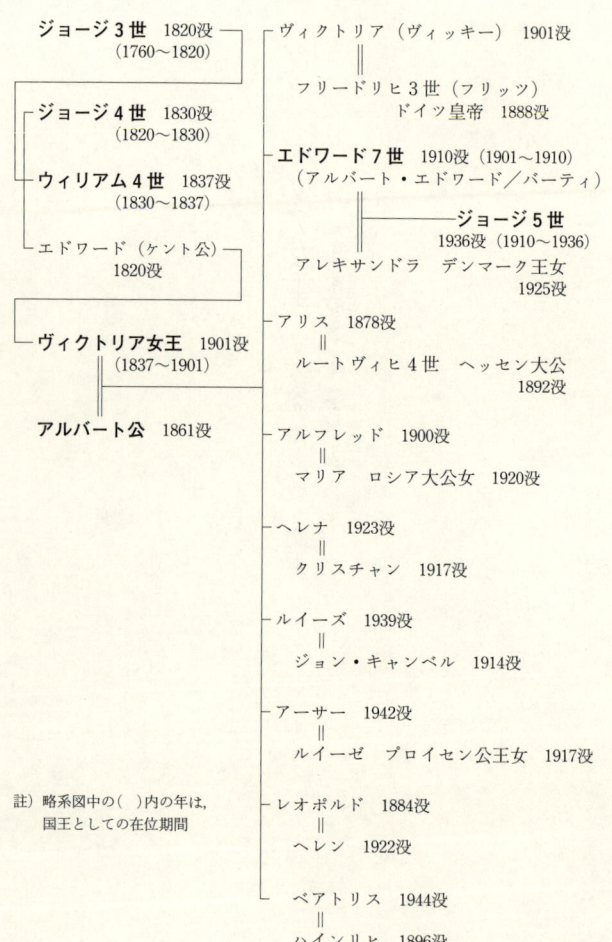

第Ⅰ章　「暗黒の時代」の女王即位

Coronation of the Queen in "The Dark Age"

十八世紀イギリス政治の混迷

十八世紀半ばのヨーロッパはまさに「戦争の世紀」の真っただ中にあった。それは野心家の二人のフランスの君主、ルイ十四世とナポレオン一世が引き起こした侵略戦争によって挟まれた「長い十八世紀（一六八八〜一八一五年）」と呼ばれる時代の折り返し地点でもあった。そのような時代にフランス最大のライバル国家イギリスの国王に即位したのが、弱冠二十二歳のジョージ三世（在位一七六〇〜一八二〇年）である。

ハノーヴァー王朝三代目の君主ジョージ三世は、曾祖父（ジョージ一世）や祖父（ジョージ二世）が一族の出身地であるドイツのハノーファー公国とその周辺の安全保障にばかり気を遣い、イギリス国内政治をウォルポール以降の大臣たちに牛耳られていたのを苦々しく思っていた。この若年の三代目は、自ら「愛国王（Patriot King）」を自負して大臣主導型の議会政治に真っ向から挑戦を開始した。彼が国王に即位した最初の一〇年間だけで五回も政権が交代し、議会内がさまざまな党派に分裂してしまう一方で、議会の外では選挙権の拡大などを訴える急進主義的な民衆運動も台頭した。さらに、このような国内政治の動揺は、大西洋を越えてアメリカ植民地にも飛び火した。

植民地に対する国王の強硬な姿勢は、七年戦争終結（一七六三年）後のヨーロッパ国際政治でのイギリスの孤立とも相まって、アメリカ独立戦争とその敗北へとつながってしまった。この若い国王の登場が、イギリス国内の政治・社会はおろか、虎の子の植民地アメリカの独立（一七八三年）にまで発展したのである。

ジョージ三世は決して愚鈍で怠け者の国王ではなかった。むしろ朝から晩まで執務室に閉じ籠《こ》もってすべての政府関連の書類に目を通したり、休日には国内を回って特に農業の発展に関心を示すほどの生真面目《きまじめ》な君主であった。しかしそれが逆に、議会や植民地には息苦しさを与え、彼らとの深刻な対立にまで発展するような硬直した姿勢につながった。

アメリカの独立はこの真面目で生一本の国王に衝撃を与えた。独立から五年後の一七八八年秋に五十歳のジョージ三世は精神障害に陥ってしまう。このとき、国王を支持するピット派（与党）と皇太子を摂政として擁立しようと試みるフォックス派（野党）との間で激しい攻防戦が繰り広げられるが（このあたりのことはイギリス映画『英国万歳！』に詳しい）、翌八九年二月に国王は病気から恢復《かいふく》し、このときはイギリス政治も正常な状態に戻った。

摂政皇太子の登場と王女の死

それから二〇年ほど経った一八一〇年十月、在位五〇周年を迎えたジョージ三世がまたも精神病に陥った。このたびは七十二歳の高齢に加え、ナポレオン戦争など国内外の政治情勢が緊迫した状態にあり、翌一一年二月に長男のジョージが摂政皇太子（Prince Regent）に就任することが決まった。

ところがこの摂政は、父王とは性格も趣味も正反対で、政治より芸術や快楽を愛する人物だった。彼には、一七九五年に結婚した父方の従妹《いとこ》のキャロラインという妃がいたが、その一〇年前に極秘に結婚し国王によって「解消」された愛人との関係が続いていた。この愛人はカトリック教徒であり、王位継承法（一七〇一年）や王室婚姻法（一七七二年）からも、許されぬ結婚だったのである。キャロラインとジョージの間には、結婚の翌年にシャーロットという王女が一人生まれただけで、その後は夫婦は別居状態であった。

このような放蕩《ほうとう》者の皇太子に対する国民からの風当たりは強かったが、その娘シャーロットは、女性問題にだらしない父や叔父たちとは対照的に、品行方正で魅力的でもあり、次代を担う女王として国民の間でも期待が高まっていた。やがて彼女は一八一六年、二十歳のときに結婚する。相手はドイツのザクセン＝コーブルク＝ザールフェルト公国の王子レオポルド（ドイツ名はレオポルト）。シャーロットは結婚後すぐに身ごもり、ナポレオン戦争が終結した直後の暗い世相に明るい話題をもたらしてくれた。

しかし悲劇が突然襲った。翌一七年十一月に、シャーロットは男児を死産し、その直後に自らも息を引き取ってしまったのである。いまや五十五歳となっていた摂政皇太子と四十九歳のキャロライン妃の間に、これ以上子どもを期待することはできない。それどころか二人の間には離婚話まで持ち上がっていたのである。

ジョージ三世の死後には皇太子が王位を継ぐことはもちろん決まっていた。だがその後を担う継承者は未確定となった。「長い十八世紀」という戦争の世紀が終わり、長年の疲弊と戦後の不況とに国民が喘《あえ》いでいるこの不穏な時期に、安泰に見えていたイギリス王室に王位争奪戦がはじまることになる。

王子たちの結婚ラッシュ

ここでイギリスの王位継承の基本原則を見ておこう。イギリス王室では、国王の長男が代々王位を継承するという長子相続制が基本であり、男子が優先されるが、女子にも継承権は認められている。このため、王子がいない場合には王女が年齢順に王位を継承する慣習が、十六世紀以来行われてきた。テューダー王朝のメアリ一世（在位一五五三〜五八年）とその妹のエリザベス一世（在位一五五八〜一六〇三年）、ステュアート王朝のメアリ二世（在位一六八九〜九四年）とその妹のアン女王（在位一七〇二〜一四年）というように、イギリスにはこれまで四人の女王が君臨してきた。

とはいえ、基本は男子が優先される。九人の王子（このうち成人に達したのは七人）と六人の王女に恵まれたジョージ三世とは対照的に、息子たちはそろいもそろって子宝に恵まれなかった。それどころか、結婚さえしていなかった王子も大勢いた。まさか自分たちに王位継承が回ってくるとは思っていなかったのであろう。ところが、シャーロットと赤ん坊の死がすべてを変えてしまった。

ジョージのすぐ下の弟である次男フレデリック（ヨーク公爵）は、プロイセン国王の長女と結婚していたが、二人の間に子どもはいなかった。三男ウィリアム（クラレンス公爵）はドロシー・ジョーダンという女優との間に一〇人の子どもを儲《もう》けていたが、彼らは全員庶子として扱われた。四男のエドワード（ケント公爵）、五男のアーネスト（カンバーランド公爵）、六男のオーガスタス（サセックス公爵）、七男のアドルフス（ケンブリッジ公爵）のいずれもが未婚であったり、子どもに恵まれていなかった。こうした状況のなか、未婚の者は結婚し、既婚の者は出産により、少しでも王位継承権に与《あずか》りたいと思うようになった。

なかでも焦ったのは四男のケント公爵エドワードだった。シャーロットが亡くなった時点ですでに五十歳を迎えていた彼は、長年の浪費癖も祟《たた》り、兄弟のなかでもっとも借財に苦しめられていた人物であった。しかも兄の摂政皇太子とは仲が悪かった。そのようなときに降ってわいたかのような王位継承話である。兄や弟に後れをとるものかと、彼もドイツ貴族の娘を結婚相手にと探し出した。しかしスタートが遅く、結局、ライニンゲン公爵の未亡人ヴィクトワールを正妻に迎えることになる。姪《めい》のシャーロットの寡夫《かふ》レオポルドの実姉だった。三十歳を過ぎていた彼女には亡きライニンゲン公との間に二人の子どもがあった。それでもエドワードは構わなかった。良家の王女でプロテスタントでさえあれば、さらに子どもを産んでくれる健康な女性でさえあれば、議会から新たに五〇〇〇ポンドの年金を受け取る権利を得られるからである。こうして一八一八年五月二十九日、二人はヴィクトワールの実家であるドイツ中央部のコーブルクに建つエレンブルク城で華燭《かしょく》の典を挙げた。花婿は五十一歳、花嫁は三十二歳であった。

イギリス王室における「生と死」

結婚ラッシュの後は、出産ラッシュが続いた。シャーロット王女の死から二年後の一八一九年は、イギリス王室がもっとも多くの赤ん坊を授かった年かもしれない。まずは七男ケンブリッジ公爵家であった。三月二十六日に元気な男の子が誕生した。やがて摂政皇太子にあやかってジョージと名付けられた。翌二十七日には三男クラレンス公爵家にようやく「嫡子」が誕生した。五月二十四日には四男ケント公爵家に女の子が生まれた。そして三日後の五月二十七日、五男カンバーランド公爵家が男の子を授かった。彼もまた、摂政皇太子から

イギリス王室略系図②

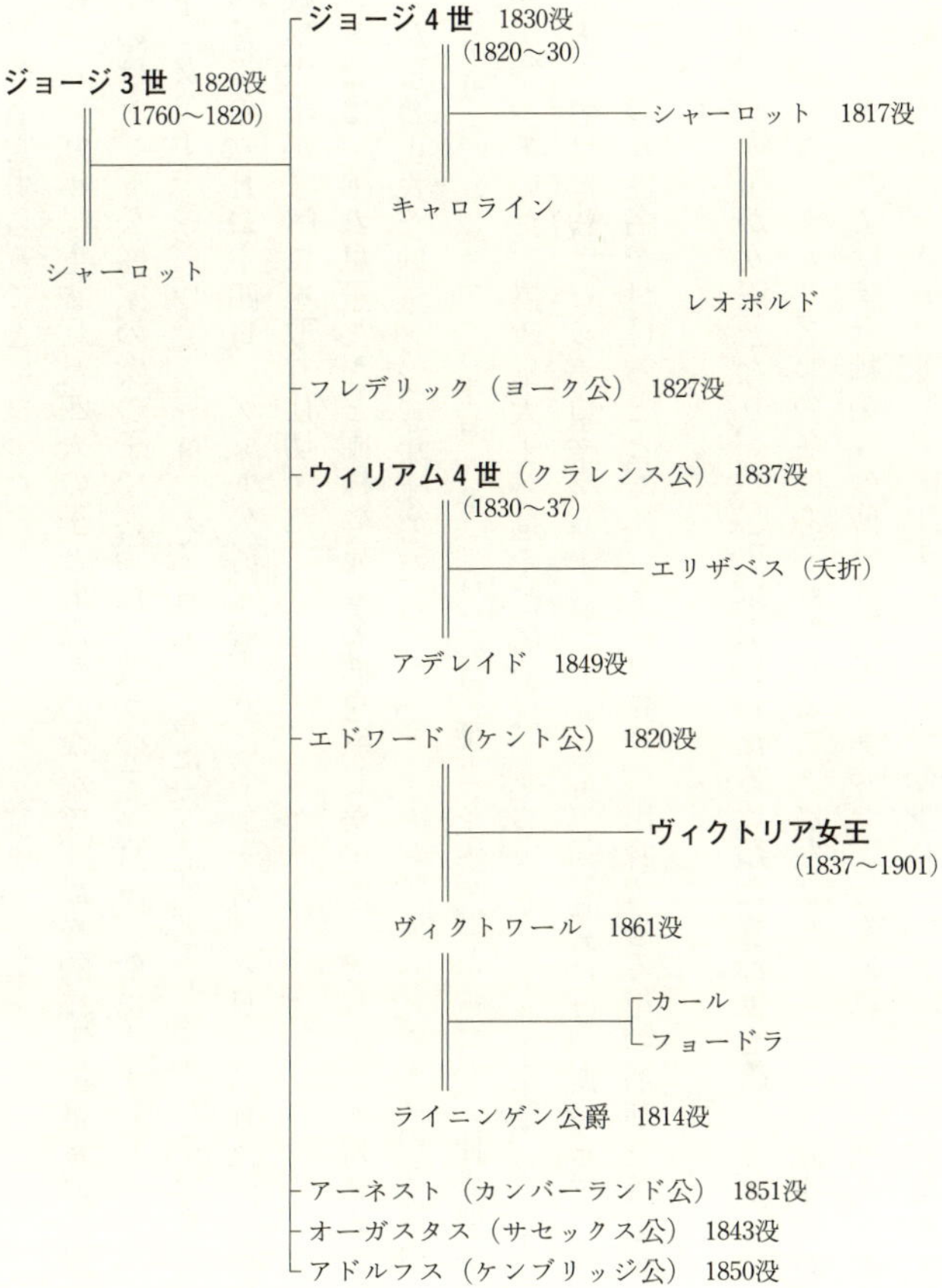
ジョージ３世　1820没
(1760～1820)
シャーロット
ジョージ４世　1830没
(1820～30)
キャロライン
シャーロット　1817没
レオポルド
フレデリック（ヨーク公）　1827没
ウィリアム４世（クラレンス公）　1837没
(1830～37)
アデレイド　1849没
エリザベス（夭折）
エドワード（ケント公）　1820没
ヴィクトワール　1861没
ヴィクトリア女王
(1837～1901)
ライニンゲン公爵　1814没
カール
フョードラ
アーネスト（カンバーランド公）　1851没
オーガスタス（サセックス公）　1843没
アドルフス（ケンブリッジ公）　1850没

ジョージの名をもらうことになった。

この一八一九年に生まれた四人の子どもたちのなかで、最終的に王位継承の「勝利」をつかんだのはケント公爵家の女の子であった。彼女の二ヵ月ほど前に生まれたクラレンス公爵家の子（女の子であったようだ）は、その日のうちに亡くなってしまったのである。誕生から一ヵ月後の六月二十四日、ケント公爵家の王女に名前を付ける日が訪れた。名付け親《ゴッドファーザー》となる摂政皇太子がすべてを取り仕切った。

ケント公は、弟の息子たちと同様に兄の名前を欲しがった。それでこそ将来の「ジョージ四世」からの正式な継承者を意味するだろう。「ジョージアナ（ジョージの女性名）」を筆頭に、「エリザベス」や「シャーロット」などを候補として挙げた。だが、仲の悪い兄からの意地悪が待っていた。摂政皇太子が選んだ名前は「アレクサンドリーナ・ヴィクトリア」。もう一人の名付け親《ゴッドファーザー》でロシア皇帝アレクサンドル一世（洗礼式には出席できず）の名前にあやかってその女性名を付けるとともに、ドイツ貴族の出身である母の名前を英語読みにしたものであった。

この後、この子が女王となり、六〇年以上にわたる比類なき治世を終える頃までには、イギリス中に「ヴィクトリア」の名はあふれかえることになったが、一八一九年当時、ヴィクトリアはイギリスでは実は馴染《なじ》みの薄い外国名であった。ともあれここに洗礼式を終え、ケント公爵家の娘は、アレクサンドリーナにちなんで幼少時は「ドリーナ」の愛称で親しまれることになった。

しかしイギリス王室に慶事は続かなかった。「誕生」が続いた一八一九年とは対照的に、翌一八二〇年から二一年にかけては多くの「死」が王室を待ち受けていた。まずは、この国を六〇年近くにわたって統治してきた国王ジョージ三世が一月二十九日に崩御した。これにより、摂政皇太子は晴れて国王ジョージ四世となった。五十八歳での即位であった。さらに、彼が国王になったことで、王妃（Queen）となったキャロラインが、義父にして愛する叔父でもあったジョージ三世の死去にともない、それまでの外国での別居生活を終えて帰国した。この後国王夫妻は、国中を巻き込んでの離婚問題で衝突し、翌二一年八月にキャロラインは腹膜炎で急死してしまう。

母ケント公妃とヴィクトリア　1821年

それ以上にケント公爵家にとって重大だったのが、当主ケント公自身の死去であった。元来が陸軍軍人で体力に自信のあった公爵は、一八二〇年初めに風邪をこじらせた。その後の医者の見立て違いもあり、一月二十三日に息を引き取る。長年病気で苦しんだ父ジョージ三世が亡くなる六日前のことである。これでケント公爵家のヴィクトリア王女は、その一週間後には、王位継承者第三位の立場に立つことになった。彼女はまだ生後八ヵ月であった。この年の十二月にはケント公爵の兄クラレンス公爵家に王女エリザベスが誕生した。これでヴィクトリアの王位継承も遠のいたかに思われたのだが、エリザベスは翌二一年三月に急逝してしまう。ヴィクトリアは、クラレンス公爵家の娘たちにはない生命力に恵まれていた。

ジョージ四世とケント公妃母子

父の死があったとはいえ、ヴィクトリア王女は幸運に包まれていた。すでに述べたように、父の死から一週間後には祖父ジョージ三世が亡くなり、摂政皇太子は国王になった。財政的にもゆとりのできたジョージ四世は、亡夫の借財に悩まされていたケント公妃母子をそのままケンジントン宮殿に住まわせることにしたのである。

ところが、現実に住む場所は保証されていたものの、イギリス宮廷に母子の「居場所」はなかった。王女が将来の王室を担う存在になりつつあったとはいえ、ジョージ四世はこの外国人の母親（ケント公妃）を信用できなかった。彼が国王に即位した七ヵ月後には、すぐ下の弟ヨーク公爵の妃が亡くなり、さらにその下のクラレンス公爵妃は丈夫な子どもを産めない体であった。ヴィクトリアの王位継承はますます近づいていた。それにもかかわらず、国王はケント公妃母子にはあまり会おうとはしなかった。姪であるヴィクトリアのことは好きだったのだが、母親が気に入らなかったのである。

しかし国王は、好き嫌いを言っていられる状況にはなかった。キャロラインとの離婚騒動で国民からの人気は低迷し、議会内からも信頼を失っていた彼は、即位して二年後には還暦を迎える年齢であった。ヨーク公は新たな妃を迎える素振りを見せず、クラレンス公にはなかなか子が生まれない。ヴィクトリア王女が六歳になった一八二五年、ケント公爵家の年金は六〇〇〇ポンドに倍増された。いよいよ王女に帝王教育を施すための準備というわけである。さらにその翌年、国王は母子を初めてウィンザー城に招待した。王女が花を差し出すと、それに喜んで目を細めながら、国王は彼女の胸元にリボンのようなものを着けてくれた。それはジョージ四世自身が創設した王室勲章（Royal Family Order）だった。

ジョージ4世（1762〜1830）

この当時イギリスでは、ヨーロッパ大陸諸国とは異なって、女性に勲章を授ける習慣がなかった。王妃や王女といえどもである。このためイギリス最高位のガーター勲章も、皇太子や年長の王子たちには幼少時に授けられたものの、自らが君主である女王を除けば、王妃や皇太子妃にさえ与えられることはなかった。王妃に初めてガーター勲章が与えられるのは、ヴィクトリア女王の長男エドワード七世の治世（一九〇一年）になってからのことである。「勲章好き」だったジョージ四世は、ナポレオン戦争後の論功行賞とも絡めて、勲章の新設・拡大に尽くした国王であった。そして、それまでの女性王族への冷遇も一部改めて、国王自身のエナメル肖像画を中央に施した女性用勲章として、この王室勲章も創設したのである。ちなみに、第一号の受章者は国王自身の妹たちだった。

この勲章を七歳のヴィクトリアが授与されたことは、ジョージ四世が彼女を自らの継承者として認めたことを意味していたと考えることもできよう。国王自身がブルーリボン（ガーター勲章の別称）を父から与えられたのは九歳のときである。しかも今回、王女に与えられた場所はウィンザーだった。ガーター騎士団（ウィンザー城内のチャペルが聖堂）のみならず、ウィリアム一世（在位一〇六六～八七年）の時代から王室が居城を構えるこの地で王室勲章が授与されたことは、まだ女性にブルーリボンが与えられない当時にあっては、ヴィクトリアが王位継承にとって大切な人間として国王に認められた証《あかし》ではなかろうか。

事実、この後、国王は頻繁に王女に会うようになった。ケント公妃はこの義兄が、娘を暗殺するか、さもなくば悪い教育を施すのではないかと真剣に恐れていたが、母親の心配をよそに、ヴィクトリアはこの伯父と馬車に乗ったり音楽を聴いたりするのが大好きになった。自らの王女シャーロットとの関係は必ずしもよくなかった国王ではあったが、この姪のことは溺愛していたようである。

王女への帝王教育

しかしやがてこの伯父との別れのときが訪れた。一八三〇年六月二十六日、ジョージ四世は六八年の生涯を閉じた。その三年前に、すぐ下の弟ヨーク公爵が世を去っていたため、王位はさらにその下のクラレンス公爵が継ぐことになった。ここにハノーヴァー朝五代目の国王ウィリアム四世が即位した。六十五歳で王となった彼とアデレイド王妃との間には、エリザベス王女の死後、ついに子どもはできなかった。このため、十一歳に成長していた姪のヴィクトリアが王位継承者第一位に躍り出ることになったのである。

すでにはじめられていたヴィクトリアへの帝王教育はさらに強化された。ケント公爵家の年金が倍増された六歳頃から、王女はガヴァネス（住み込みで子女の教育にあたる女性）のルイーゼ・レーツェン女史から語学や簡単な算数を習うようになり、やがてイングランド国教会の聖職者ジョージ・デイヴィス師からも自然科学、歴史、地理、フランス語、ドイツ語、ラテン語などを学ぶようになっていた。また、当時の良家の子女にお馴染みの、乗馬、舞踊、絵画、音楽なども一通りこなすようになっていく。特に女王にとって終生の趣味となったのがスケッチであった。家族はもとより、歴代首相やフランス皇帝ナポレオン三世を描いたスケッチが、二十一世紀の今も王室収蔵品《ロイヤル・コレクション》のなかに残っている。

ウィリアム4世(1765～1837)

ドイツ人のレーツェン女史は、元々はヴィクトリアの異父姉フォードラのガヴァネスとしてケント公妃とともに渡英し、ヴィクトリアが誕生した後には彼女のガヴァネスになっていた。ジョージ四世からハノーファー王国（彼が国王を兼務する）の女性男爵《バロネス》に叙せられたレーツェンは、この後ヴィクトリアが結婚するまで、彼女の側近にして、もっとも信頼を寄せられる相談相手として仕えていく。

ヴィクトリアの異父兄カールはドイツにとどまり、仲がよく実の姉のように慕ったフォードラも彼女より十二歳年上でやがて結婚してしまったため、ヴィクトリア王女は常に孤独であった。「私は子ども時代きわめて不幸であった。一緒に生活する兄弟も姉妹もおらず、父さえいなかった」とのちに回想している。

そのぶん、ヴィクトリアは大人たちと過ごす時間が自然と増え、幼少時から「ませた」王女として成長していった。一八三二年からは、レーツェンの勧めもあって、王女は日誌を付けるようになった。これは一時中断が見られたものの、最晩年まで続けられる習慣となっていった。今日でもウィンザー城内の王室文書館には全一一一巻に及ぶ彼女の膨大な日誌が残されている。

国王とケント公妃の確執

帝王教育を積んでいたヴィクトリア王女と新国王ウィリアム四世とはきわめてよい関係を

構築していった。アデレイド王妃にしても、この王女を我が子のように可愛《かわい》がった。ところがまたもやケント公爵家に問題が持ち上がった。ウィリアム四世も亡き兄王と同じく、ドイツ人の母親（ケント公妃）を信用できなかったのである。兄と同様に、ケント公妃母子にはそのままケンジントン宮殿を使わせていた国王ではあるが、ある日「抜き打ち検査」で、母子が留守中に宮殿を視察に訪れたウィリアムは我が目を疑った。ケント公妃がほとんどの部屋を独占していたばかりか、王女が十歳を過ぎていたにもかかわらず、いまだに母子は同じ部屋で寝ていたのである。

ケント公妃が親戚《しんせき》にあたるコーブルクの若い王子たちを、次々とイギリスに招待していることにも国王は苛立《いらだ》っていた。公妃の狙《ねら》いは明白である。ヴィクトリアの将来のお婿さん候補にコーブルクの王子を迎えたかったのである。負けじと国王もオランイェ家（オランダ王家）から二人の王子を招待して、ヴィクトリアに紹介した。王女を狙っていたのは国王だけではない。彼女と相前後して生まれた従兄弟《いとこ》、二人のジョージもそうであった。カンバーランド公爵家とケンブリッジ公爵家も、兄の家に生まれたこの女の子を嫁にしてあわよくば王位それ自体を乗っ取ろうともくろんでいた。

ヴィクトリアが十七歳の誕生日を迎えた一八三六年五月には、この王女争奪戦もますますエスカレートしていった。将来の花婿候補がロンドンのセント・ジェームズ宮殿（バッキンガム宮殿が完成するまでのイギリス国王の宮殿）に一堂に会したのである。しかもウィリアム四世の「嫌がらせ」で、ケント公妃が招いたコーブルク家の二人の王子は招待客から外されていた。この二人は、翌日あらためて王女に引き合わされた。

今度はケント公妃の復讐《ふくしゅう》の番であった。その年の夏をケント公妃母子と過ごそうと国王はウィンザーに招待していたが、公妃は訪問を引き延ばしにかかった。ヴィクトリア王女の許《もと》には叔父のレオポルドからも使者や手紙が毎日のように届けられているとの噂《うわさ》が国王の耳にも伝わっていた。一八三〇年に起こったオランダに対するベルギー独立反乱を調停したロンドン国際会議の決定により、レオポルドは独立を達成したベルギー王国の国王に即位していたのである。王位継承が近づくヴィクトリアに、君主としての心得を教えようとするレオポルドの心遣いであったかもしれないが、ウィリアム四世の目から見れば、またもやコーブルク家によるイギリス侵略のように映ったのであろう。

一八三六年八月二十一日、七十一歳の誕生日を迎えた国王ウィリアム四世は、ウィンザー城で一〇〇名を超える招待客と長寿を祝った。そこにはケント公妃母子の姿も見られた。なんとその席で、招待客を前に国王が場違いともとれるような、とんでもない答辞を述べたのである。「神が余の寿命をあと九ヵ月長らえてくださることを信じる」。九ヵ月後と言えばヴィクトリアが十八歳になる時期である。実は、老国王の健康状態も不安定であったことから、王女が十八歳に達する前に君主として即位する場合には、母親が摂政になることが議会でも承認されていたのである。国王はどうしてもこの母親を摂政になど就けたくはなかったのだ。

不機嫌になったケント公妃は、すぐさま馬車を呼んでロンドンに戻る用意をさせるわ、王女は泣き出してしまうわで、大混乱の誕生祝賀会となってしまった。

王位継承の朝に

しかし、それが国王にとっての最後の誕生日会になろうとはこのときは誰もが予想していなかった。翌一八三七年五月二十四日、ヴィクトリア王女は晴れて十八歳の誕生日を迎えた。国王は公爵家の年金を一万ポンドに加増するというプレゼントとともに、王女に「これを機に母親から独立してはどうか」と、新たなる宮廷の創設も打診した。しかしこれは公妃の入れ知恵で、王女自身が辞退する。国王はまたもや不愉快になったが、前年の自分の誕生日に神に祈った願いのほうはこれで実現したわけである。

ウィリアムの体調が急激な衰えを見せたのはその直後のことであった。六月に入ると、国王はほとんど起きあがれない状態となってしまった。そして運命の六月二十日を迎える。この日の午前二時十二分、ウィリアム四世は内臓疾患のためウィンザーで息を引き取った。すぐに宮内長官のカニンガム侯爵とカンタベリー大主教（イングランド国教会の首座主教）のウィリアム・ハウリ師がロンドンのケンジントン宮殿へと急いだ。この後は、ヴィクトリア自身の日誌を見てみよう。

私は午前六時にママに起こされた。カンタベリー大主教とカニンガム卿《きょう》がいらしているという。彼らは私に会いたいというのだ。私はベッドから起きて一人で居間に行った［傍点は原文では下線が引かれている。以下、本書では同様である］。そこで彼らと会見した。カニンガム卿によると、国王、すなわち可哀想《かわいそう》な伯父様が今朝二時十二分にみまかられたということだ。これにより私が女王になった。カニンガム卿は跪《ひざまず》き、私の手に口づけをした。

翌二十一日、彼女は王名を「ヴィクトリア」とした。それまで正式名称の筆頭に位置づけられていた「アレクサンドリーナ」は公式文書から永遠に姿を消すことになった。こうしてハノーヴァー王朝六代目の君主にして、初めての女王ヴィクトリアが誕生した。

最初の枢密顧問会議

宮内長官とカンタベリー大主教との謁見《えっけん》が終わって三時間後の午前九時、女王はメルバーン首相と最初の会見を行った。それまでは、幼い王女に会見を申し込むときは、必ず母親のケント公妃も同席することが条件であったが、この日を境に、女王は家族絡みの私的な会見でない限りは、大臣など主要人物たちとの謁見はすべて一人で行うことになった。そればかりか、レーツェン女史のはからいもあり、それまで母親と一緒であった寝室も分けられ、女王は一人で休むようになる。

大礼服に身を包んだメルバーン首相と今後の予定について打ち合わせを終えると、午前十一時半からケンジントン宮殿の赤の大広間で、女王にとって初めての枢密顧問会議が開かれることになった。枢密院は、一五三〇年代にテューダー王朝中興の祖であるヘンリ八世（在位一五〇九～四七年）によって創設された国王評議会に起源を持ち、その娘エリザベス一世の時代から定着した、君主と相談役とからなる諮問機関である。十八世紀半ばに責任内閣制（議院内閣制）が登場するまでは、内閣の役割も果たしていた。

最初の枢密顧問会議　左端がヴィクトリア女王

この日も、九七名の顧問官たちが赤の大広間に集まっていた。身長一五〇センチにも満たない若き女王は、まるで妖精《ようせい》のような白いドレスを着て中央の玉座に着いた。彼ら顧問官たちは、女王が生まれる以前からこの国の政治を司《つかさど》ってきた強者《つわもの》たちばかりであった。ところが、彼らを目の前にしながらも、若き女王はまったく怯《ひる》むこともなく、最初の枢密顧問会議はつつがなく終了した。女王は、当日の日誌にこう記している。「私はまったく神経質にならなかった。むしろ終わった後に、みなが誉《ほ》めてくれたので満足した」。

この感想は決して女王の自己満足ではなかった。会議に出席していた老獪《ろうかい》な政治家たちも一様に彼女の堂々たる態度に感服していた。元首相のグレイ伯爵（七十三歳）は「まだ年端もいかぬ女性が、突然、主宰しなければならなくなった大変な責務であるにもかかわらず、その物腰、冷静な態度、礼儀作法、落ち着き払った姿勢は、きわめて異例と言ってもいいほどのものであった」と感想を洩らした。同じく元首相で、ナポレオン戦争の英雄ウェリントン公爵（六十八歳）も、「たとえ天国から天使が舞い降りてきたとしても、あの歳であそこまで完璧《かんぺき》に振る舞うことはできまい」と感嘆した。

この後も、メルバーン首相や他の閣僚たち、イングランド国教会の幹部や王室の職員たちと次々と謁見を行った女王の執務は、午後十時近くまで続いた。こうして、女王にとっての長い最初の一日が終わったのである。

国王大権の重み

それでは女王が手にしたイギリス君主の政治権力とはどのようなものなのか。中世以来、イギリス（イングランド）の歴代国王たちは、この国に特有のかたちで発展を遂げてきた議会（Parliament）と相談し、折り合いをつけながら、政治や外交を進めてきた。議会のメンバーである爵位貴族（貴族院議員）やジェントリ（下院議員）といった地主貴族《ジェントルマン》階級こそが兵力も財力（税金のかたちで）も提供してくれるもっとも重要な存在だったからである。イングランドに比べて議会の力が弱かったスコットランドから国王がやってきたとき（一六〇三年のステュアート王朝の成立）、国王と議会の関係はぎくしゃくしはじめ、十七世紀の二度の革命（一六四二〜四九年のピューリタン革命と一六八八〜八九年の名誉革命）を経て、「議会のなかの国王」という体制は定着していった。

一七一四年に継承法の関係から、ドイツ北部にあるハノーファー公国の領主がイギリス（本書では一七〇七年にイングランドとスコットランドが連合王国《ユナイテッド・キングダム》を形成して以降の名称を「イギリス」とする）国王となり、ハノーヴァー王朝が成立すると、最初の二代の国王がイギリス政治に関心を示さず、それまで議会と直接折り合いをつけてきた君主に代わり、議員でもある大臣たちが両者の仲立ちとなった。それは一七二一年に第一大蔵卿（財政を担当する高位の閣僚）に就任したサー・ロバート・ウォルポールの登場によって、さらに根づいていくことになり、責任内閣制（議院内閣制）の確立へとつながった。

その後、イギリス政治に強い関心を示すジョージ三世が登場したものの、すでに述べたとおり、十九世紀初頭以降に彼が精神病で隠遁し、ジョージ四世がキャロラインとの離婚問題で国王の影響力を弱体化させ、一八三〇年に即位した老国王（六十五歳）ウィリアム四世が政治の諸事全般に疎《うと》かったこともあり、ますます大臣たちの力が強くなっていった。

しかしそれでもなお、国王大権（Royal Prerogative）はイギリス政治に混乱が生じた場合には伝家の宝刀の役割を果たしていた。一八三四年十一月に、政権内の人事問題をめぐってメルバーン首相と対立したウィリアム四世は彼を更迭《こうてつ》してしまった。この事件は、辞める意思のなかった首相を君主が自らの意思に基づいて「クビ」にした最後の事例となった。

この翌年の総選挙で、野党三党派（ホイッグ・急進派・オコンネル派）がサー・ロバート・ピール首相率いる保守党に勝利を収め、その後の議会審議で政府側が提出した法案を次々と敗北に追い込んだため、一八三五年四月にピール政権は総辞職し、国王の相談役であったグレイ伯爵の助言に基づいて、メルバーンが首相へと返り咲いた。

このように、最終的には、議会政治の趨勢《すうせい》が国王の判断に影響力を及ぼすようになっていたとはいえ、十九世紀半ばのイギリスの君主には、いまだに大権が備わっていた。大臣の任免ばかりではない。議会の召集・解散、国教会の高位聖職者や判事の任免、外国への宣戦布告や講和の締結、大使の接受や爵位・栄典の授与など、まさに国家の中枢にかかわる権限を備えているのである。しかも国王は、イングランド国教会の首長にして、陸海軍の最高司令官でもあった。一八三七年六月に伯父ウィリアム四世からヴィクトリアが引き継いだ王位には、それだけの重責がともなっていた。それをまだ十八歳になったばかりの少女が負わなければならなかったのである。

しかし、この若き女王は、最初の枢密顧問会議を取り仕切った際と同様に、威風堂々たる姿を国民にも見せつけていったのであった。

戴冠式と国民の興奮

そのような彼女にとって、最初に迎えた最大の儀礼が自らの戴冠式《たいかん》である。政府や宮廷によって入念に準備された戴冠式は、即位の翌年、一八三八年六月二十八日に歴代国王と同様、ロンドンのウェストミンスター寺院（Westminster Abbey）で挙行された。

午前十時に女官たちとともに黄金の公式馬車《ステート・コーチ》に乗り込んだ女王は、寺院に向けて出発した。祖父ジョージ三世が七年戦争（一七五六～六三年）での勝利を祝ってつくらせた重さ四トンにもなる黄金の馬車を引っ張るのは八頭の巨大な馬である。伯父ジョージ四世の戴冠式（一八二一年）以来、この馬車は戴冠式など大切な行事のときだけ使用されてきた。沿道には数え切れないほどの民衆が集まり、口々に「女王万歳！」を叫んでいた。「このような国民たちの女王になることをいかに誇りに思うことか！」と、女王はその日の日誌に記している。

午前十一時半過ぎに、馬車はウェストミンスター寺院に到着した。白のサテンのドレスにピンクのバラの飾りを付けた美しい八人の裳裾《もすそ》持ちをともない、女王は寺院へと入場した。中央に設《しつら》えられた聖エドワード（証聖王《しょうせい》、在位一〇四二～六六年）の椅子《いす》に座り、数々の装束、そして最後に王冠が着けられた。こののち、臣下たちが一人ひとり玉座の前を通り、中世以来の「臣従の礼」を行った。

思わぬハプニングも待ち受けていた。女王は、右手に王笏《おうしゃく》、左手に宝珠《ほうじゅ》を持つのだが、カ

戴冠式　ウェストミンスター寺院内で．1838年６月28日

ンタベリー大主教が宝珠を渡そうにも見つからない。何と宝珠はすでに女王の左手にしっかりと握られているではないか。かたわらにいたダーラム主教が間違えて先に女王に渡してしまっていたのだ。今度はカンタベリー大主教が女王にルビーの指輪をはめる儀式である。しかしなかなかはまらない。それもそのはずである。大主教は緊張のあまり、女王の小指にはめるべきところを、薬指にはめてしまった。おかげで式が終わった後に、痛がる女王の薬指から指輪を外すのに三〇分以上もかかり、予定が大幅に遅れてしまった。

午後四時半に黄金の馬車に戻った女王一行は、群衆の歓呼を浴びながらバッキンガム宮殿へと帰っていった。宮殿に到着した頃には時計の針は六時を少し回っていた。まさに一日がかりの大仕事であった。しかし、若くて興奮していたせいか、女王は「まったく疲れを感じなかった」（当日の日誌より）。

式典を見ながら、内務大臣のジョン・ラッセル卿はこうつぶやいた。「我々はこれまで輝ける女性君主たちを戴《いただ》いてきた。すなわち、エリザベス女王とアン女王の御世のことである。

しかしここに我々は望む。この御世が、専制なきエリザベス、優柔不断でないアンによって統治されんことを」。ところが、多くの国民からの期待を一身に背負って登場したこの新たなる女王の御世のはじまりは、決して輝けるものではなかったのである。

どん底の時代の即位

女王の目もくらむばかりの戴冠式が挙行された一八三八年という年は、実はイギリス経済が急速に悪化しはじめた年でもあった。女王の祖父ジョージ三世が戴冠式を行った一七六〇年代初頭頃から、イギリスは世界に先駆けて産業革命を始動させていった。マンチェスタの綿工業を牽引役に、この国は「世界の工場」と呼ばれるようになった。さらにはそれを売りさばく世界大に張りめぐらされた通商ネットワークを持ち、ロンドンのシティは国際金融の一大拠点となっていた。

しかし、一八三〇年代から、ヨーロッパ大陸諸国も次々と産業革命に乗り出していった。ベルギー、フランス、ドイツ諸邦でも機械による大量生産が促進された。特に、プロイセンを盟主に戴いたドイツ関税同盟（一八三四年設立）は、安くて質のよいイギリス製品に高関税を課し、イギリス製品はヨーロッパ大陸で売れなくなってしまった。それまで活況を呈していたイギリスの工業都市には、失業者があふれかえるようになっていた。

悪いことは重なるものである。景気が悪化しはじめた一八三八年から四二年にかけては、イギリス農業は不作に襲われていた。下層階級は職を失っただけではなく、パンの値段まで上げられてしまった。景気の悪いときには、政府に対する風当たりは強くなる。メルバーン率いるホイッグ政権の政策に、とりわけ工業都市を中心に、非難の声が高まっていった。

こうした背景から、男子普通選挙権や毎年の議会改選などを訴えたチャーティスト運動（一八三八年開始）や、イギリス農業利害を保護する悪税として非難を浴びていた穀物法（一八一五年制定）を廃止すべきだと唱えた反穀物法同盟（一八三九年結成）が都市部を中心に姿を現していった。彼らの活動は、メルバーン政権によって弾圧や取り締まりを受け、世相はますます不穏になっていた。

そのような状況は文学にも影響を与えた。のちに十九世紀最大の小説家と讃えられるチャールズ・ディケンズの出世作『オリヴァー・ツイスト』（一八三七～三九年）は、まさにこの時期に書かれたものである。救貧院や養護院の悲劇を描いたこの作品を、なんと女王は愛読していた。一八三九年一月一日にメルバーン首相と会見した女王は、この小説から影響を受けて、救貧院や養護院での待遇を改善すべきではないかと首相に述べているが、その必要性を感じていなかったメルバーンは、にべもなく話をそらせたようである。

後で述べるように、即位直後の女王は、内政にしろ外交にしろ、彼女が全幅の信頼を寄せるメルバーン首相とその閣僚たちに細部のほとんどを任せていた。当時の女王には、メルバーン政権が確信をもって進める政策に真っ向から反対して介入するだけの力はなかった。

大英帝国時代のはじまり

ヴィクトリア女王が戴冠式を行った当時のイギリスは、世界大のスケールで帝国を拡大していた時期にあたっていた。戴冠式の四ヵ月後、一八三八年十月にイギリスは中央アジアで南下を企《たくら》むロシアとの緩衝地帯を築こうと、アフガニスタンとの戦闘（第一次アフガン戦争）に突入した。また同じ時期に、中東で対峙《たいじ》するトルコとエジプトの対立（第二次シリア戦争）をオーストリア、プロイセン、ロシアといった諸大国とともに巧みに調停した。

なかでも我々日本人にとってもっともかかわりが深かったのは、やはりこの時期に勃発《ぼっぱつ》したアヘン戦争であろう。十八世紀半ばから本格化したインド産アヘンの中国への流入は、これを阻止しようとする清《しん》王朝下の中国政府と密輸を繰り返すイギリス商人との確執へと発展した。一八三九年五月に唯一の貿易港広州《こうしゅう》を統治する欽差《きんさ》大臣の林則徐《りんそくじょ》が外国商人が所有するアヘン二万箱（一箱は六〇キログラム）を没収し、八月にはマカオ在住のイギリス人に対して食糧と燃料の補給を禁止した。これらが引き金となり、同年十一月についにイギリス船が広州沖に停泊していた清国軍船を砲撃し、ここにアヘン戦争がはじまった。

こののち戦争は、世界最新鋭の軍艦を誇った東インド会社軍が動員され、イギリスが優位に立つかたちで続けられた。一八四一年五月二十四日、この日満二十二歳の誕生日を迎えたヴィクトリア女王を、広州城に乗り込んだイギリス軍は血の惨劇で祝うことになった。三日後の五月二十七日に広州条約が締結され、イギリスは香港《ホンコン》を割譲されることがほぼ決まった（最終的な講和は一八四二年八月の南京《ナンキン》条約）。この知らせを聞いて女王は歓喜した。叔父でベルギー国王のレオポルドに次のような書簡を送ったのはこのときである。

「アルバート［女王の夫君：次章で詳説する］も私が香港を手にすると聞いて大変に喜んでいます。ヴィクトリア［前年に生まれた長女］を第一王女（Princess Royal）に加えて、香港大公女（Princess of Hong Kong）とも呼ぼうかと考えているところです」。

これは女王があまりの喜びから冗談半分で叔父に記した書簡のようではあるが、彼女が東アジアで拡張を続けるイギリスの勢力圏を確保することに積極的な姿勢を見せていた証とも言うべき発想であった。

このアヘン戦争をひとつの契機として、欧米列強はアジア世界に次々と侵略を開始していった。その衝撃は隣国の日本にもすぐに伝わった。これより一〇年ほどのちのペリー来航にともなう開国や、その後の明治維新にまで発展する一連の出来事にも、アヘン戦争は大きな影響を与えたのである。

さらに、女王自身に目を転じてみても、その治世の最初の時期から大英帝国の拡張にかかわってきた彼女は、まさにその時代に君臨する君主にふさわしく、こののち六〇年以上に及ぶ長い治世の間、常に帝国の拡張と維持とに腐心していく。アヘン戦争やアフガン戦争はその意味でも、「ヴィクトリア時代」のはじまりを象徴する出来事であったのかもしれない。

女王とメルバーンとの蜜月

先にも記したとおり、女王が即位した当初のイギリス政治や外交は、メルバーン首相と彼の政権の閣僚たちとが事実上は動かしていた。特に女王とメルバーンとは人間的にもウマが合い、女王は政治の諸事全般にわたってこのハンサムで優しい父親のような年齢（メルバーンは女王より四十歳年上）の首相に頼り切っていた。メルバーンのほうも、一八三四年十一月の首相更迭事件にも見られたとおり、先王ウィリアム四世とは必ずしもしっくりいかない状況が多かったが、自分とは性格的にも合った若い女王の登場で、立場が一変した。メルバーンの宮廷内での影響力は磐石《ばんじゃく》となったのである。

メルバーン（1779～1848）　首相在任1834，35～41．女王からの信頼篤く，父娘のような関係を築いた．若年の女王にとって政治指南役でもあった

女王に即位して以降のヴィクトリアの日誌には、毎日のごとく「メルバーン卿」の名前が登場するようになった。いつしかそれは「M卿」などという意味深な表現に変わっていく。メルバーンのほうも十八歳で即位した主君を本当の娘のように可愛がるようになっていた。メルバーン子爵は、必ずしも幸せとは言えなかった結婚の果てに、一八二八年に妻を、三六年には一

人息子を亡くしていた。その翌年に女王に即位したヴィクトリアは、天涯孤独となったメルバーンにとって実子以上の存在に映ったのかもしれない。

女王にとってもメルバーンは父親のような存在だった。彼女が初めての議会開会式に臨み、女王演説を無事に読み終えた直後、かたわらで固唾《かたず》を飲んで見守っていたメルバーン首相は目に涙を浮かべて感激した。さらに、翌年の戴冠式の折にも、玉座のすぐ隣には、巨大な宝剣を携えたメルバーン首相が「父親のように」(女王の日誌より)見守り続けていた。

思えば、ヴィクトリアも生後わずか八ヵ月で父を亡くし、その一週間後には祖父まで他界してしまった。無意識のうちに父親のような存在を欲していたのであろう。こうして女王と首相とは、主君と臣下という立場を超えて、政治上での師弟関係、さらには心情的には親子関係にも近い絆《きずな》で結ばれていった。しかしこれが思わぬ事件へとつながってしまうのである。

寝室女官事件

宮廷で磐石たる基盤を築いたメルバーンではあったが、議会内では徐々に政権の支持基盤は揺らぎつつあった。そもそも議会内で絶対多数を確保していない、メルバーン率いるホイッグが政権を維持できていたのは、議会内左派(急進派・オコンネル派)からの支持があり、また野党第一党の保守党も多数を制していなかったからである。さらに、左派が要求してくる急進的な改革(さらなる選挙法改正やアイルランドへの自治付与など)は、メルバーンとピールの間で取り交わされた裏密約で握りつぶされていた（「ヴィクトリア朝の妥協」とも呼ばれる）。この状態に変化が生じたのが一八三九年春のことであった。

五年前にホイッグから離脱したエドワード・スタンリ（のちのダービ伯爵）率いる右派がピール保守党と合同し、保守党は正面からホイッグを攻撃できる態勢を整えた。他方で、議会内左派はこれまでのホイッグ政権の「裏切り」に業を煮やしていた。

一八三九年五月六日、メルバーン政権が議会に提出していた英領ジャマイカの改革案が、これら議会内の左右両派から挟み撃ちに遭い、議会からの信任を失ったと感じたメルバーン首相は翌七日、女王に辞意を伝えた。女王にはショックであった。女王はあまりの悲しみに食事も喉《のど》を通らない状態になった。とはいえ、ここで政務に支障を生じさせてはいけない。翌八日、女王はメルバーンの助言を受けて、野党保守党の貴族院指導者ウェリントン公爵を招請した。七十歳の老公は高齢を理由に首相の大命を拝辞し、代わりに下院指導者のピールを推挙した。同日、ピールが女王のもとに参内し、首相を拝命することになった。

ところが、ここで女王はとんでもない要求をこの「次期首相」に突きつけてきたのである。ピール保守党に政権が移るとしても、今後も政治の諸事全般にわたって、いままでどおりメルバーン卿に相談をしてもよいかというのだ。枢密顧問会議を開いてその場でメルバーンに諮問するのであれば一向に構わない。しかし野党党首が宮廷に招聘《しょうへい》され、政府の与り知らないところで、政府の進めるべき政策について進言するなど、もっての外である。ピールはすげなくこれを拒絶した。

しかしこれに腹を立てたのが女王であった。実は女王は、同じ要求を午前中にウェリントンにもしており、彼から言質《げんち》をとっていたのである。老公はメルバーンとは長年の友人であり、メルバーンは野党党首になっても国制（憲法）に違反するような真似《まね》はしないだろうとの確信があった。しかし、いまだ政治家としては若く（五十歳）、老公のような包容力を備えていないピールには、女王の要求は納得がいかなかった。ピールと女王は初顔合わせから深刻な対立を抱え込むことになってしまった。

さらに翌九日、ピールは再びバッキンガム宮殿を訪ね、女王に閣僚人事などについて報告した。ところがこの人事案件のなかには、宮廷人事の刷新案まで含まれていた。特に、女王の身の回りの世話をする寝室女官を一新するとの提案が盛り込まれていたのに、女王が嚙《か》みついた。当時の寝室女官は、メルバーンの下で閣僚を務めたホイッグの大物政治家たちの妻や妹たちで占められていた。ピールはそれを保守党系の女官に交代させようとしていた。

しかし女王には、即位以来自分の面倒を見てくれている彼女たちを解任するつもりはなかった。ピールは、寝室女官人事を変更できないようであれば、後継の首相には就くつもりはないと返答した。こののち、女王とピールの間では五日間にわたって押し問答が続き、折り合いがつけられなかったため、最終的にメルバーンが首相に復帰することで幕を閉じた。

俗に「寝室女官事件（Bedchamber Crisis）」と呼ばれるこの一件は、明らかに女王の側に非があった。十八世紀以来の慣習として、政権党が交代する場合には宮廷内の人事も一新されるのが常だったからである。それを自らの意思を押し通して、本来実行すべき政権交代を妨げる一因をつくったのであるから、女王の行為は非難されても仕方なかった。現にこの一件で、保守党側はメルバーンを過度に寵愛《ちょうあい》する女王の姿勢を強く批判するようになった。

女王自身もやがてそれに気づくようになる。事件からちょうど六〇年後の一八九九年に、八十歳になっていた女王は当時を振り返ってこう述べている。

私はあのときはとても若かった。あののちにもう一度同じようなことが生じていたら、おそらく私はもっと違う行動をとっていたでしょう。

イギリス政党政治において立憲君主に必要な条件、それはいずれの党派にも偏らず、公正中立な立場から判断が下せることにある。二十歳の女王にはそれが明らかに欠けていた。政党政治から超然として、公正中立な立場から彼女を補佐する存在、すなわち理性を備えた賢明な夫君を迎える必要性が俄然《がぜん》高まりを見せていった。

第Ⅱ章　戦う女王への変貌

Transfiguration to "fighting Queen"

従弟アルベルトとの結婚

寝室女官事件で議会内外に物議を醸したヴィクトリア女王は、メルバーンが首相に復帰して一〇日ほどのち、一八三九年五月二十四日には満二十歳の誕生日を迎えた。女王に即位したときには、母ケント公妃からの「乳離れ」が促されたが、今度はメルバーンから政治的に自立すべき時期にさしかかっていた。それを助長してくれるのは、女王の結婚であろう。三〇〇年前のエリザベス一世は、弱小国イングランドを守るために生涯結婚せず、「処女女王《ヴァージン・クイーン》」と呼ばれたが、ヴィクトリアは違う。彼女はいまや世界に冠たる大英帝国の女王なのである。結婚によってイギリスを乗っ取ろうとする隣国などもはやあるまい。しかるべく結婚相手を探す年頃に女王は達していた。

イギリス王室略系図③

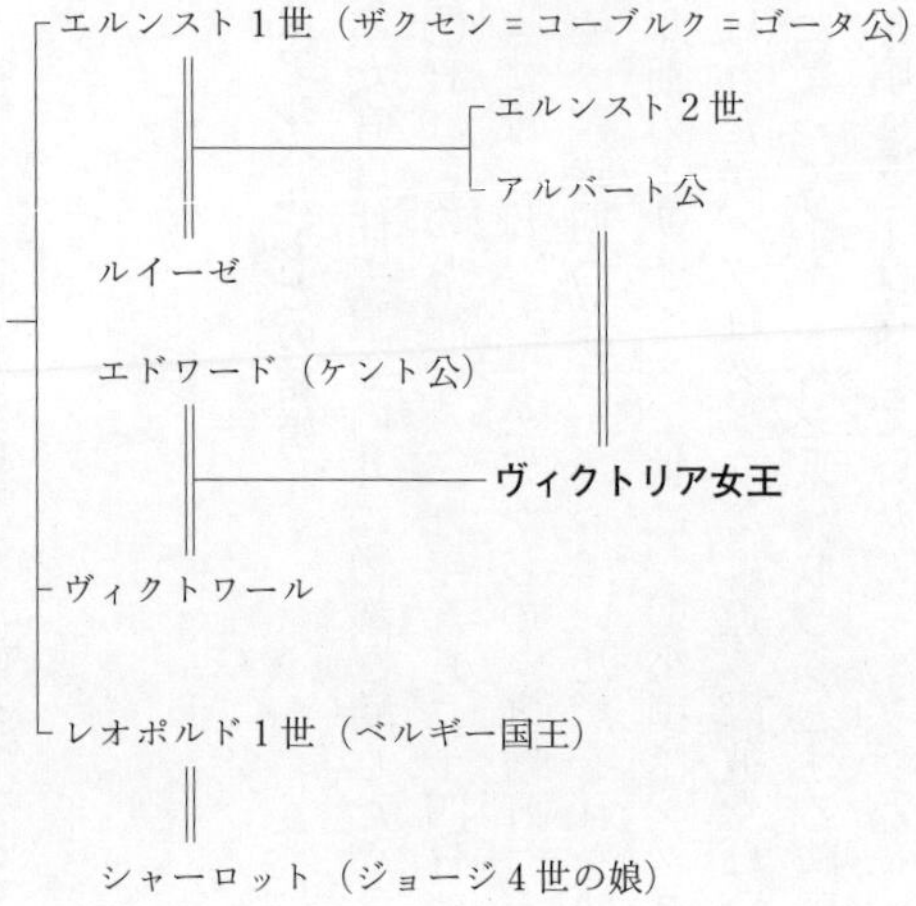

そのようなときにメルバーン首相のはからいもあってイギリスに呼ばれた人物がいた。女王の母ケント公妃の実兄でザクセン＝コーブルク公爵エルンストの息子アルベルトである。彼はすでに一八三六年五月に父と兄とともにロンドンを非公式に訪れたことがあった。第I章でも見た、老国王ウィリアムがケント公妃に「嫌がらせ」をして、セント・ジェームズ宮殿で催したヴィクトリア王女の花婿候補たちとの晩餐会にこのコーブルクの兄弟を招かなかったあのときである。しかし、晩餐《ばんさん》会の翌日に、王女は一歳年上のエルンストと、三ヵ月ほど年下のアルベルトの兄弟に会って、すっかり意気投合していた。このとき、王女が特に惹《ひ》かれたのがアルベルトだった。「彼は大変なハンサムで、目は大きくブルーで、美しい鼻と綺麗な口をしている。しかも賢くて知的だ」と王女は日誌に記している。

一八三九年十月にアルベルトは兄エルンストとともに再びイギリスを訪れた。女王は、内々にメルバーン首相にアルベルトとの結婚について相談をしていた。メルバーンもこの容姿端麗で理知的な青年との結婚は「これ以上望めないぐらいの縁組み」として賛成だった。十月十五日の正午過ぎ、アルベルトは一人で女王の待つ居間に通された。女王は「イギリスまでご足労を願った理由は内々にお聞きであろうが、私が望んでいることに同意してくれれば、大変嬉《うれ》しく思う」とアルベルトに切り出した。アルベルトはそれを喜んで受け入れた。

アルバートとの結婚　1840年２月10日

こうして従兄弟同士での婚約も成立し、翌一八四〇年二月十日、ロンドンのセント・ジェームズ宮殿付属礼拝堂において、華燭の典が執り行われ、ザクセン＝コーブルク公爵家の王子アルベルトは、イギリス女王の夫君アルバートとなった。

アルバートの苦難のはじまり

ところが、婚約から結婚までの四ヵ月の道のりは、女王にとっては苦難と怒りの連続であった。アルバートとの婚約が調って一ヵ月後の一八三九年十一月、女王はメルバーン首相に、アルバートへイギリスの爵位を与えるべきではないかと諮問した。たとえば、アン女王の場合には、まだ女王に即位する前の一六八九年に、夫君ゲオルク（デンマーク王子）にカンバーランド公爵などイギリスの爵位が与えられていた。こうした先例に則《のっと》って、アルバートにもイングランドなどの地名を冠した爵位が与えられてしかるべきである。ところが、首相からの返答は「否」であった。ゲオルクにはたしかに爵位は与えられたが、実際に彼はイギリスの宮廷では「ジョージ（ゲオルクの英語名）王子」のままであったという。アルバートには爵位は与えられないことになった。それからおよそ一〇〇年後の一九四七年十一月、王位継承者第一位のエリザベス王女（現女王エリザベス二世）がギリシャ王室のフィリップ王子と結婚した際、時の国王ジョージ六世によって「エディンバラ公爵」など（他にメリオネス伯爵・グリニッジ男爵）の爵位を授けられたのとは対照的であった。

アルベルトが「アルバート」として正式にイギリスに受け入れられるには、彼の帰化法案を作成し、議会を通過させなければならない。翌四〇年二月に予定されていた結婚式に間に合わなければ元も子もない。十二月から大法官（閣僚の一人で、最高裁長官にして貴族院議長も兼ねるイギリス法曹界の最高峰）と法案の作成に取りかかった女王は、息子との結婚を拒んだことに腹を立てる叔父たちからの嫌がらせも考慮し、メルバーンからの進言もあって、法案にはアルバートの宮中での席次についてはいっさい盛り込まなかった。

アルバートの帰化法案は無事に議会を通過したものの、宮廷内における彼の立場はきわめて曖昧《あいまい》なものになってしまった。彼には、女王との共同統治者という、メアリ一世の夫フェリーペ（のちのスペイン国王フェリーペ二世）に与えられた役割もなければ、「権利章典（名誉革命後に出された法律）」によって保証された、メアリ二世の夫にして共同統治者の国王ウィリアム三世（元はオランダ総督のウィレム）のような政治的権限ももちろん付与されなかった。さらには、アン女王の夫君で「愚鈍」とまで言われていたジョージ（ゲオルク）でさえ与えられた爵位すら授けられなかったのである。

ただし、女王はイギリス最高位のガーター勲章だけは、結婚前にアルバート公に授与することにした。この勲章はあくまでも君主個人の意思に基づいて授与される慣習にある。これだけは、首相であろうが、血のつながった叔父であろうが、邪魔だてはできない。女王は侍従武官を務めるチャールズ・グレイ（グレイ元首相の次男）をコーブルクに遣わし、アルバートをイギリスに先導する役目を与えるとともに、彼にブルーリボン（ガーター勲章の別称）を持たせて、結婚前にアルバートに贈ったのである。

一八四〇年二月十日に行われた結婚式には、夫妻双方にとっての叔父にあたるベルギー国王レオポルド一世の姿もあった。本来であれば、シャーロットと結婚した彼自身が、アルバートが味わっている悲哀を経験する可能性も高かったのであるが、結婚一年後に妻を失い、その後の幸運もあってベルギー国王となっているレオポルドは、アルバートが不憫《ふびん》でならなかった。しかし、こののち女王が経験する女性としての「責務」が、称号や爵位などなくとも、アルバートを事実上、彼女の共同統治者としての地位に就かせることになるのである。

女王の懐妊と世継ぎの確保

とはいえ、結婚当初のアルバートは宮廷内に自分の居場所がないことに不満を持った。そもそも新婚旅行さえ許されなかったのである。旅をしたのは、ロンドンからウィンザーまでの四二キロにすぎない。文句を言う夫に女王はこう切り返した。「いまは議会の会期中なんですよ。私がかかわらなければならない執務は山積みなんです。私がロンドンを留守にするのさえ許されないんです。ほんの二〜三日でさえ長すぎるぐらいです」「あなたは私が君主であることをお忘れなのね」。生来が謹厳実直な女王は仕事の虫になっていた。

宮廷内ではこの新婚夫婦に対して、二人の人物の目が常に光っていた。一人は女王のガヴァネスだったレーツェンである。ヴィクトリアが即位するや個別の寝室を持たせて、母親から引き離して以来、レーツェンは女王の寝室に通じる専用内路を独占して、私生活について女王から常に相談に与れる立場を確立していた。この内路はなんと女王が結婚してからも、夫婦の寝室に通じたままであった。もう一人は、首相のメルバーン子爵である。

しかしやがて、アルバートの存在がレーツェンもメルバーンをも凌駕《りょうが》する。それはヴィクトリアが女性であるがゆえの理由、すなわち相次ぐ妊娠が原因であった。二人の間には、結婚の九ヵ月後、一八四〇年十一月二十一日に生まれた長女ヴィクトリアを筆頭に、長男アルバート・エドワード（四一年十一月）、次女アリス（四三年四月）、次男アルフレッド（四四年八月）、三女ヘレナ（四六年五月）、四女ルイーズ（四八年三月）、三男アーサー（五〇年五月）、四男レオポルド（五三年四月）、五女ベアトリス（五七年四月）という具合に、一七年間で四男五女が次々と生まれたのである。

幼少期の子どもたちと女王夫妻　2人は17年間に4男5女の子宝に恵まれた

　特に、一八四〇年代はほとんど毎年のごとくに女王は懐妊・出産を繰り返していた。この時代には避妊を否定する考え方が主流を占めていたことも事実だが、やはり女王自身の生い立ちとも関係していたのであろう。祖父ジョージ三世の七人の王子たちがそろって子宝に恵まれなかったからこそ、四男の長女という普通ならおよそ王位継承には与れない彼女が女王になれたのである。しかも、自分たちに子どもができなければ、あるいはできたとしてもジョージ四世の一人娘シャーロットのように世継ぎを残せず早世してしまったら、女王が嫌う叔父たちの一族が王位を継承してしまうのである。

　王位継承者は十分すぎるぐらいに儲けた女王では

あったが、彼女にとって妊娠は耐え難い苦痛であったようだ。それでもあえて女王は丈夫な世継ぎを残そうと生み続けた。最初の出産の際に、赤ん坊を取り上げた医師は、「ああ陛下、王女様であられます」と残念そうに叫んだが、女王は悠然と次のように言い放ったとされている。「気にしなくていいわ。次は王子でしょ」。その予言どおり、一年後には皇太子バーティ（アルバート・エドワードの愛称）が誕生した。

メルバーンの退場

このように一八四〇年代に、女王が懐妊と出産を繰り返していたため、それまで政治的にも居場所のなかったアルバートが、女王の補佐役として俄然脚光を浴びるようになった。しかもそのような矢先に、イギリス政治の主役も交代する時期にさしかかっていたのである。女王がバーティをお腹に抱えて六ヵ月目の一八四一年八月末に、議会内の採決で大敗を喫したメルバーン政権は総辞職に追い込まれた。辞意を表明しにきた首相に女王は不安を伝えた。次期首相はまたもや保守党のサー・ロバート・ピールと目されていたが、二年前の寝室女官事件のときと同様に、彼女は「ピールの礼儀作法に困惑させられるとともに、彼とはうち解けられないのではないか」と考えたのである。

ここで女王の不安を解消したのがアルバートだった。彼は一年半ほどのイギリス生活のなかで、ピールがきわめて有能な政治家であることに気づくようになっていた。しかも、二年前とは違い、いまやピール保守党は下院で過半数を制しているのである。アルバートからの助言に女王も納得した。ここにピールに首相の大命が降下された。二年前に女王との間で争点とされた寝室女官をも含めた宮廷人事は、ピールの要望どおりに刷新されることになった。ピール新首相のほうもアルバートの能力を高く評価していた。二人はお互いに信頼し合う間柄となり、こののちアルバートの期待どおり、ピールは次々と改革案を打ち出して、イギリス経済の立て直しに邁進《まいしん》していく。

それと時を同じくして、これまで女王を取り巻いていた役者たちが、表舞台から姿を消すことになった。一八四二年七月、レーツェンは引退させられた。同じ頃に、メルバーン子爵も脳卒中で倒れ、一命は取り止めたものの、政界の第一線から引退せざるをえなくなった。それまで「夫ではあるが、一家の主ではない」と揶揄《やゆ》されていたアルバートは、こうして名実ともに一家の主の座をつかんだのである。

ピール政権との二人三脚

ピール保守党政権は、輸入関税の大幅減税や所得税の導入など、さまざまな政策でイギリス経済と政府財政の立て直しに尽力した。しかし、これら一連の改革は、保守党内部からは強い反対を受けていた。ピールは、党利党略に動かされる人物ではなく、自らの政策を進めるために逆に政党を利用するタイプの政治家だった。保守党内にはこれを「裏切り」と見なす勢力も台頭してきた。その代表格が、ヤング・イングランドと称する若手保守党議員たちのグループだった。

このような一連の改革をピールが断行できた理由は、党に彼以上に有能な指導者がおらず、党内から批判が起こると辞任で脅すピールがこれら抵抗勢力を押さえ込めたことにあった。それと同時に、アルバート公に補佐された女王自身がピールの政策を全面的に支持していたこともあった。一八四四年六月、ピール政権の信任投票が議会で行われた。このとき、女王は「ピールの辞任は私たち［女王とアルバート公］だけでなく、この国全体、そしてヨーロッパの平和にとって大変な不幸をもたらすことになるでしょう」と、叔父のベルギー国王レオポルド一世に不安を伝えていた。いまや女王にとって、ピールは欠くことのできない重臣となっていた。寝室女官事件で真っ向から衝突してからまだ五年しか経っていなかったが、いまや隔世の感があった。

これに対して、政府批判を煽動《せんどう》しているヤング・イングランドと称する「ばかげた一団」に対する女王の嫌悪は激しいものとなった。このグループの指導者の一人が、のちに女王から寵愛を受けるディズレーリ（第Ⅳ章を参照）であったとは皮肉な運命である。

国内では政府の進める諸改革を全面的に支持して、ピール政権との結びつきを強めた女王夫妻であるが、外交政策においても両者の提携関係が見られた。メルバーン政権時代には、イギリス外交はほとんどパーマストン外相の独壇場であり、彼は女王に事前に相談なしに在外公館に伝令を送るようなこともまま見られた。しかし、ピール政権で外相に就いたのは、パーマストンとは高校・大学で同級生であったアバディーン伯爵であったが、彼は性格も温厚で前任者とは比べものにならないくらいに女王夫妻と親しく交わるようになった。もちろん、海外に送る伝令は、事前にすべて女王夫妻の閲覧に供された。

アバディーン外相はまた、パーマストンとは異なって、自国の利害をあまりごり押しせずに、むしろそれを若干犠牲にしても、他国との友好関係を強化しようとするいわば善隣外交に乗り出していった。おかげで、それまでぎくしゃくする場面も多々見られた、フランス、オーストリア、ロシア、さらにはアメリカとの関係も急速に改善された。そこに、王室も一役買う機会が訪れたのである。

ピール(1788～1850)　首相在任1834～35, 41～46. 19世紀半ばに穀物法廃止などの諸改革を推進した. アルバート公の信頼は篤かった

王室外交

一八四三年九月、女王夫妻はパリを訪問した。イギリスの君主がフランスを公式に訪問するのは、テューダー王朝のヘンリ八世以来、実に三〇〇年ぶりの出来事であった。国王から国民にいたるまで大歓待であった。翌四四年十月には、今度はルイ・フィリップ国王が

イギリスを答礼訪問する番であった。ワイト島でくつろぐフランス国王は、アルバートと冗談を言い合う仲にまでなった。彼らが帰国する際、女王が「帰られてしまうのが本当に残念でならない」とがっかりするまでに、英仏の王室は親密な関係を構築した。フランスばかりではない。ルイ・フィリップがワイト島を訪れる四ヵ月前には、ロシアからニコライ一世が公式に訪ねてきた。ウィンザー城ですっかりくつろいだ皇帝《ツァーリ》は、まだ二歳半だった皇太子バーティにロシア最高位の聖アンドレーイ勲章の勲一等を贈った。「坊やは本当に誇らしげにしていた」と女王は叔父のレオポルドに伝えている。

また、この頃は女王夫妻も海外を頻繁に訪れていた。一八四五年八月には、アルバートの故郷コーブルクを夫妻で初めて訪れた。バーティの名付け親《ゴッドファーザー》にもなってくれたプロイセン国王フリードリヒ・ヴィルヘルム四世ともボンで再会した。ちょうど完成したばかりのベートーヴェン（ボン出身）の銅像の除幕式に女王夫妻も立ち会った。プロイセン国王と一緒に幕を開けてみると、なんと楽聖は彼らにお尻を向けていた。国王の側近が気を利かせて「ヤツめは生前から王侯に対して無礼でございました」と言って大爆笑となり、その場も和んだようである。

このように、ピール保守党に政権が交代した一八四〇年代前半の時期は、国内外のさまざまな問題において、女王夫妻と政府はお互いに強い信頼関係で結ばれながら、一致協力して政策を進めていった。その際、妊娠や出産で女王が政務に深く携われない場合には、アルバート公が代理でピール首相やアバディーン外相と協同で事に当たった。アルバートにもようやく居場所が見つかったのである。

ピール失脚と革命の嵐

しかし、政府と女王夫妻の蜜月《みつげつ》もそう長くは続かなかった。女王夫妻がコーブルクを訪れた一八四五年夏、アイルランドでジャガイモ飢饉《ききん》が発生した。それはアイルランドに大規模な飢餓を生み出しただけではなく、イギリス全体で穀物価格の高騰をもたらした。ピール首相はついに穀物法を廃止して、外国産の安い穀物を国内に入れようと決意した。

ところがこの政策は、農業利害（地主貴族階級）を党内に多く抱える保守党の議員たちからも大反対を受けることになった。女王夫妻の協力、野党ホイッグとの提携、そして貴族院で隠然たる勢力を誇るウェリントン老公による反対派への説得も功を奏して、最終的に穀物法は一八四六年六月に廃止されることが決まった。ただしそれは、ピール政権と刺し違えるかたちであった。穀物法廃止法案が貴族院を通過した翌日、保守党内の造反議員の画策で、政府は総辞職に追い込まれたのである。

ピール政権に取って代わったのは、ホイッグのジョン・ラッセル卿率いる内閣であった。外相にはまたまたパーマストンが戻ってきた。アバディーン時代に構築された女王夫妻と外相との密接な関係に再びひびが入ることになった。とはいえ、女王夫妻に不満を言っていられる余裕はなかった。実は、ピール政権の総辞職とほぼ時を同じくして、ヨーロッパ各国にも大きな政変の波が押し寄せてきていたからである。

一八四八年二月、パリで革命が生じた。保守反動化した七月王政は市民たちによって引きずり下ろされ、ルイ・フィリップは失脚した。四年前に彼と親しく交わった女王は、すぐさま彼の亡命を引き受けた。女王は、四年前に女王一家とくつろいだワイト島のクレアモントに屋敷を与えられた。国王は、外務省の機密費から年間一〇〇〇ポンドを捻出《ねんしゅつ》させ、それをルイ・フィリップに渡し続けていった。他方で、パリの革命臨時政府への対応についても、パーマストン外相と密接に協議を進めて決定した。パリの革命は、瞬く間にヨーロッパ全土に波及した。三月には、ウィーン、ベルリン、ドレスデン、ミュンヘンで革命の狼煙《のろし》が上がった。ウィーン体制を構築したメッテルニヒも失脚し、やはりロンドンに亡命してきた。

ヨーロッパで唯一安全だったのはロンドンだった。たしかに、四月十日にチャーティストがロンドンで大々的なデモを実行したが、これといった問題もなく終息した。

なぜイギリスでは革命騒ぎが生じなかったのか。それは、大陸の保守反動的あるいは専制的な皇帝や国王たちが、選挙権の拡大や税制改革をあくまでも拒否し、他民族を支配している場合にはそれを力で抑圧するという、自由主義や民族主義の動きに柔軟に対応しなかったのとは対照的に、イギリスの支配階級である地主貴族階級《ジェントルマン》にはそうした柔軟性が見られたからであろう。ピールによる一連の改革（その最たるものが穀物法の廃止）もしかり、グレイ政権による選挙法改正（一八三二年）もしかりである。

これらの政策は、ヨーロッパ諸国の「革命」と比べれば、たしかにインパクトも弱いし、大事件ではなかったかもしれない。しかしこうして、庶民にたまった不満のガスを「改革」というかたちで抜くことで、イギリスには大爆発は生じなかったのだ。しかもこれらの政策を地主貴族階級が大半を占める議会政治家たちとともに進めたのが、ほかならぬ女王であった。フランス二月革命やドイツ三月革命が吹き荒れた一八四八年当時、彼女は六番目の子どもを妊娠中であり、その四女ルイーズを三月十八日に無事に出産した。そのような大変なときに、女王が常に考え、アルバートや大臣たちと話し合っていた事柄、それは「ただただ政治問題だけ（四月四日に叔父のレオポルドに宛《あ》てた手紙）」であった。

政党政治の混迷

とはいえ、イギリス政治も決して順風満帆ではなかった。ピール政権が総辞職に追い込まれた後、保守党は自由貿易を信奉するピール派と、スタンリ男爵を指導者とする保護貿易派とに分裂した。漁夫の利を得るかたちでラッセルが政権を維持していたが、一八五〇年代にはいるとホイッグ政権にもほころびが生じるようになった。一八五一年二月、イギリス議会はさらなる選挙法改正問題で揺れていた。ラッセル首相は労働者階級にも選挙権を拡大する目的で新たな法案を提出したが、これが下院審議で敗北した。二月二十一日、ラッセルは女王に辞意を表明した。女王は保守党保護貿易派の領袖《りょうしゅう》スタンリ男爵を招請した。ところが、バッキンガム宮殿に参内したスタンリは、女王から要請された組閣を拝辞したのである。たしかにスタンリは議会内でホイッグに次ぐ第二位の勢力を誇っていたが、過半数には一〇〇議席以上も届かなかった。それ以上に深刻だったのは人材不足だった。保守党の分裂とともに、ピール政権で閣僚や次官などを務めた有能な人材がほとんどピール派に流れていってしまったのである。スタンリは、ホイッグとピール派の連立政権構想を女王に進言した。

早速、女王はホイッグ党首のラッセルとともに、ピール派の貴族院指導者アバディーンと下院指導者サー・ジェームズ・グレイアム（ピール自身は一八五〇年七月に急死していた）を招請し、彼らに連立政権を組閣させようとした。この両派は自由貿易の推進という点では一致していた。しかし、ラッセル政権が進めていたカトリック教会に対する規制と、パーマストンの進める外交政策などをめぐって両派は当時激しくやり合っていた最中だった。三日間にわたる交渉の末、ついに連立政権の樹立は失敗に終わった。

そこで女王は再びスタンリを招請した。ここでスタンリに断られてはもう後がない。困り切った女王の姿を見て、スタンリは一応組閣を約束した。しかし、現有勢力だけではとても無理である。スタンリは、ピール派やホイッグから有能な人材を取り込めれば、政権を樹立すると返答した。ところが、やはり保護貿易政策がネックになってしまった。ピール派の若手有力者ウィリアム・グラッドストンをはじめ、有能な人材は軒並みスタンリの入閣要請を拒絶した。二月二十七日、スタンリは再び組閣を拝辞する結果となった。

内閣危機と「長老政治家」への下問

ホイッグ政権の辞意表明から一週間が経過した。それにもかかわらず、後継首相がいまだ決まらない。イギリス史上でも前代未聞のこの状態に女王は苦悩した。ここで事態のきっかけをつくったラッセルがアルバート公に進言してきた。「陛下はこの未曾有の危機において、ランズダウン侯爵をお呼びになり、彼から意見を聴かれてはどうか」。女王も即座にこれに応じた。ランズダウンは、当時七十一歳のホイッグの長老政治家であり、二十五歳で大蔵大臣に就いて以来、実に半世紀近くにわたってイギリス政治を支えてきた大物だった。メルバーン引退後には、ホイッグ貴族院指導者を務め、ラッセル政権の総辞職とともに、高齢を理由に第一線からの引退も表明していた。ラッセルがアルバートに語ったところによれば、この長年の経験とともに、ランズダウンが引退を表明しており「内閣危機に対処しても何の恩恵を受けるものでもない」という、彼の公正中立な立場こそが非常時において君主の相談に与っても、誰からも文句が出ない根拠になるであろう。

これを聞いたアルバートは、ランズダウンとともにもう一人の長老政治家も呼んではどうかと考えた。そして、女王の許可も得て、即座に書簡を送った。当時八十二歳となり、ピール政権総辞職の後は事実上第一線から退いていたウェリントン老公である。最終的に、このホイッグと保守党の「長老政治家」二人の意見をもとに、三月三日にラッセルの首相復帰で内閣危機は幕を閉じた。

これが女王の祖父ジョージ三世の時代であれば、国王が自らの判断で適任と思われる人物を首相に選べたかもしれない。あるいは伯父ジョージ四世も、やはり一八二〇年代末にトーリが分裂を来した際に、独断で首相を選ぶことができた。しかし、それから二〇年以上が経過し、イギリス政治における政党指導者層の影響力は大きくなっていた。女王一人の判断だけで首相を選ぶのは難しかった。しかも、単独にせよ連立にせよ、すべての党派が磐石たる政権を樹立できない状態にあったのである。そのようななかで、君主、政党指導者、議会、さらには国民のすべてから信頼を寄せられ、いずれの党派にも偏らない公正無私な判断を下せるであろう「長老政治家」たちが、ちょうど明治・大正期の日本の元老のように、君主の相談に与るかたちで後継首相の選定に一役買ったのである。

とはいえ、ウェリントン公もランズダウン侯もいつまでも生きていてくれるわけではない。一八五一年の内閣危機は、こののち一〇年近くにわたって続くイギリス政党政治の混迷期の前兆にすぎなかったのであり、これ以後、同様の事態に直面したとき、女王は再び「長老政治家」の助けを借りて問題の解決にあたることになる。さらに、政党指導者層の力が一時的に減退したのにともない、アルバート公の存在感もいよいよ増すことになった。

ロンドン万博の光と影

混迷をきわめた内閣危機が終結してからわずか二ヵ月後の一八五一年五月一日、今度は女王は絶頂の極みに登り詰めていた。ロンドンのハイドパークを舞台に繰り広げられることになった未曾有のスペクタクル、第一回万国博覧会の開会式典に臨んでいたのである。

このロンドン万博のいっさいを取り仕切ったのが、アルバート公であった。しかし、万博の準備が本格的にはじまった一八五〇年の時点では、イギリス世論は総じてこれに冷淡だった。ヘンリ・コールやジョゼフ・パクストンといった稀代《きたい》の才人と、前代未聞の総ガラス張りの大会場を建設しようとアルバートは計画した。ところが、この奇抜な発想や莫大《ばくだい》な準備費用に新聞や雑誌がいっせいに非難を浴びせてきた。

一八五一年にはいり、ハイドパークにこのガラスの殿堂が姿を現すや、それまでの世論からの批判が嘘《うそ》であったかのごとく、万博は一挙に注目を集めていった。全長五六三メートル、幅一二四メートルの巨大な温室を模した会場は、二九万三六五五枚のガラスで覆われた壮麗なものだった。いつしかこの殿堂は「水晶宮《クリスタル・パレス》」と呼ばれるようになっていた。

いよいよ開会式の当日を迎えた。女王陛下が会場に到着すると、オルガンがいっせいに「神よ我らが女王を守りたまえ《ゴッド・セイブ・ザ・クイーン》」を演奏し、周辺にはこの国を代表する朝野の名士や外国からの賓客がひしめいた。女王のかたわらには、万博総裁アルバートの姿があった。一年前に国中から囂々《ごうごう》たる非難を集めた彼は、いまや絶賛の的になっていた。ヘンデルの「ハレルヤ・コーラス」が高らかに歌われるなか、女王の目の前では、高さ八・一メートル、重さ四トンのクリスタル製の大噴水がきらきら輝きながら豊かに水を噴き出していた。

ロンドン万国博覧会は、十月十五日に閉会するまで一四〇日間にわたって開催され、延べで六〇六万三九八六人もの入場者を数えた。当時のイギリスの人口から単純計算すれば、国民の四人に一人が見学したことになる。

万博が終わりに近づいたある日、会場で女王夫妻を見かけた、女流小説家のジョージ・エリオット(女王夫妻と同年生まれ)は、そのときの印象を次のように綴《つづ》った。「アルバート公は高貴・温和・知性を兼ね備えた表情を持っているのに、女王は不器量なだけでなく、姿かたちとも並の出来だった」。痛烈な批評である。しかし、その皮肉屋のエリオットでさえ見落としていた点がある。それはこの「不器量な」女王が、政治・外交・軍事の面では、このときまでに比類なき女性戦士へと変貌《へんぼう》を遂げていたことである。

パーマストン外相解任の衝撃

ところが、せっかくアルバートが国民のあいだで名声を博したにもかかわらず、それは瞬く間に雲散霧消してしまった。原因は辣腕《らつわん》の外相パーマストン子爵であった。一八四六年六月に外相に返り咲くや、パーマストンは事前に女王に相談せずに、重要な伝令を在外公館に送り届けてしまうという行為をまたもや繰り返すようになっていた。ヨーロッパでの革命騒ぎが一段落ついた一八四八年九月には、女王はラッセル首相に次のように述べるまでになっていた。「私はもうパーマストン外相とは一緒にやっていけません。もはや彼には信頼を置いていません」。しかし、二〇年近くにわたってイギリス外交をリードしてきた党内の重鎮パーマストンを、ラッセルもおいそれとはクビにできなかった。

こうして女王と外相との間に生じた溝は、一八五〇年代に突入するや、さらに拡がりを見せていた。そしてついに運命のときが訪れたのである。

ロンドン万博が幕を閉じてから一ヵ月半ほど後の一八五一年十二月二日、フランスでクーデタが生じた。フランス第二共和国の大統領ルイ・ナポレオン・ボナパルトが議会と衝突し、ここに全権を掌握すべく、軍隊を味方に付けてクーデタに成功を収めたのである。当初、ラッセル政権はこの問題に「厳格なる中立」を保つと閣議決定し、その旨は女王にも伝えられていた。ところが、パーマストンがまたもや女王や首相には諮らずに、ロンドン駐在のフランス大使に祝いの言葉をかけ、事実上クーデタを認める発言をしてしまった。

パーマストン（1784～1865）　19世紀半ばのイギリス外交をリードしたが，女王夫妻とはしばしば衝突した．外相解任後，首相に．在任1855～58，59～65

女王から促されるかたちで、ラッセル首相もついにパーマストン外相の解任を決めた。後任には、女王とも関係がよく、穏健なグランヴィル伯爵が内定した。すぐに女王はベルギー国王に手紙を送った。「親愛なる叔父さま。私たちだけでなく、おそらく世界中にとって、満足をもたらしてくれるような素晴らしいニュースをここにお伝えします。パーマストン卿はもう外相ではありません」。

しかし、ここにパーマストンからの手痛いしっぺ返しが待っていた。外相解任劇に女王が一枚嚙んでいるのは目に見えていた。パーマストンには日頃から懇意にしている子飼いの新聞が数紙あった。これらの新聞が、「有能なパーマストン外相を更迭するのはおかしい」と騒ぎ立てたのである。さらに非難の矛先は、女王に対してではなく、なんとアルバート公に向けられてしまった。「外国人の王子がイギリスの大臣の解任にかかわるとはおかしい」。万博の成功でせっかくつかんだ国民からの人気も、わずか一年半で急落した。

東方問題の再燃

パーマストンからしっぺ返しを受けたのは女王夫妻だけではなかった。翌一八五二年二月、パーマストン率いるホイッグ造反議員からの反発を受けて、ラッセル政権は議会審議で敗北を喫し、総辞職に追い込まれた。後任には、保守党のダービ伯爵（スタンリが一八五一年六月に父の死を受けて襲爵）が選ばれたが、相変わらず人材と議席の不足に悩まされ続けた政府は、ホイッグ、ピール派、急進派の野党三党派から攻撃を受け、同年十二月にわずか一〇ヵ月で退陣に追い込まれてしまったのである。

それと同じ頃、フランス皇帝ナポレオン三世に即位したルイ・ナポレオンは、伯父のナポレオン一世同様に、次第にその野心を露《あら》わにしていった。彼はオスマン・トルコ皇帝と協定を交わし、トルコの支配下にあった聖地イェルサレムでのローマ・カトリック教徒の保護権を認めさせた。これはロシア皇帝を大いに刺激する政策であった。ニコライ一世も長年にわたりオスマン帝国内でのギリシャ正教徒の保護権を皇帝《スルタン》に迫っていたのに、拒否し続けられていたからである。フランス皇帝に認めたのなら、自分にも認めてしかるべきである。ところが、トルコ側からの返答は「否」のままであった。

一八五三年六月にロシアとトルコは外交関係を絶ち、七月初旬にロシア軍がトルコ領内に進軍を開始した。周辺の大国である、イギリス、フランス、オーストリア、プロイセン四国は両国の調停を試みようとするが、折り合いをつけることはできなかった。しかも、当時のイギリス政府が両国間の対立をさらにエスカレートさせる一因となっていたのである。

一八五二年十二月にダービ政権が総辞職すると、野党三党派が連立政権を形成した。ピール派のアバディーン伯爵を首班とするこの政権は、誕生して一年で連立内閣に特有の弱さを露呈した。ラッセル無任所相の提案した選挙法改正案に、ホイッグの閣僚は反対、ピール派・急進派の閣僚は賛成を閣議で訴えていたのである。さらに、ロシア・トルコ間の衝突についても、閣内の意見は真っ二つに分かれていた。

この政権に内相として入閣していたパーマストンを筆頭とするホイッグ閣僚がロシアの地中海進出を押さえてトルコを援護すべきだと主張していたのに対し、アバディーン首相などピール派閣僚はロシアの政策を支持していたのだ。これが両国にあらぬ誤解を生じさせた。トルコもロシアも「イギリスは自分たちの味方である」と勘違いしてしまったのである。実際には閣内は分裂しており、イギリスは一貫した対外政策がとれないままであった。

ヴィクトリア女王は、ロシア・トルコ間の対立がこれ以上エスカレートしないよう、ニコライ一世に直接書簡を送り、穏健な解決策を講じるよう要望したが、それを支えるべきアバディーン政権からの協力がままならない状態では、これ以上要望を続けるわけにはいかなかった。そうするうちに、一八五三年十一月までにはロシア・トルコがお互いに宣戦布告し、のちの世に「クリミア戦争」と呼ばれる戦争へと突入してしまったのである。

内相辞任騒動とアルバートへの非難

ところが、イギリス政府が断固たる態度を示して、ロシアとトルコの仲裁に乗り出さなければならないときに、閣内は大きく揺れ動いていた。原因は、またしてもパーマストンだった。アバディーンやラッセルらの主要閣僚が推進しようとする「国内での選挙法改正、国外でのロシア寄り外交」という方針に、パーマストンはもはやついていけなくなった。十二月半ばにパーマストンは内相からの辞任をアバディーンに申し入れた。パーマストンにはある読みがあった。彼と考えがまったく同じランズダウン無任所相も一緒に辞任してくれる可能性が高かったのである。

一八五二年の内閣危機を収め、ウェリントン老公（五二年九月に死去）亡き後は、唯一の「長老政治家」として女王を支え、ホイッグ・ピール派に及ぼせる影響力でも、ダービ（ホイッグ時代にランズダウン派の若手筆頭だった）との関係でも、他の追随を許さない圧倒的な力を誇るランズダウン老侯が辞任するともなれば、政権は空中分解するしかない。それを阻止するために、アバディーンもラッセルも政策面で譲歩してくるに違いない。事実、アバディーンらはランズダウンの辞意表明に大慌てとなり、女王にまで懇願して、何とか老侯の慰留に尽くした。「老侯は女王に会う前に早まった行動に出ないように」との女王からの書簡と説得で、ラン

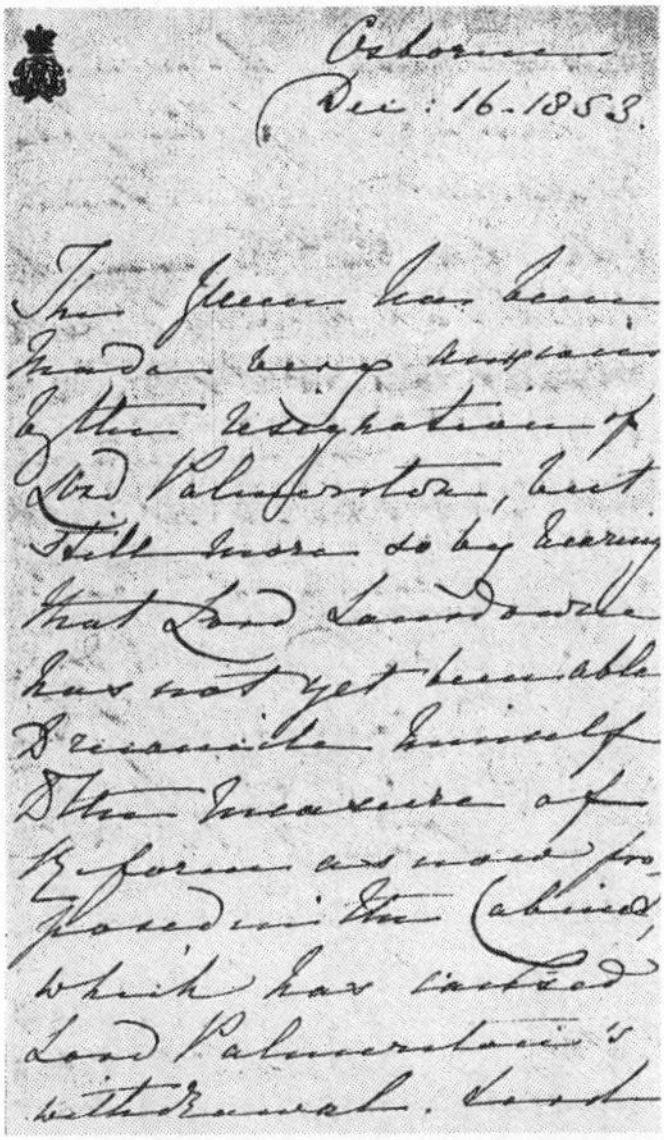
Osborne
Dec: 16. 1853.

The Queen has been made very unhappy by the resignation of Lord Palmerston, but still more so by hearing that Lord Lansdowne has not yet been able to reconcile himself to the measure of Reform as now proposed in the Cabinet, which has caused Lord Palmerston's withdrawal. Lord

女王からランズダウン侯に宛てた書簡
女王の直筆で無任所相の慰留を求めている．筆致から女王の強い性格が垣間見られる．1853年12月16日付

ズダウンは辞任を思いとどまった。

その代償は大きかった。アバディーンもラッセルも国内外の政策で老侯の意向に沿った方向に軌道修正しはじめたのである。パーマストンは、拒絶されるのを覚悟で、アバディーンに復職を願い出た。彼はこのとき運がよかった。内相は空席のままで決まっていなかったし、東方問題に明るいパーマストンが閣内にいてくれないと何かと都合も悪い。一〇日間にわたる辞任騒動ののち、パーマストンは内相に復帰した。

ところが、思いがけないとばっちりが王室を襲った。今回の犠牲者は、またもや「無実の」アルバートであった。パーマストンの辞任騒ぎは、すぐに彼の子飼いの新聞で喧伝《けんでん》された。今回の一件の背後にも、ちょうど二年前の外相解任事件のときと同様に、「外国人の王子（アルバート）」の影があるに違いないと、アルバートはあらぬ疑いをかけられてしまった。翌五四年一月に、新聞各紙は、ニコライ一世とも仲のよいアルバート公はロシアの手先であり、イギリスがフランスとともにロシアの侵略を押さえようとする政策を遮《さえぎ》っていると報じた。こうした根も葉もないでたらめには政府も憤慨し、貴族院ではアバディーンが、下院ではラッセルがそれぞれ政府を代表して公式にアルバートを擁護する演説を行った。

それでも事態は収まらなかった。なんとロンドン市中にとんでもないデマが流れたのである。アルバートが「反逆罪」に問われ、ロンドン塔に収監されたというのだ。一月二十九日には、アルバートの姿を一目見ようと群衆がロンドン塔の周りに詰めかけた。女王はあまりのばかばかしさに言葉を失った。

戦う女王《ファイティング・クイーン》の登場

それというのも現実はまったく異なっていたからである。オスマン・トルコ帝国領のモルダヴィアやワラキア（現ルーマニア領）にロシア軍が進駐するや、女王はその態度を急速に硬化させていった。ロシアを一日も早く北に追い返さなければ、そのまま地中海に南下されてしまう。折しもフランスからは、ナポレオン三世が直々に英仏でロシアに最後通牒《つうちょう》を送ろうと提案してきていた。すでに英仏の艦隊は黒海の手前まで派遣されていたが、この示威行動《デモンストレーション》にもロシアは一向に怯《ひる》む気配さえ見せなかった。ついに一八五四年二月二十七日、英仏は共同でロシアに最後通牒を突きつけ、一ヵ月以内に占領地から撤退するよう要求した。これで、イギリス世論に見られたアルバート公に対するあらぬ嫌疑も晴れていった。

もはや女王には「戦争」の二文字しか目に入らなくなった。最後通牒の期限が切れる少し前、三月十七日に彼女はプロイセン国王フリードリヒ・ヴィルヘルム四世に強気の書簡を送った。「けんか口論に巻き込まれぬよう用心しなければならぬ。しかし万一巻き込まれたら、そのときは目に物見せてやれ。相手が、こいつは手強い、用心せねばと懲りるほどにな（『ハムレット』第一幕、第三場、ポローニアスの台詞）」。

それから一〇日後、三月二十七日についに最後通牒の期限が切れた。ここにイギリスとフ

クリミア戦争の負傷兵を慰問する女王　女王の左にアルバート公，２人の少年は皇太子と次男アルフレッド

ランスは共同でトルコを援護してクリミア戦争に参戦することに決まった。女王はすぐさま王女や女官たちを総動員して、クリミアへと派遣される兵士たちのマフラーや手袋を編んで戦地に送った。ところが戦争は予想以上に泥沼化してしまう。

　これより四〇年前のワーテルローの戦い（一八一五年六月十八日）で、かのナポレオンを打ち破って以来、イギリス陸軍は近代化を怠ってきた。しかも戦場は英仏軍にとって馴染みの薄い黒海に面した地域である。物資が不足していたばかりか、コレラまで蔓延《まんえん》し、野戦病院さえ満足にない状態だった。

　女王は、イギリス本国から次々と兵士を送り出す閲兵式に進んで出席し、一八五四年十一月には「クリミア記章《メダル》」という勲章まで制定して、翌年三月には兵士一人ひとりに自ら授与して兵士たちの士気を鼓舞した。これまでイギリスの君主が一兵卒にこれほど接近したことはなかった。兵士たちのなかには、まともに女王の顔を仰ぎ見られなかった者も大勢いたが、女王自らが勲章を胸に付けてくれたことで感極まっていた。

ナポレオン三世との交友

しかし、黒海沿岸では戦線は膠着《こうちゃく》したままであった。ロシア側に打撃を与えるためには、黒海最強のセヴァストポリ要塞《ようさい》を落とさなければならない。トルストイの小説でも有名な、この要塞をめぐる攻防戦は一進一退を繰り広げていた。一八五五年一月、女王は外相のクラレンドン伯爵にこう伝えた。「オーストリアやプロイセンを英仏の側につけて参戦させるためにも、セヴァストポリは何としてでも落とさなければならない」。女王は「文明世界を侵食する野蛮国ロシア」を周辺のすべての列強で封じ込めるべきだと考えていた。

他方で、イギリス陸軍がだらしない状況では、フランス陸軍に大いに頑張ってもらわないといけない。三月には、ナポレオン三世自らが兵を率いてクリミア遠征に出かけるなどとの情報も伝わってきた。かの偉大なる伯父ナポレオン一世のような武運に恵まれているとでも思ったのであろう。しかしそれは思いとどまらせないといけない。七月王政時代にイギリスに亡命していたルイ・ナポレオンは、軍事行動を起こしてはしばしば失敗を繰り返していた程度の「軍人」にすぎなかったのである。とはいえ、彼の機嫌を損ねてはいけない。

一八五五年四月半ばに、ナポレオン三世夫妻はイギリスを公式に訪問することになった。ドーヴァーにはアルバートが直々に出迎えにきていた。ウィンザー城では皇帝夫妻を歓迎する大晩餐会が開かれた。さらに、皇帝が欲しくてたまらなかったイギリス最高位のガーター勲章まで授与された。女王のほうも、この洒脱《しゃだつ》で話し好きな皇帝をすっかり気に入ってしまい、クリミア戦争での共同作戦の検討ももちろん行われたが、英仏両王室の絆を深めることにもつながった。八月には、今度は女王夫妻がパリを訪れ、皇帝から大歓迎を受けた。

女王が気を遣わなければならない相手はまだいた。この年の一月末に、アバディーン連立政権は総辞職に追い込まれていた。開戦から一年近くが経とうとするのに、戦況に何ら進展が見られないことと、アバディーンでは戦争指導者として力不足であることが議会内からも非難を浴びた結果だった。ダービはまたまた組閣を辞退した。そこで「長老政治家」ランズダウン老侯の斡旋《あっせん》により、この戦時中にあってもっとも首相に適任と思われる人物が推挙された。なんとパーマストン子爵であった。女王夫妻が今まで何度も苦汁《くじゅう》を飲まされてきた彼を首相に据えなければならないのか。しかし今は非常事態である。「長老政治家」のランズダウンをはじめ、諸党派の指導者たちもみな一様にパーマストンへの協力を約束している。こうして、パーマストンは史上最高齢（七十歳）で首相に就いた。

女王の不満と終戦への道

しかし、パーマストンが首相に就任してから、イギリスにとっても運気が上向いてきた。女王がフランスを答礼訪問した翌月、一八五五年九月にセヴァストポリは陥落した。女王は大いに喜んだ。これでこれまでの劣勢を立て直すことができる。海相のサー・チャールズ・

ウッドにイギリス海軍による大規模な遠征をバルト海で展開するよう命じる一方で、女王はクラレンドン外相にこう伝えていた。「イギリス陸軍がまだ名誉を回復できるような大勝利をつかんでいないのに、早期に講和を結ぶのは、彼女の愛すべき陸軍の名誉と栄光にとっても耐え難い屈辱を残すだけです」。女王はまだまだやる気満々だった。

ところが、フランスとロシアは違った。女王やパーマストンにとってセヴァストポリ陥落は戦争の一里塚にすぎなかったのに対し、ナポレオン三世にとってそれは講和の一歩だったのだ。すでに要塞陥落の直後から、フランス皇帝は戦意を失っていた。皇帝だけではない、フランス中に厭戦《えんせん》気分が漂うようになっていたのである。対するロシアの側にも変化があった。要塞陥落の半年前、一八五五年三月にニコライ一世が崩御した。後を継いだアレクサンドル二世は、当初は戦争の継続に乗り気であったが、セヴァストポリが陥落した後となっては、これ以上の戦争の長期化には懸念を抱いていた。そのような折に、フランス皇帝からパリで講和会議を開かないかとの提案を受け取ったのである。これは、アレクサンドルにとっても渡りに船だった。

一八五六年二月から三月にかけて、フランスを議長国にパリ講和会議が開かれた。ナポレオン三世は、早期に講和を実現しようと躍起になり、同盟国のイギリスではなく、敵国ロシアと折り合いをつけようと方向転換してしまう。パリ会議では、黒海の中立化や占領地からのロシア軍の撤退などが決まったものの、双方の側にとって利益の少ない、不完全燃焼のようなかたちで終戦となった。三月三十日に締結されたパリ条約に女王は不満だった。これでは何のために数多くの尊い命が失われたのかわからない。

しかし、イギリス一国だけで戦争を再開するわけにはいかなかった。セヴァストポリ要塞は陥落したものの、ロシア陸軍は決定的な打撃を受けたわけではない。イギリス海軍でバルト海に遠征できたとしても、フランス陸軍の協力なくして黒海で戦うのは不可能である。しかも外交的にも、四大国（フランス・ロシア・オーストリア・プロイセン）もトルコも、みな条約の内容に満足しているのである。このまま対ロシア強硬策を押し出せば、イギリスはヨーロッパ国際政治のなかで孤立してしまう。

パリ条約締結にあたってヴィクトリア女王にできたのは、叔父のレオポルド一世に不満をぶちまけることだけだった。「イギリスの目的は、野蛮な大国ロシアの傲慢《ごうまん》で危険きわまりない野望からヨーロッパを救うことなのです。……私は初めから一〇〇回ぐらい繰り返し述べてきましたが、もしプロイセンとオーストリアが一八五三年の時点でロシアに断固たる態度を取っていたら、こんな戦争は起こらなかったのです！」。

ナイティンゲールへの贈り物

こうしてクリミア半島を舞台とした英仏とロシアとの戦争は二年でその幕を閉じた。不満足な状態での講和に憤懣《ふんまん》やるかたなかった女王ではあったが、彼女のため、国のために命を賭《か》けた人々に対する論功行賞には余念がなかった。

実際に現地で指揮を執っていた陸海軍の将校や、イギリス本国や諸外国でこれにかかわった政治家・外交官など、戦争の表の部分で活躍した男性ばかりにではなく、裏方で活躍した女性たちにも女王の目は行き届いていた。その代表格が、「クリミアの天使」とも呼ばれたフローレンス・ナイティンゲール女史であった。

彼女がコンスタンティノープル（現イスタンブール）の対岸スクタリ（現ユスキュダール）に自らが組織した三八人の看護師とともに渡ったのは、戦争が泥沼化していた一八五四年十一月のことである。幼なじみでいまやアバディーン政権の陸軍事務長官となっていた、シドニー・ハーバートの要請を受けての行動だった。彼女たちの到着で、野戦病院での死亡率は急速に低下した。「ランプの貴婦人」とも呼ばれたナイティンゲールは、夜を徹して兵士たちの看護に尽くした。

彼女の噂は女王の耳にも届いていた。一八五六年一月、帰国を目前にひかえたナイティンゲールのもとに一通の手紙が届いた。それはヴィクトリア女王から直々の手紙であった。これまでの彼女の努力と勇気に対する賞賛が惜しみなく散りばめられた、女王の心からの感謝の言葉であった。その手紙には小さな箱も添えられていた。開けてみると、そこには綺麗な記章が入っていた。中央部には、王冠と女王のイニシャルがダイヤ入りで施され、エナメルの白地に赤い聖ジョージ（イングランドの守護聖人）の十字がその下に描かれている。さらに

ナイティンゲールに与えられた記章の図案（アルバートのデザインによる） The Royal Archives ©2007 Her Majesty Queen Elizabeth II

周縁部には、「慈悲深き者は神に祝福される」という言葉と「クリミア」の文字が金色で描かれていた。女王はナイティンゲールと初めて謁見を行う予定であったが、「是非このブローチを着けてお越しください」と手紙には書かれていた。

九月二十一日、クリミアの天使はバルモラル城に女王を訪ねた。かねてからの要望どおり、彼女の胸には贈り物のブローチが輝いていた。

しかしそれは、装飾用のブローチというより、勲章と言ったほうがよいデザインであった。イギリスという国家が女王の名の下に、彼女のクリミアでの偉業を讃えて贈ったことを表す表象だった。すでに第I章でも述べたとおり、当時のイギリスでは女性に勲章を与える習慣がなかった。しかしクリミア戦争は、男たちだけの戦争ではなかった。イギリス本国で夫や父や息子の帰りを待つ女性たち、さらには戦場で兵士の看護に当たった女性たちの戦争でもあった。それをもっとも代表していた存在が、ヴィクトリア女王自身と一つ年下のナイティンゲールではなかったか。

アルバートへの贈り物

さらに、一般の兵卒にも新たなる栄誉として、「ヴィクトリア十字章（Victoria Cross）」が同じく一八五六年一月に制定された。これは特に戦功のあった真の勇者のみに与えられ、それは二十一世紀の今日でも軍人に与えられる最高の栄誉となっている。宝石も散りばめられておらず、金製でも銀製でもない、青銅《ブロンズ》製の十字章にすぎないかに見える。しかしそれは、ほかならぬクリミア戦争で、敵国ロシアから押収した大砲や砲弾を溶かしてできた記念すべき勲章なのである。さらに、受章者には年間一〇〇ポンドの終身年金も与えられた。

ここにもう一人、女王が忘れてはならなかった人物がいた。アルバート公である。イギリスが戦争に突入する直前には、あらぬ噂のおかげで反逆者扱いを受けたアルバート。それにもめげずにこの国を支え、女王を支えてくれたから戦争も乗り越えられたのだ。しかし彼には、ガーター勲章をはじめイギリスの最高勲章はすでに与えられていた。

女王が考えていたのは、アルバートにイギリスの称号ときちんとした席次を与えることだった。結婚当初の彼には明確な席次や位置づけがなかった。イギリスの爵位を贈ることも、当時のメルバーン首相などから反対されていた。たしかに、一八四〇年に結婚したとき、彼はまだ「外国人」だったかもしれない。しかし、ロンドン万博を成功裡《り》に終わらせ、クリミア戦争でも女王を支えた彼は、いまや歴《れっき》としたイギリス人である。

一八五六年五月、女王は一つの覚書を作成した。本来であれば自分と同じ格付けの称号

（国王）を与えたいところだが、それもこの国では無理であろう。今後はアルバートに「王配殿下（Prince Consort）」の称号を与え、宮中席次では女王に次ぐ第二位の位置を与えるとする覚書であった。こののち、法律の専門家や政府とも協議がなされ、翌五七年に晴れてアルバートは王配殿下の称号を獲得したのである。父や兄とともに初めてイギリスを訪れてから、実に二〇年もの歳月が流れていた。

インド大反乱と女王の新たなる戦い

一八五七年六月二十六日、晴れ渡った青空の下、ロンドンのハイドパークで華々しく執り行われたヴィクトリア十字章の初めての授章式を終えて、バッキンガム宮殿へと戻ってきた女王を一通の緊急の書簡が待ち受けていた。それはパーマストン首相からの手紙であった。インドで現地軍の部隊が反乱を起こしたというのである。反乱自体はデリー北部のメーラトを拠点にすでに五月十日に発生していた。首謀者は東インド会社軍のインド人傭兵《ようへい》シパーヒー（英語名ではセポイ）たちだった。長年のイギリスによるインド統治に対する不満と、彼らが使用するエンフィールド銃の弾薬筒にヒンドゥー教徒やイスラーム教徒が忌避する牛脂や豚脂が使用されているとの噂が広まったのが反乱の原因であった。

報告を受け取るや、ヴィクトリア女王の決断と行動は素早かった。すぐさまパンミューア陸相に書簡を送り、インドを守るイギリス軍の増強を遅滞なく進めるよう指示した。実は、女王は前々からインド防衛軍の増強を主張していた。イギリスが実質的に防衛するインドの支配地域はこの二〇年で倍増していたのである。それを一世紀前と変わらぬ、東インド会社軍による防衛に任せていたのでは賄いきれないのも当然だった。女王にとって、のちの世に「インド大反乱」と呼ばれることになる、このシパーヒーの反乱はインド支配をさらに強化する絶好の機会となってくれたのである。

女王は連日、パンミューア陸相や総督（Governor-General）として統治にあたるカニング子爵に指示を送り、反乱を速やかに鎮圧するよう命じた。しかし、これまで強気の姿勢で知られたパーマストン首相には一抹の不安があった。インド軍の増強はたしかに必要だ。とはいえ、それには膨大な予算がともなうことになる。クリミア戦争のおかげで、陸軍予算はそれまでの三倍、海軍も二倍に膨れあがっていた。一八五六年三月に戦争も終わり、ようやく戦時債務を償却し、陸海軍予算も縮小できると思われていた矢先のインド軍増兵である。いまや首相となったパーマストンは政府全体のことを考慮に入れて予算を組まねばならなかった。

このパーマストンの慎重な姿勢に女王が喝を入れた。「予算上の困難など存在しません。一万四〇〇〇人の兵をインドに送る費用などインド政庁に請け負わせればいいことです。そうすれば［イギリス政府の］陸軍予算に計上する必要もないでしょう」。いつしか女王のほうが弱腰のパーマストンを引っ張っているような状況になっていた。この当時は、東アジアでも、イギリスは第二次アヘン戦争（別名アロー号戦争）と呼ばれた清国との二度目の戦争に乗り出しており、帝国拡張の機運がますます高まっていたのである。

女王の叱咤《しった》激励が効いたのか、九月には反乱軍が擁立していたムガール帝国（十六世紀以来この地で最大の勢力を誇ってきた帝国）皇帝バハドゥール・シャーがデリーでイギリス軍に捕らえられ、各地で続いていた小規模な反乱も翌五八年八月までには完全に鎮圧された。それにともない、女王は宣言を発し、それまで東インド会社による間接統治下に置かれていたインドを、イギリス政府による直轄支配へと移した。カニングには、総督であると同時に「副王（Viceroy）」の称号も与えられた。

こののち、イギリスは各地の藩王たちとねばり強く交渉を続け、二〇年後には史上初めて「インド帝国」を創設していく礎石をここに築き上げたのである。

新しい栄誉と女王の野望

反乱が鎮圧された翌一八五九年五月に、女王はカニング総督に一通の書簡を送った。そこには、インド各地の王侯たちをイギリスの下に結束させ、女王との個人的な紐帯《ちゅうたい》で引きつけておくためにも、「高位の勲爵士を新たに設置したい」と書かれていた。それはちょうど、英仏百年戦争の当初にエドワード三世（在位一三二七〜七七年）が臣下の士気を高めようと「ガーター騎士団」を創設したり、スコットランドとの結びつきを強めようとジェームズ二世（在位一六八五〜八八年）が「シッスル騎士団」を立ち上げたのと同じようにである。

これらの騎士団員はそれぞれ二四名（ガーター）・一六名（シッスル）に限定されているが、インドでの新しい勲爵士も最高位の者はその程度の少人数に限りたい。さらに、「将来的には名誉勲爵士（特別枠）も設けて、ペルシャ皇帝、ネパールやビルマ（現ミャンマー）の皇帝など、東方の君主たちにも授与していきたい。そうすれば、彼らに対する影響力を拡大していく手段ともなるでしょう」。

それは単なる新しい勲爵士（勲章）の制定などではなかった。そこには、インドを中心とした東方世界に一大帝国を形成していく女王の壮大な計画も含められていたのである。事実、女王は、将来的にインドの王侯たちがキリスト教徒に改宗する場合には、「世襲の名誉というものを考えるのもやぶさかではない」とカニングに明言していた。勲爵士は一代限りのものである。それが世襲の名誉ということは、インドにも新たに「爵位貴族」を創設することまで考えていたのであろう。

スター・オブ・インディア勲章
中央には女王の横顔があしらわれている

新しい勲章は「スター・オブ・インディア（インドの星）勲章」と名付けられ、「天空の光が我らを導く（Heaven's Light Our Guide）」がモットーに選ばれた。そこには未開のインドを文明国イギリスが先導していこうという意図が秘められていたのであろうか。三等級に分けられた勲章は、主要な王侯、インド総督府に働く高官たちに与えられ、一九四七年八月にインド帝国が消滅するまでインド最高の栄誉となった。その頸飾《けいしょく》や大綬《だいじゅ》・小綬《しょうじゅ》の先端部に付けられた記章には、縞瑪瑙《オニックス》にヴィクトリア女王の横顔のカメオ（浮彫り）が彫られ、周囲はダイヤモンドで「天空の光が我らを導く」とかたどられた。カメオに彫られた女王の横顔は、こののち八五年にもわたってこの亜大陸に君臨した。

こうして「戦い続けた」女王の一八五〇年代は幕を閉じたのである。

第Ⅲ章　アルバートの死と王室の危機

Death of Albert and the crisis of the royal family

二大政党の登場と政局の安定

ヴィクトリア女王のイギリスが海外で戦い続けた一八五〇年代は、国内では政局の混迷を抱え続けていた。女王はこの一〇年間に、五度の政権交代（一八五二年二月、同年十二月、五五年、五八年、五九年）と二度の内閣危機（一八五一年、五五年）に見舞われ、長期的な視野から諸改革を進められるような安定した政権には恵まれなかった。

しかし、そうした状況に風穴を開けたのが、一八五九年六月の新党結成であった。ダービ保守党政権が提案した選挙法改正案が議会で否決され、解散・総選挙となったが、このたびも過半数を制した党派は現れなかった。これまで離合集散を繰り返してきたホイッグ・ピール派・急進派の三派がひとつにまとまる時機にきていた。ホイッグ内部で確執を続けてきた、パーマストンとラッセルという両巨頭もついに手を結び、六月六日に三派の議員が一堂に会して、ここに「自由党」が結成されることになった。翌日、新生自由党側からダービ政権の不信任案が出され、四日後に可決された。ダービ首相は女王に辞任を申し出ることになった。

ここに自らの持つ最年長記録を更新するかたちで、七十五歳のパーマストンが首相に就任した。ラッセルは外相として入閣した。

結果的に、この第二次パーマストン政権は首相自身が八十一歳を目前に亡くなる、一八六五年十月まで六年四ヵ月も存続することになった。女王が首相の選定に窮するような場面は、それ以前の一〇年間とは対照的に、もはや見られなくなったのだ。こうして、イギリス政党政治には、保守党と自由党とが交互に政権を担当していく「二大政党制」への道が切り開かれていった。

ただしそれは、我々が想像するような、二大政党制ではまだなかった。すなわち、二つの政党がいくつかの争点をめぐって正面から対峙し、議会内での採決の勝敗、あるいは国民に審判を問う総選挙の結果に応じて、交互に政権を担っていくという意味での二大政党制は、一八六〇年代前半のこの時点では確立されていなかった。

この時代には、異なる三党派から結成されたばかりの自由党の内部に諸々《もろもろ》の政策をめぐって足並みの乱れが生じていた。このため、議会改革や財政改革に消極的な自由党右派の勢力が、保守党と裏で密約を結んで、自由党左派の進める改革を議会採決でことごとく否決していくという、およそ二大政党間の正面衝突とはほど遠い状況にあった。しかも、労働者階級に広く選挙権が拡大していない当時にあっては、総選挙の重みも今日とは違っていた。

とはいえ、ヴィクトリア女王にとってみれば、これで「長老政治家」たちに頼って首相の選定に煩わされていたような状況はひとまず終息してくれてはいたのである。

長女ヴィッキーの結婚

他方で、一八六〇年二月に結婚二〇周年を迎えたヴィクトリアとアルバートの夫婦も、ひとつの節目の時期にさしかかっていた。これより五年前の九月には、十五歳を目前に控えた長女ヴィッキー（ヴィクトリアの愛称）の結婚相手が早くも決められた。プロイセン国王の弟で、身体が弱く跡継ぎのいない兄フリードリヒ・ヴィルヘルム四世の後継者と目されていた、ヴィルヘルム王子の長男フリードリヒ・ヴィルヘルム（愛称フリッツ）である。ヴィッキーより九歳年上のこの好青年とスコットランドのバルモラル城で初めて会った女王夫妻は、すぐに彼を気に入ってしまった。フリッツの父ヴィルヘルムにしても、息子が由緒あるイギリス王家の長女と結婚することに異存などなかった。

一八五七年五月に婚約の儀も正式に調い、フリッツとヴィッキーの結婚式は翌五八年一月二十五日にロンドンのセント・ジェームズ宮殿付属礼拝堂で華やかに執り行われた。一八年前に女王夫妻が式を挙げたのと同じ場所である。こうして、ハノーヴァー家とホーエンツォ

ヴィッキーの結婚が決められた折の女王一族　右からヴィッキー，アルバート公，女王，２人おいてフリッツ．23歳と14歳の２人だった

レルン家は親戚となった。結婚式から一年後、一八五九年一月二十七日に、ヴィッキーとフリッツは男の子を授かった。いまやプロイセン王国の摂政となっていた祖父と同じく、ヴィルヘルム（愛称ウィリー）と名付けられた。この赤ん坊が、のちに世界を震撼《しんかん》させるドイツ皇帝へと変貌を遂げることになろうとは、このときはもちろん誰もが想像だにしていなかったことだろう。

この間に、ヴィクトリア女王自身は、一八五七年四月十四日に九人目にして末の子どもとなるベアトリス王女を出産していた。女王とアルバート公が、大勢の元気な子どもたちに囲まれて幸せな生活を送っている様子は数々の肖像画に描かれ、それは数多くの複製画でイギリス中に広まった。一家団欒《だんらん》の幸せは、やがてヴィクトリア時代を象徴する道徳観として「喧伝」されたが、その模範こそがほかならぬ女王自身の一家であった。

母ケント公妃の死

しかし、一八五〇年代に幸せの続いたヴィクトリア一家も、六〇年代にはいると途端に不幸が続くようになった。まずは、長女ヴィッキーの嫁いだ先で、フリードリヒ・ヴィルヘルム四世国王が長い病の末に亡くなった。長男バーティの洗礼式で名付け親《ゴッドファーザー》にもなってくれたこの気さくな国王の死に、ヴィクトリア女王も涙を流した。しかし、一月二日の国王の死は、これから女王が経験する「一八六一年」という悲劇の年にとって、まだ幕開けにすぎない時点での悲報だったのである。

それからわずか二ヵ月後、三月十五日に女王は最愛の母を失った。享年七十五。ヴィクトリアが女王に即位して以来、二人の寝室は分けられ、さらにアルバートと結婚して一家を持つようになってからは、住む場所も異なってきた母と子ではあったが、その後ももちろん絆は深められていた。思えば、父ケント公爵を生後八ヵ月で失い、一時は路頭に迷いそうになった自分をしっかりと抱きしめて守ってくれたのがこの母であった。死の直後、母の弟でもあるベルギー国王レオポルド一世に女王はこう手紙に綴った。「彼女が逝ってしまいました。あのかけがえのない、愛する優しい母が。……彼女なしの人生など考えられません。それなのに私のもとを離れていってしまうとは、あまりにもひどいことです」。

悲嘆に暮れた女王の偽らざる気持ちが表れた言葉である。しかしその女王も、まさかこの同じ言葉を、それからわずか九ヵ月後に、再び同じ人物に打ち明けることになろうとは思ってもみなかったのである。

バーティと両親の確執

一八五七年に晴れて「王配殿下《プリンス・コンソート》」の称号を冠せられたアルバートは、その年の四月には九人目の子どもの父親となり、翌年一月に長女ヴィッキーをベルリンへと送り出す「花嫁の父」の役割も無事に済ませた。ところが、まだ四十歳にもなっていなかったのに、アルバートの肉体は急速に衰えを見せていた。彼は国内外の政治や外交の動きに妻とともに真剣に対処し、他方では長年国民からの不人気にも悩まされ続けてきた。好きな乗馬にも時間がさけず、引き締まっていた肉体はいつしか肥満体へと変わっていた。頭髪もめっきり薄くなり、とても三十歳代の男性には見えなかった。

ヴィッキーがベルリンへと輿入《こしい》れしてからは、ヴィクトリア母子は頻繁に書簡をやりとりするようになり、それは母が亡くなる直前まで四〇年以上も続けられた。今日でもその膨大な書簡の多くが残されているが、娘がプロイセンに行ってしまった頃から、この聡明な長女を溺愛していたアルバートの元気が急になくなったと母親は記している。それとは対照的に、「出来の悪い」長男バーティに対する両親の態度はますます硬化していった。その年（一八五八年）の暮れには、女王は娘にこう記している。「正直、彼を愚鈍だと思っていることをあなたには告白しておきます」。

両親からの期待を一身に背負ってきたバーティこと、アルバート・エドワード皇太子は、堅苦しいことが大嫌いで、謹厳実直を絵に描いたような両親とは、実は肌が合わなかった。精神・肉体双方の鍛錬に厳格な父親の小言に息が詰まっていたバーティは、クリミア戦争のさなかの一八五五年八月に、両親とともに同盟国フランスを訪れていた。そこで歓待してくれたナポレオン三世とバーティはすぐに意気投合してしまった。皇帝自らが御者となって、馬車でパリ見物に出かけたとき、バーティは思わずこう言ってしまった。「あなたの息子だったらよかったのに……」。

しかし現実はそうではなかった。それから四年後に、バーティはオックスフォード大学に入学させられた。名門の学寮クライスト・チャーチに籍を置いたものの、実際に学問にはあまり興味を示せなかった。彼はむしろ芸術や文学を好み、酒と女性をこよなく愛していた。二年後の一八六一年から、バーティはケンブリッジ大学（トリニティ・コレッジ）に籍を移した。彼が大学に入学した頃から、アルバート公の胃痛がはじまった。短期間の訓練を施した陸軍でも皇太子の評判は芳しくなかった。それ以上に悪い噂が伝わってきたのが、オックスフォードとケンブリッジの両大学からだった。殊にケンブリッジでは、悪友たちと羽目を外しすぎて、学則をしばしば破るとの苦情が学寮長から寄せられてきた。

アルバートにこれ以上の屈辱はなかった。なにしろケンブリッジ大学の総長は自分なのである。一八四七年三月から総長を務めるアルバートは、これまでに数々の優秀な学生を送り出してきた。いつかは自分の息子もと思っていた矢先にこの始末である。一八六一年十一月、アルバートと縁の深いロンドン南部のサンドハースト陸軍士官学校に新校舎が建てられ、彼はその竣工《しゅんこう》式に出かけた。折悪しくも土砂降りの雨のなかでの視察であった。ウィンザーに戻ってきたアルバートは、まるで死人のように顔が青ざめ、リューマチにも悩まされていた。ところが、休む間もなく、彼はケンブリッジに出かけると言って聞かなかった。クリスマス休暇がはじまる前に、バーティに一言説教をしなければ気が済まなかった。

アルバートの早過ぎる死

女王はアルバートに無理はして欲しくなかった。その年の十一月初めに、従兄でポルトガルの王配陛下フェルディナントが腸チフスで四十五歳の短い生涯を終えていたのだ。妻マリア二世を支えながら、内乱に明け暮れたポルトガルを治め続けた果ての疲労が祟っての死であった。国内に内乱こそ見られなかったものの、アルバートもフェルディナント同様に妻である女王を支え続け、君主である妻に代わって子どもたちの教育にも携わってきたのである。しかも彼はいまや明らかに体調が悪かった。これ以上無理をせずに、クリスマス休暇で帰ってきたとき、バーティに小言を言えばいいではないか。

しかし、アルバートはこれまた土砂降りの雨のなかを、汽車に乗ってケンブリッジに駆けつけた。ウィンザー城に戻ってきたアルバートの顔は土気色だった。十二月にはいると、アルバートの容態は日に日に悪化していった。ちょっとした食事さえ受け付けられず、体力は日増しに減退した。そのようななかでも、アルバートは外交問題に専心した。

折しもアメリカでは南北戦争のさなかであり、南部連合国が英仏に外交使節団を派遣しようとしてイギリスの郵便船トレント号に乗せて密航を企てた。これが北軍の艦隊に捕まってしまった。この事件は英米間の対立につながり、このままエスカレートすれば戦争も起こりかねなかった。パーマストン政権は、リンカーンの連邦政府に強硬な姿勢を示し、トレント号を解放しなければ戦闘をも辞さないという語調の文書を送付しようとした。女王のもとに届けられたこの文書を見て、大慌てで穏健な文体に改めさせたのが、アルバートであった。おかげで、英米の外交関係は一応修復できたのである。

亡きアルバート公の胸像を見つめる女王(左)**と次女アリス**　バーティが撮った. 1862年

ところが、アルバート自身の体調は一向に恢復の兆しを見せなかった。十二月十四日の土曜日、危篤となったアルバートのベッドを家族が取り囲んでいた。午後十一時近くに、ついにアルバートは息を引き取った。享年四十二。死因は腸チフス。一ヵ月前に従兄フェルディナントの命を奪った病名と同じであった。

悲嘆に暮れた女王は、最愛の叔父レオポル

ドにこう語った。「八ヵ月で父を亡くした哀れな赤ん坊は、いま、四十二歳にして、傷心で胸打ちひしがれた未亡人となってしまったのです。私の幸せな人生は終わってしまいました」。

服喪の女王と秘書官たちの支え

アルバート逝去の報が伝わるや、新聞や雑誌はいっせいに哀悼の意を表した。それればかりか、これほどまで偉大な王配殿下はいなかったと、こぞって絶賛しはじめたのである。いつしか彼の名は「アルバート善良公(Albert the Good)」と呼ばれるようになっていた。同じ新聞や雑誌が、「外国人」「売国奴」などと彼を罵《ののし》り、ロンドン塔に送られたとまで報じてから、たかだか八年ほどしか経っていなかった。それがいまやロンドン中の教会が寂しげに弔いの鐘を響かせていたのである。アルバートの死を大々的に報じた日の『タイムズ』など、発刊以来最大の売り上げ部数(八万九〇〇〇部)を誇っていた。

アルバートの葬儀は、クリスマス・イヴの前日、十二月二十三日にウィンザーでしめやかに執り行われた。女王は葬儀のときだけ、アルバート臨終の地ウィンザーに駆けつけ、あとは彼との思い出の地、ワイト島のオズボーン・ハウスに引き籠《こ》もってしまった。ここは一八四五年に女王が買い取って以来、アルバートの手によって建物の改修や庭園の設計が施されてきた、女王夫妻に所縁《ゆかり》の深い王室の別荘であった。そのようななかで、葬儀の五日後、女王はかつてアルバート付きの秘書官で、女王手許金会計長官となっていたサー・チャールズ・フィップスを通じて、紋章官に新しい勲章の制定を命じた。

「ヴィクトリア・アンド・アルバート王室勲章（Royal Order of Victoria and Albert）」と名付けられたその勲章は、中央に二人のカメオ像を配して、周囲をダイヤモンドであしらった白い蝶《ちょう》型小綬の女性用の勲章であった。かつて伯父のジョージ四世から生涯でもらった初めての勲章が、彼が制定した王室勲章だった。女性としての悲しみを痛感した女王は、新しい勲章をアルバートとの思い出として、さらには彼女の親族や身の回りの面倒を見てくれる女官への感謝の気持ちとして制定したのである。それは、これ以後四〇年にわたって、すべての国家的行事を喪服で通した女王の左胸に常に着けられる勲章となった。

アルバートへの追悼は、この勲章にはじまり、イギリス各地に建造された銅像によってさらに人々の心に印象づけられていった。ロンドン郊外のケンジントン・ガーデンズにはアルバート公を讃えたゴシック様式の壮大な記念碑が建てられた（一八七六年）。さらに彼の名は、記念碑のすぐ近くに建つ、ロイヤル・アルバート・ホール（一八七一年創設）や、ヴィクトリア・アンド・アルバート博物館（一八五七年創設）にも残り続けていった。これらの施設は、最初は国民から囂々の非難を浴びた、かのロンドン万博で得られた収益金二〇万ポンドで国民のためにつくられたものだった。国民は、公が死してこの偉大なる人物が彼らに抱いていた愛情に気がついたのである。

他方で、これまでアルバート自身が果たしてくれていた女王の補佐役には、彼の下で秘書官として仕えたフィップスとチャールズ・グレイとがそのまま就くことになった。ただし、君主と大臣との間に第三者が介在するのはよくないとのパーマストン首相らの意見が押し通され、フィップスもグレイも「女王秘書官（Private Secretary to the Queen）」の肩書きは名乗らずに、女王に仕えることになった。しかし、彼らの職務は、心身ともに疲れ切った女王に代わり、大臣たちへの書簡を代筆したり、届けられた書簡を朗読したりという、まさに秘書官のそれにほかならなかった。

グレイの努力と実績により、女王秘書官の役職名が正式に認められるのは、一八六七年四月まで待たなければならなかったが、その間、フィップスさらにはグレイが女王の手足となって、政治・外交や宗教問題、軍事問題など、さまざまな側面で女王を支え続けた。

皇太子バーティへの不信

女王にとって衝撃だったのは、最愛の夫がまだ四十二歳という若さで、突然この世を去ってしまったことだけではなかった。その原因をつくったのが、彼らの長男で女王の死後にこの国の王位を継承するはずの皇太子バーティだったことも、女王には耐えられない現実であった。前々からバーティを「無能」呼ばわりしていた女王は、ますます皇太子に冷淡になってしまった。アルバート死去の翌月、一八六二年一月末にはパーマストン首相がそろそろ皇太子の花嫁候補を選定すべきではないかと女王に進言した。「まだ早い」と、はねつけようとした女王ではあったが、ここは身を固めさせたほうがよいかもしれない。思い直した女王は、パーマストンに任せることにした。

一八六二年は一一年ぶりにロンドンで万国博覧会が開催されていた。あの五一年の万博の壮麗さ、さらにはアルバートの姿が思い起こされるロンドンにはいたたまれなくなり、女王は再びオズボーンに引き籠もってしまった。その間に、バーティのお見合いは着々と準備が整えられていった。相手は、デンマーク王女のアレキサンドラ。絶世の美女と言われた女性である。叔父レオポルドのはからいでベルギーのラーケンで行われた二人のお見合いはうまくいった。女王もこの美しくてしとやかな「アリックス（アレキサンドラの愛称）」を一目で気に入り、半年後の六三年三月に二人は結婚することが決まった。

皇太子アルバート・エドワード（通称バーティ）　のちのエドワード７世（在位1901〜10）

三月十日、ウィンザー城のセント・ジョージ・チャペルで、華燭の典は執り行われた。女王自身の日誌にも記されているとおり、その日はアルバートの死（一八六一年十二月）以来「初めてお気に入りのガーター勲章の大綬、星章、記章を着け、愛するアルバートの顔を私の顔の前面に彫らせたヴィクトリア・アンド・アルバート王室勲章も着けて」式に臨んだ。女王は、ヴィッキーのときのように祭壇の前ではなく、二階に設けられた特別席から二人の幸せそうな姿を眺めていた。

こうして皇太子バーティは、自らの宮廷を構えることになっただけではなく、二十一歳を過ぎたこともあって、コーンウォール公爵（イギリスの皇太子が成年に達すると代々受け継がれる爵位）にも叙され、貴族院議員、さらには枢密顧問官にも任命された。あとは現実のイギリス政治のなかでの「帝王教育」が施されるだけであった。

服喪への同情から批判へ

ところが、女王はバーティが政治に関与することを許さなかった。政府の公式文書も、外交文書も、バーティに回覧することはいっさい認めなかった。独立した宮廷を与え、議員や顧問官に据えておきながら、このような仕打ちは「生殺し」にも等しかった。しかし、女王はこの「できそこない」の皇太子には自分の役割は果たせないと、端《はな》から決めてかかり、ベルリンのヴィッキーに愚痴をこぼすだけであった。

これは明らかに女王の失策であった。バーティの能力を過小評価して、彼に政治や儀礼を任せたくないのであればそれでもいい。しかし、それは女王が大役を果たしていればの話である。アルバートが亡くなって傷心の女王は、ほとんどロンドンには姿を見せず、ワイト島のオズボーン・ハウスやスコットランドのバルモラル城に閉じ籠もったままなのだ。おかげで一八六二年以来、議会の開会式は女王不在のままで執り行わざるをえなくなってしまった。

イギリス議会政治において、議会の開会式（State Opening of Parliament）とはきわめて重要な儀礼であり、時の君主が貴族院の玉座から施政方針演説を表明することで、君主と議会との信頼関係を体現する政治的儀式でもある。それは十四世紀後半にはじまり、テューダー王朝時代（一四八五～一六〇三年）に定着した。特に、その治世の最後の頃、一六〇一年にエリザベス一世が議会で行った「黄金演説《ゴールデン・スピーチ》」は、女王と議会、さらに女王と国民との一体感を強調した見事な政治的プロパガンダであり、それまで女王の政策に不満たらたらであった並み居る議員たちをあっという間に虜《とりこ》にしてしまうほどの威力を持った。ハノーヴァー王朝の時代からは、国王の演説は時の政府が原稿のほとんどを準備して、国王は読み上げるだけとはなったが、ステュアート王朝時代に議会がしばしば蔑《ないがし》ろにされていたときとは異なり、国王が議会を重んじていることをも示す重要な儀式として残った。

女王自身も、即位して半年後（一八三七年十一月）に初めて議会開会式に臨んで以来、毎年欠かさずに出席してきていた。ところが、アルバート公の喪中であった一八六二年はともかくとして、六三年も六四年も女王は開会式に姿を現さなかった。さすがに六四年の春には、『タイムズ』が「女王の喪はいつになったら明けるのか」という王室を批判した記事を掲載するまでに、世論の不満は鬱積《うっせき》するようになっていた。

この間、開会式は臨時の特別委員会（大法官や枢密院議長などで構成）に委託され、女王演説は大法官によって代読された。しかし、女王自身が君主としての執務を行えないのであれば、時の大法官などではなく、成人に達した皇太子がいるのだから、彼に託すべきである。あるいは、祖父ジョージ三世が精神病で執務を遂行できなくなったときの例にならい、皇太子を「摂政《リージェント》」にしても問題はなかろう。

それでも女王は断固としてバーティに政務を任せようとは考えなかったのである。世論は、最初の二年ほどは、最愛の夫を亡くした女王に同情を寄せ、彼女がめったにロンドンに姿を現さないことにも理解を示していた。しかし、ヴィクトリア時代の人々は総じて、「仕事に倫理を感じて」いたのである。彼らには、職務を全《まっと》うしない女王の気持ちが理解できなくなった。しかも執務を代行しうる皇太子がいるのに、彼さえ議会や枢密院で活動できないのだから、もはや王室などいらないのではないかという疑問が広まっても不思議ではなかった。

ビスマルクの台頭と女王の警戒

ところが、女王は決して職務怠慢だったわけではなかった。たしかに、議会の開会式や、ロンドンで繰り広げられる社交の数々には姿を現さなくなったが、オズボーンやバルモラルでは、毎日のごとくに届けられる政府文書にすべて目を通し、ワイト島やスコットランドから常に政府に指示を出していたのである。特に女王が関心を示し続けていたのが外交だった。一八六〇年代は、ヨーロッパ国際政治に新たな主役たちが登場し、パーマストンのイギリスが維持し続けていた「ウィーン体制」下の安全保障が掘り崩されていった激動の時代だった。

　バーティがウィンザーで婚礼の儀を挙げた一八六三年三月当時は、ヨーロッパはロシア領ポーランドの反乱で揺れ動いていた。クリミア戦争を契機に、ロシア・オーストリア・プロイセンの北方三列強がそれまで誇った鉄の絆にひびがはいり、ロシアとオーストリアはバルカン半島をめぐって、オーストリアとプロイセンはドイツ統一問題をめぐってそれぞれ確執を深めていた。その前年の十月に、女王はアルバートの故郷コーブルクで、プロイセン国王ヴィルヘルム一世と会見した。六一年一月の兄フリードリヒ・ヴィルヘルム四世の死を受けて、ヴィッキーの舅《しゅうと》でもある彼が国王となっていたのである。

ビスマルク（1815～98）　1862年プロイセン首相兼外相に．〝鉄血宰相〟の異名を誇り軍備拡張，対外進出を行い，しばしば女王とぶつかることになる

　ヴィルヘルムと人間的にはウマが合っていた女王ではあったが、自分より二二歳も年長の老国王が会見の三週間ほど前（一八六二年九月）にプロイセン王国の首相に任命した人物に対しては、強い警戒心を抱いていた。フランス駐在公使から転身していたビスマルク伯爵である。翌六三年一月にポーランドで反乱が生じるや、二月早々にビスマルクはロシアと協定を結び、反乱鎮圧のためにロシアを全面的に支持すると約束した。イギリス国内で

も、ロシアの圧政に抵抗を示すポーランド民族主義の動きに対しては同情が強く、プロイセンのこの政策は非難を集めた。

ベルリンのヴィッキーからは、連日のごとくプロイセン国内の情勢がヴィクトリア女王のもとに届けられた。「プロイセンは本当に悲しい国です。国王がこの国を惨めな状態にしています。彼は自滅に向かおうとしているのです」。女王が叔父のレオポルドに送った手紙の一節である。そして六月には、ビスマルクが「新聞出版条例」を出し、プロイセンにおける報道の自由を束縛した。これには皇太子にしてヴィッキーの夫フリッツが猛反発し、父王やビスマルクに抗議の書簡を送ったものの、彼らからいっさい返事はなかった。ビスマルクが首相に就いて半年も経たないうちから、すでに皇太子(未来の国王)と首相との間では激しい確執が見られるようになっていた。

その年の八月、コーブルクではアルバートの銅像が完成し、その除幕式に女王は訪れた。折しもドイツでは、新しい連邦のあり方をめぐって、オーストリアとプロイセンの間で主導権争いが演じられていたさなかであった。オーストリアはこれまでどおり自国を盟主に戴く新たな連邦を結成しようと、ドイツ諸邦の王侯たちをフランクフルトに召集し、皇帝自らが議長となって審議を思うように進めていた。これにプロイセンが反発して、国王は会議には出席しなかった。実は、ビスマルクが国王に欠席するよう強要していたのである。

八月末に、ヴィルヘルム一世はコーブルクに女王を訪ね、親しく会見した。女王は率直に

「プロイセンとオーストリアが協同歩調を取ることを望みます」と国王に述べたが、「どうやってですか？　そんなこと不可能ですよ」との答えが返ってくるだけであった。

その三日後には、なんとオーストリア皇帝フランツ・ヨーゼフ一世が女王を訪ねてきた。十一歳年下の生真面目な皇帝とすぐにうち解けた女王は、やはりオーストリア・プロイセンの協調を要望した。しかし皇帝は「プロイセン国王ではなく、彼の政府が頑《かたく》なに協力を拒んでいる」と暗にビスマルクを非難した。女王は、「国王の本心はオーストリアがプロイセンに敬意を表することなのです」と、プロイセン国王を擁護したが、フランツ・ヨーゼフ皇帝も「ドイツ連邦の会議は常にオーストリアが主宰してきたのであり、プロイセンにもその役割を与えるなど、オーストリア国内にも反発が挙がることでしょう」として、プロイセンと共同で議長役に就くのにはあくまでも反対だった。

オーストリアとプロイセンという、誇り高きドイツ二強国の最高指導者たちの間で、女王は何とか仲裁できればとの望みを捨てなかった。

「二人の恐るべき老人」の牽制役

そのような矢先の一八六三年十一月、デンマーク国王フレゼリク七世が急逝した。一〇年前のロンドン条約で取り決められたとおり、親戚筋のグリュックスボー家からクリスチャン九世が次の国王に即位した。バーティの奥方アリックスの父親である。ところが、またもやビスマルクの画策により、シュレースヴィヒ＝ホルシュタイン両公国の継承問題をも含めて、ドイツ連邦側とデンマークの間で一気に対立が深まってしまった。それまで連邦問題をめぐって激しくやり合っていたオーストリアとプロイセンとは、急に仲直りをして、協同でデンマークに脅しをかけてきた。両国の間では密約が交わされており、デンマークを降伏させた後、オーストリアがホルシュタインを、プロイセンがシュレースヴィヒを、それぞれ手に入れるという取り決めがあったのである。密約の中心人物はもちろん、ビスマルクであった。

女王は、この問題はイギリスとはいっさい関係ないのだから、関与しないようにとラッセル外相やパーマストン首相には厳命を与えておいた。しかしこの二人がおいそれと引き下がるとは到底思えなかった。二人とも、この問題を解決するために、ロンドンで国際会議を開くべきであると調停に乗り気になっていたのである。この二人が国外のゴタゴタに関与しようとしたのは、何も今回が初めてではない。イタリア統一戦争（一八五九〜六一年）、アメリカ南北戦争（一八六一〜六五年）、そしてポーランド反乱にも関与しようとして、そのたびに女王や他の閣僚たちから反対を受けて挫折《ざせつ》に終わっていたのだ。

翌六四年一月にはいるや、ラッセル外相は各国の在外公館に連絡を取り、ロンドンでの調停を各国に呼びかけさせた。外相は、「これは閣内の総意でございます」と女王に奏上した。どうも胡散《うさん》臭い。女王は信頼するグランヴィル枢密院議長を首相・外相の見張り役にしておいた。案の定、閣内の合意などとらずに、ラッセルとパーマストンが勝手に調停を進めようとしていた。しかし、二月になり、ついにドイツ連邦とデンマークの間で戦端が開かれると、ロシア・フランスなどの周辺諸国も含めて、各国はロンドンでの話し合いに同意するようになっていった。ビスマルクは、塹壕《ざんごう》戦の続く現状を踏まえ、態勢を立て直すためにも時間を稼ぎたかった。プロイセン首相は、パーマストンやラッセルの顔を立てる意味も込めて、ロンドンに代表を送った。

こうなっては、女王もむげにロンドン会議を否定できない。「あの二人の恐るべき老人たち（those two dreadful old men）ときたら……」。女王は半ば呆《あき》れながらも、この首相（八十歳）と外相（七十二歳）のコンビに任せることにした。しかし、ヨーロッパ国際政治の潮流は、もはや二人にはついて行けない状況となっていた。パーマストンはあからさまにデンマーク寄りの見解を示していた。中立的な立場から会議を主宰する国の首相にあるまじき行為であった。これに気を大きくして、デンマークは戦況が芳しくないにもかかわらず、ドイツ側にいっさい譲歩を示さなかった。ビスマルクの態度も強硬だった。これでは、当事者間で合意に達するのは不可能だった。

バルモラルで様子を静観していた女王には、もう一つ気がかりがあった。バーティの動向である。愛する妻アリックスに対する気遣いからも、バーティはことあるごとにドイツ側を非難する言動に出た。さらには、イギリス政府と自分の舅であるデンマーク国王との連絡役を自らが務めてもよいと政府に打診までしてきた。これには女王も動かざるをえなくなった。

パーティを呼びつけ、細心の注意を払って慎重に行動するようにと促したのである。このたびの第二次スレースヴィ（シュレースヴィヒ）戦争は、女王にとってジレンマとなった。デンマーク側はパーティの舅が国王であり、プロイセン側はヴィッキーの舅が国王なのである。だからこそ余計に、イギリス王室は慎重に行動しなければならなかった。

一八六四年四月からはじまったロンドン会議も、いつのまにか二ヵ月を経過していた。しかし一向に打開策が見つからなかった。六月二十五日、女王はパーマストン首相にこう伝えた。「この問題を切り上げて、嘆かわしい闘争にはこれ以上いっさいかかわらないことが、イギリスにとって最良の道です」。老首相も実はこのときまでにすでに調停は諦《あきら》めていた。この直後にロンドン会議は閉幕し、戦闘が再開されたのち、デンマークが惨敗を喫して、両公国はドイツ連邦側に没収されてしまうことになった。

普仏への不信

ところが、ビスマルクは最初から、両公国をオーストリアと山分けする気などなかった。プロイセン主導型のドイツ統一を成し遂げるため、次はオーストリア自身と戦うつもりでいたのである。その際に障害となるのは、もはや今回のロンドン会議で失態を演じたイギリスなどではない。ナポレオン三世のフランスこそが最大の脅威であった。デンマークとの戦争を終わらせた翌一八六五年十月十一日、フランス南西部のビアリッツで保養中のフランス皇帝と会見したビスマルクは密約を結び、来るべきオーストリアとの戦争で中立を保ってくれるならば、ライン川左岸をフランスに割譲すると約束した。これであとは準備万端整えて、オーストリアに躍りかかるだけである。

他方で、ヴィクトリア女王は、六五年夏にはプロイセンの強大化にさらに警戒心を強めるようになっていた。「プロイセンは極悪非道の限りを尽くそうとしています。プロイセンの連中ときたらまったく不愉快千万と言わざるをえません」。叔父のレオポルドに宛てた手紙の一節である。ビアリッツの密約が結ばれる直前の段階で、プロイセン国王とビスマルクに対する女王の不信感は頂点に達していた。このため、八月末に恒例のコーブルクを訪れた女王は、毎年会っていたヴィルヘルム一世とは「今年は会いたくない」と感じ、国王への書簡でも「体調が悪くて会えそうもない」と書いていた。しかしどうしても会いたいと懇願してくる国王の根気に負けて、九月六日にダルムシュタットで三〇分だけ会った。

女王は、オーストリアになかなかホルシュタインを渡そうとはしないヴィルヘルム一世もビスマルクも「不実きわまりない」として信用できなくなっていた。そのぶん、誠実な「フリッツが不憫でならない」状況だった。翌六六年一月、ヴィッキーとフリッツの長男ウィリーは七歳の誕生日を迎えた。「この子には思い上がったプロイセン人にだけは成長して欲しくない」。当日の女王の日誌である。四月にはプロイセンがイタリアと同盟関係を構築し、南北からオーストリアを挟み撃ちにできる形勢となった。

女王が懐疑していたのは、ビスマルクだけではなかった。彼とビアリッツで密約を結んだナポレオン三世もしかりであった。かつてクリミア戦争で同盟を結んだフランス皇帝も、その最後の段階（パリ講和会議）ではイギリスを裏切るかたちとなり、それ以来、女王はナポレオンを信用できなかった。それ以後も、イタリア戦争やアメリカ南北戦争、さらにポーランド反乱などで「共同での介入」をイギリスに呼びかけてきたナポレオン三世ではあったが、女王はそれにことごとく反対してきた。

一八六三年十一月には、今度はフランス皇帝は一八一五年の条約（ナポレオン戦争後のウィーンとパリでの条約）を改訂するためにパリで国際会議を開きたいので集まって欲しいと各国に呼びかけてきた。女王は「無礼千万だ！」と烈火のごとくに怒り、同じくフランス皇帝を信じられなかったパーマストン首相の判断でイギリスは会議には参加しなかった。それはイギリスだけでなく、他の列強も同様であり、ウィーン体制を葬り去るためのパリ会議は実現しなかった。

一八六六年のオーストリアとプロイセンとの確執においても、ナポレオン三世はビスマルクとはビアリッツの密約を結ぶ一方で、オーストリアとはヴェネチアの割譲を条件に中立を約束する二枚舌外交を展開していた。このナポレオン三世とビスマルクこそが、ウィーン体制下の国際協調を倒壊して自らが主導する体制を構築しようとする最大の人物たちだった。

しかし、それに対抗しうるだけの外交指導者に、当時のイギリスは恵まれていなかった。

ナポレオンとビスマルクがビアリッツで密約を結んだ一週間後に、パーマストンが急死した。後任の首相にはラッセルが就いた。ところが、彼は首相に転じるや、それまでパーマストン存命中は実現できなかった、選挙法改正法案の作成と議会への提出に邁進していくことになる。これに対抗するかたちで、ダービ率いる保守党も真っ向から政府に挑戦する。こうして、保守・自由両党による二大政党制も本格的に定着しはじめることになる。それゆえ、オーストリアとプロイセンがヨーロッパ大陸で一触即発の状態にあった当時、イギリス国内では選挙法改正をめぐる与野党の攻防が激しさを増し、対外干渉どころではなかったのである。さらに、一八六六年六月に議会採決で敗れたラッセル政権に代わって登場した、第三次ダービ保守党内閣では、ダービ自身の長男スタンリ男爵が外相に納まった。

ダービ政権の外交政策は、事実上、この「ダービ父子」によって掌握されたが、女王にとって都合の悪いことに、この二人は先のパーマストン＝ラッセルとは対照的に、外国の問題にはできるだけ関与しない不干渉外交を基本に据えていた。デンマーク問題程度のことであれば、女王もむしろダービ父子に考え方は近かった。しかし、オーストリア・プロイセン戦争ともなれば、ヨーロッパ全土を巻き込む大戦争になる可能性も高かった。しかも、イギリスがこれまでの半世紀にわたって維持してきた「ウィーン体制」まで、崩壊の危機に瀕《ひん》しているさなかなのである。

普墺戦争と普仏戦争

一八六六年六月十五日、ついに普墺《ふおう》戦争が勃発した。プロイセンは同時にザクセン、ハノーファー、ヘッセンにも躍りかかった。南からはイタリアがオーストリアに侵攻してきたが、こちらは難なく撃退できたオーストリア軍も、満を持して戦闘を開始してきたプロイセンにはかなわなかった。七月三日のケーニヒグレーツの戦いで大勢は決まった。直後にビスマルクは講和に入り、プロイセンはここに勝利を収めたのである。この間、イギリス政府は何もできなかった。

今度はナポレオン三世の登場である。戦利品をせしめようと、ビスマルクにライン左岸を要求してきた。しかし、またもやビスマルクは約束など守るつもりはなかったのだ。これに腹を立てたフランス皇帝は、オランダ国王に目を付けた。彼が同君連合で統治しているルクセンブルク大公国を買収しようと試みたのである。これにはいまやドイツ連邦の事実上の盟主となったプロイセンが反対した。ルクセンブルクはドイツ連邦の一員だったのである。ここに翌六七年春、ルクセンブルクをめぐって普仏戦争勃発の可能性が高まった。

これはさすがに仲裁に乗り出さねば。ヴィクトリア女王はそう確信した。しかし、選挙法改正問題に忙しいダービ政権は、またもや関与を忌避しようとする。フランスもプロイセンもイギリスがロンドンで会議を召集するというのなら、代表を派遣すると言ってきている。ロシアもオーストリアも同様の見解で、周辺のオランダとベルギーからも懇請されていた。

それでもスタンリ外相は会議の開催に消極的であった。

ここで外相に喝を入れたのが女王だった。この優柔不断な若造（スタンリは当時四十一歳）ではなく、女王とも長年の付き合いがあり、かつ息子に影響力を及ぼせる父親のダービ首相に次のような書簡を送りつけたのである。「あらゆる利害を勘案に入れたうえで、イギリスは大国としての地位を放棄したわけではないことを世界に知らしめなければならない」。この書簡に揺り動かされたダービ首相は、ついに息子のスタンリ外相に指示を与え、ルクセンブルク問題を話し合うためのロンドン会議を開くことに決した。五月から開かれた会議で、ルクセンブルクは永世中立化され、引き続きオランダとの同君連合で結ばれることに決まった。女王はその目的どおり、イギリスをヨーロッパ国際政治の仲裁役の地位に再び引き戻した。しかしこれが、イギリスがロンドンを舞台に重要な国際会議を開いた最後の機会となってしまった。

三年後の一八七〇年夏に、ついに普仏戦争が勃発した。これもまた、わずか二ヵ月ほどでプロイセン側の実質的な勝利に終わった。ビスマルクの巧みな外交が今回も功を奏し、周辺諸国からの干渉はいっさいなかった。ヴィクトリア女王にできたことは、両国の間で震え上がるベルギー領を侵犯させないとの条約をフランス・プロイセン双方と結ぶことと、この敗戦で帝冠を失ったナポレオン三世一家をイギリスへと亡命させてやる程度のことであった。

総選挙による初の政権交代

このように、激動の一八六〇年代のヨーロッパにおいて、ヴィクトリア女王は職務に怠慢であったどころか、イギリス政府の外交政策があまりにも慎重さを欠いて、本来かかわらなくてもよい問題に介入しそうになったときには、閣内の慎重派などと巧みに連携してこれを牽制し、逆にイギリス政府がかかわるべき問題に不干渉を決め込んでいるような場合には、積極的にこれに関与するように牽引していくという、重要な役割を演じていたのである。

しかしそれは、バッキンガム宮殿での華やかな王室外交や、国会議事堂で女王自らが読み上げる政府の施政方針演説といった、国民の目に見えるかたちでの外交ではなかった。女王の行動範囲はあくまでもスコットランドやワイト島、あるいは遠く離れたドイツのコーブルクであって、国民には彼女が「怠けている」としか見えなかった。

一八六七年は、与野党間の激しい攻防戦が繰り広げられたのちに、ついに第二次選挙法改正が実現し、都市の労働者階級（ただし世帯主に限定）にまで選挙権が拡大された年でもあった。これにより有権者の数は二四〇万人を超え、その大半が中産階級や労働者たちで占められることになった。政党の組織化も進んだ。それまで地主貴族《ジェントルマン》階級の私党的な要素も強かった保守党も自由党も、党員に多くの労働者階級を含むようになり、彼らを支持母体とする全国的な組織も形成されていった。時代はいまや貴族政治の時代から大衆民主政治の時代へと徐々に移り変わりつつあった。

それを如実に示したのが、第二次選挙法改正後に初めて行われた、一八六八年秋の総選挙であった。この選挙で、ベンジャミン・ディズレーリ首相率いる保守党（二七六議席）が野党自由党（三八二議席）に大敗を喫した。ここでディズレーリは、新しい議会を開かずに、内閣の総辞職を女王に願い出て、自由党党首ウィリアム・グラッドストンに政権が委譲された。そして、グラッドストン新首相の下で新しい議会が召集されたのである。これは、総選挙の結果で政権が交代したイギリス史上初めての事例であった。有権者の数が増え、選挙の結果は「民意の反映」と解釈しうる時代に突入したのであり、ディズレーリ首相の判断もそうだった。これ以後、こうした考えがごく当たり前となり、一八七四年・八〇年の政権交代はいずれも総選挙の結果が決定打となった。

このように、大衆の力が政治に及ぼす影響力がますます強まり、その彼らを左右するのが下層階級を煽《あお》り立てる、新聞や雑誌のたぐいであった。一八六七〜六八年にこれらマスコミの餌食《えじき》になったもの、それが女王だった。

「ミセス・ブラウン」と呼ばれて

アルバート公の死後、女王が議会の開会式に姿を現したのは、ようやく一八六六年になってからのことだった。まさに与野党の間で選挙法改正をめぐる攻防が本格化しはじめた議会である。しかしそれ以外は、再びオズボーン・ハウスやスコットランドのバルモラル城に引き籠もり、大臣たちからも国民からも手の届かないところでひっそりとした生活を好んだ。

特に女王は、ロンドンから八〇〇キロも離れたスコットランド北部のアバディーンシャに佇《たたず》むバルモラル城をこよなく愛した。一八四八年、アルバートは故郷コーブルクにも似たこの地を買い取り、城も自らのデザインで新たに建設した。ハノーヴァー王朝の君主でスコットランドを訪れたのは、女王の伯父ジョージ四世がいたぐらいであるが、王室で居城を保有したのはこれが初めてのことである。これ以後、スコットランド高地地方《ハイランド》に対する貴族や市民たちの関心が高まり、当時から本格化しつつあった観光・余暇《レジャー》ブームともあいまって、スコットランドの開発につながった。

この地でアルバート公は得意の乗馬を楽しみ、日頃の憂さを晴らすことも多かった。彼の腕前は確かなもので、乗馬好きのイギリス貴族たちでさえ舌を巻くほどだった。そのアルバートの馬の世話係に選ばれたのが、現地出身のジョン・ブラウンという青年だった。そのアルバート公より七歳年下のブラウンは、すぐに公とうち解け、お気に入りの馬係になった。そのアルバートが亡くなり、がっくりきていたブラウンにお呼び出しがかかった。女王の侍医ウィリアム・ジェンナーの勧めもあって、一日中部屋に籠もりきりのときが多かった女王は、乗馬や馬車での散策に出かけることにした。その世話をブラウンに任せたのである。彼はすぐに女王からも信頼を勝ち得た。一八六五年には、彼は「女王のハイランドにおける従者」に任命されただけでなく、ウィンザー城やオズボーン・ハウスでも、女王に付き従い、馬の

女王とブラウン　2人は1863年に出会う．女王44歳，碧眼長身で屈強なブラウンは37歳だった

世話や女王の護衛を任されたのである。

しかし、ブラウンは根っからのスコットランド高地人《ハイランド・マン》だった。方言丸出しで、相手が大臣や貴婦人であっても、粗野な言葉遣いで応対した。しかも、ウィスキーに目がなく、酔いつぶれることもままあった。ただし、女王に対する忠誠心と彼女を守ろうと勤勉に働く姿勢だけは確かだった。皇太子のバーティなど、彼をクビにして欲しいと何度女王に頼んだことか。それでも女王は彼を大切にし、バルモラルではバーティとブラウンの立場が逆転しているのではないかと思われるほどであった。このあたりのことは、ジョン・マッデン監督の映画『Queen Victoria 至上の恋』（一九九七年。原題はMrs Brown）に詳しく描かれている。

ところが、この女王とブラウンの関係が、新聞各紙や『パンチ』などの格好の題材にされてしまったのだ。一八六七年の議会開会式に、またもや女王が「欠席」と知った新聞は、蜘蛛《くも》の巣の張った玉座を描いたり、これまたからっぽの玉座にキルト姿のブラウンが無造作に寄りかかりパイプをくゆらしている風刺画などを次々と掲載していった。ついには、女王とブラウンが「極秘に結婚した」などという根も葉もない噂まで広まった。人々は女王を「ブラウン夫人《ミセス・ブラウン》」と呼ぶようになった。

第二次選挙法改正が成立した翌月、一八六七年九月にアイルランドの政治的自由を訴える政治的秘密結社フィニアンが女王の暗殺計画を立てているとの情報も入ってきた。心配したグレイ秘書官は、バルモラル近辺に陸軍を派遣して警備に当たらせたいと女王に提案したが、「ハイランドの人々に対する不信感の表れではないか」とすげなく拒絶された。しかし、女王の身が危険だったのは、スコットランドだけではなかった。いまやイギリス中で、「女王などいらない」「この国は共和制に移行すべきだ」といった声が叫ばれるようになっていたのだ。それでも翌六八年の議会開会式に女王の姿はなかった。

ヴィクトリア時代最大の危機とも言うべきこの状況に、女王はどう対処していけるのか。「長老政治家」も叔父のレオポルド（一八六五年十二月死去）ももうこの世にいないなかで、いったい誰が彼女を助けてくれるのであろうか。

第Ⅳ章　女王から「女帝」へ

From the Queen to "the Empress"

共和制危機と女王の病

一八七一年一月十八日、パリ郊外のヴェルサイユ宮殿「鏡の間」で、ドイツ帝国の成立が高らかに宣言され、プロイセン国王ヴィルヘルム一世が初代ドイツ皇帝に推戴された。それはウィーン体制崩壊後のヨーロッパ国際秩序に、新たなる調整役《バランサー》として登場したドイツの存在を世界に知らしめた儀式でもあった。すべてを思うとおりに進めることのできたプロイセン首相のビスマルクは鼻高々であった。彼はその二ヵ月後には、ドイツ帝国宰相に任命され、侯爵へと陞爵《しょうしゃく》したのである。

ドイツ帝国の成立を不愉快な思いをしながら横目で見つめていたヴィクトリア女王は、二月九日にはウェストミンスター宮殿に足を踏み入れた。五年ぶりに議会開会式に臨んだのである。別に人恋しくなってロンドンに戻ってきたわけではない。この年、成人（二十一歳）に達する三男アーサー王子に新たな宮廷を持たせることになる。そのためには年間一万五〇〇〇ポンドの宮廷費の捻出を議会に了承してもらわなければならないのだ。さらに、四女のルイーズは、この年の三月にスコットランドの名門貴族アーガイル公爵家の御曹司《おんぞうし》ローン侯爵と結婚する予定になっていた。持参金三万ポンド、年金六〇〇〇ポンドも議会に認めてもらわなければならない。女王が久方ぶりに貴族院の玉座に着いたのは、すべて成長した子どもたちのためであった。

しかし、議会の外では、ますます王室への非難の声が強まっていた。王室にかかる費用がまた増額されるという問題ばかりではない。プロイセンが隣国フランスを踏みつけて、ドイツ統一を果たした結末は、ナポレオン三世の第二帝政を瓦解《がかい》させ、パリ・コミューンと呼ばれる民衆を中心とした革命的自治政権を一時的に登場させることになった。これは、ティエール率いるヴェルサイユの政府軍によってすぐに鎮圧されたが、一八年にわたった帝政の後に、フランスは三度目の共和政を打ち立てることになった。こうしたパリでの一連の事件は、すぐにロンドンにも伝えられ、イギリスでもにわかに「王制を廃止し、共和制に移行してはどうか」という主張が、新聞や雑誌に目立つようになっていた。

イギリスでは、普仏戦争での敗北、帝政の崩壊を受けて、ナポレオン三世の一家が亡命生活を送っていた。彼らはロンドンにほど近い、チズルハーストのカムデン・プレイスでひっそりと暮らしていた。一時はこの「前」皇帝と、ヨーロッパ国際政治をめぐって衝突した女王ではあったが、いまや追放の身となっている皇帝一家を温かく迎え入れたのである。特に、七つ年下のウジェニー皇后とは、終生の友となった。しかし、女王も安穏としてはいられなかった。このフランスに一時代を築いた皇帝の姿は、明日は我が身に起こるかもしれなかったのであるから。

三月二十九日、女王は亡き夫の名前を冠した、ロイヤル・アルバート・ホールのこけら落としに出席した。会場の内外に集う群衆のあまりの多さに、女王は息が詰まる思いであった。思えば、これだけの大観衆を前にするのは、一〇年ぶりのことだった。これでまた女王は都会の喧噪《けんそう》がすっかり嫌になった。ロンドンの社交の季節《ザ・シーズン》はこれからというとき、オズボーン、次いでバルモラルへと引っ込んでしまった。久しぶりにロンドンに現れた女王ではあったが、おかげで世論からの非難が再び盛り返していった。

そのような矢先に、女王を原因不明の病魔が襲った。八月初旬、女王は「虫に刺されたような痛みを右腕」に感じた。そのときは何でもないと思っていたのであるが、八月半ばからバルモラル城へと移った女王は、その直後から手足の激痛や喉頭《こうとう》の炎症に悩まされるようになった。八月二十二日の日誌には次のように書かれている。「少女時代に、ラムズゲートで腸チフスにかかって以来（一八三五年）、こんなに気分が悪くなったことはない」。女王には常に侍医が付いていたにもかかわらず、不思議なことに、このときの病床録はほとんど残されていない。医師たちにも女王の痛みの原因がわかりかねたのであろうか。

こののち、八月から十一月にかけて、女王は断続的に身体中の痛みに苦しんだ。眠れない日も続いた。最初の一ヵ月で女王の体重はなんと一五キロも減少してしまった。九月に見舞いに訪れたグラッドストン首相が驚くほど、彼女の衰弱ぶりはひどいものだった。

ところが、「普段の行いが悪い」結果であろうか。新聞は、またもや女王が「仮病」を使って、執務を放棄しているのだと罵った。先のジョン・ブラウンとの一件といい、当時のマスコミなど二十一世紀のそれ以上に、あることないことを書き連ねる連中だった。クリミア戦争の直前に「アルバート公がロンドン塔送りになった」というデマが流れたのを思い出して欲しい。七一年夏から秋にかけての女王のロンドン不在にしても、きちんとした証拠もなしに、マスコミは「仮病」と書き立てていたのである。

ここでグラッドストン首相が動いた。女王の病気は深刻なものである。もちろん生死の境をさまようまでに深刻なものとは考えられなかったが、侍医ジェンナーも許される範囲内で女王の容態についてマスコミに流した。九月十四日、『タイムズ』は「仮病」などと失礼な表現を使い申し訳なかったと正式に謝罪記事を載せた。翌十五日には『デイリー・ニュース』もこれまでの非礼を詫《わ》びた。こうして、マスコミによる女王への誹謗《ひぼう》中傷は止んだ。女王自身も十一月半ばまでには容態が恢復に向かった。

皇太子の病気と危機の終息

マスコミや口さがない社交界がこれまでの非礼を詫びるなかで、唯一人、王室への批判を続けていた者がいた。新聞記者でもなければ、国際労働者協会（一八六四年にロンドンで創設された。別名、第一インターナショナル）の幹部でもない。なんとそれは政府与党自由党の下院議員、サー・チャールズ・ディルクであった。彼は当時まだ二十八歳で、自由党若手のなかでは筆頭に位置する有能な人物だった。ところが、女王が恢復を見せはじめた十一月半ばに、ディルクはイングランド北部の工業都市ニューカースルで演説を行い、「王制など浪費・腐敗・無能力の根源であり、王室にかかる費用だけで年間数百万ポンドは無駄にしている」などと発言していたのである。

女王は、すぐさま自由党党首グラッドストン首相に抗議の書簡を送った。首相はディルクをかばおうとしたが、女王の怒りは収まらなかった。実は、女王は少年時代のディルクに会ったことがある。一八五一年のロンドン万博の際、アルバート公の個人的な友人だったサー・チャールズ・ディルク（同名のディルクの父親）が会場に見物に来ていて、当時八歳の息子を女王夫妻に紹介していた。女王は少年の頭をなでて可愛がった。その少年がいまや、王室にとっての最大の敵になっているとは皮肉だった。女王はその事実を知って、こう述べた。「あのとき、なでる方向を間違えたようだわね」。このときの怒りを忘れなかった女王は、やがてディルクに鉄拳を浴びせることになる。

しかし、いったんは終息したかに思えた、共和制賛美の声もまた高まりを見せるようになっていた。隣国フランスでは、第三共和政政府が順調な滑り出しを見せているようである。フランスにできて、イギリスにできないことはあるまい。高まる「共和制危機」に、病み上がりの女王を救ってくれるのは誰なのか。なんとそれは、アルバートの亡霊だった。

一八七一年十一月二十二日、久しぶりに快適な睡眠がとれるようになった女王のもとに一通の電報が届いた。イングランド東部のノーフォークシャに王室が所有するサンドリンガム・ハウスからの知らせだった。バーティが高熱を発して重態だというのだ。女王は、すぐにジェンナーをサンドリンガムに遣わし、自身はバルモラルからウィンザーへと移った。ウィンザーに戻ってきたジェンナーから女王は意外な知らせを受けた。バーティは、腸チフスにかかっているというのである。ちょうど一〇年前の同じ時期に、愛する夫アルバートの命を奪ったあの病気のことだ。

女王はすぐにサンドリンガムに駆けつけた。バーティは意識不明の状態が続いていた。日頃は「無能だ」と見下していた皇太子も、彼女がお腹を痛めて産んだ子どもであることに変わりはない。この日から、女王はサンドリンガムを離れず、アリックスや皇太子の側近たちとともに看病に精を出した。ディルクによって一時煽動されていた世論も、王室への批判はいっさいしなくなった。先の女王に対する「非礼」で懲りていたこともあるのだろうが、今度はさらに深刻な皇太子の危篤なのである。いつしか国中の教会や街角で、皇太子の恢復を祈念する声が叫ばれるようになっていた。

そして運命の日を迎えた。十二月十四日、アルバートの命日である。「またこのひどい日付がめぐってきた。今年は一〇回目だ。しかも、いま別の人間が死に瀕している」。女王の当日の日誌である。しかし、日誌の後半は一挙に明るくなっている。この日、女王はいつものとおりバーティの寝室に入ったが、なんと彼の意識が戻っていたのだ。バーティは母がずっと付き添っていてくれたことに感謝し、その手に口づけした。「神のお情けになんと感謝すればいいのだろう！」。こう女王の日誌は続けられた。一〇年前の同じ日に同じ病で命を落としたアルバートが、天国から息子を救いに現れたかのようであった。

この知らせに国中が歓喜に沸《わ》いた。その後、バーティの容態は日増しに恢復に向かい、クリスマスも家族とともに無事に祝うことができた。その年は、女王はサンドリンガムで年を越すことにした。通常であれば、ウィンザーかオズボーンで新年を迎える女王であったが、このときばかりは息子一家と一緒にいたかったのであろう。

翌七二年二月二十七日、グラッドストン首相の提案で、セント・ポール大聖堂で皇太子の恢復記念礼拝が盛大に催された。沿道には大勢の群衆が詰めかけた。みなが口々に「女王陛下万歳！」「皇太子殿下万歳！」を叫んでいた。つい数ヵ月前まで、「王室などいらない」という雰囲気の強かった同じロンドンなのかと思えるほどの変わりようであった。女王は一万二〇〇〇人の朝野の名士たちと大聖堂で神に感謝した。そこにはバーティとは少年時代から親しかった、ナポレオン三世夫妻の姿もあった。
こうして「共和制危機」は一応の終息を迎えたのである。

女王の復活と二大政党間の調整

とはいえ、これで女王がまた地方での隠遁生活をはじめてしまったら、共和制危機は再燃していたことだろう。一八七一年から七二年にかけての一連の騒動のなかで、女王はやはり自分が大衆の目の前に現れることの重要性、自分を国民に見せることの重要性にあらためて気づいたのである。もちろん、夏はバルモラル、冬はオズボーンで過ごす生活に変わりはなかったが、女王は次第にウィンザー、さらにはバッキンガム宮殿でも執務に熱心に取り組むようになっていった。

共和制危機が高揚し、終息するまでのイギリス政治は、自由党のグラッドストン政権が数々の改革を進めていた時期でもあった。義務教育の制度化や、労働組合運動の合法化、既婚女性の財産権の保護、刑法の改正や陸軍改革、秘密投票制度の導入、大学入学希望者に対する宗教的差別の廃止など、あらゆる分野において改革が進み、第一次選挙法改正を実現したグレイ政権、穀物法を廃止したピール政権と並ぶ、十九世紀でもっとも開明的な政権と言われた。こうした有能な政権によって諸改革が進められている限りは、女王も安心して政務を任せることができた。

しかし、グラッドストン政権の進めるアイルランド政策に対しては、女王も手放しで支持はできなかった。特に、アイルランド国教会制度の廃止（一八六九年）は、イングランド国教会の首長でもある女王には受け入れがたい政策だった。また政府は、イングランドやスコットランド系の不在地主から不当な扱いを受けているアイルランドの小作農たちの権利を保護しようと、アイルランド土地法（一八七〇年）も制定し、自由党をアイルランドの弱者に恩情を与える政党として印象づけた。しかしこれは、ほかならぬその不在地主である、議会内の地主貴族階級《ジェントルマン》には、保守・自由の政党の別にかかわりなく、不満のたまる政策であった。

グラッドストン（1809～98）　首相在任1868～74, 80～85, 86, 92～94と４度．自由党を率い内政では選挙権拡大に尽力，外交では帝国主義政策を批判し続けた．生涯，爵位をいっさい拒否した

共和制危機が高まりを見せていた頃から、グラッドストン首相はある提案を女王に示していた。スコットランドのバルモラル城に匹敵するだけの居城をアイルランドにも置いて欲しいというのである。国民は女王が自分たちの前に姿を現さないから、共和主義者の声に荷担するのであり、特に連合王国からの分離を唱えるアイルランドの動きを抑えるためにも、女王にできる限りアイルランドへ行って欲しかった。それができないのであれば、三十歳に手が届こうというのに何の政治的役割も担わされていない皇太子をダブリンに駐在させ、

総督のような位置づけを与えてはどうかとも首相は提案した。

女王はともに反対だった。スコットランド、特にバルモラルのあるハイランドの人々が、女王に常に親切なのに対し、アイルランドはどうか。一八六七年には暗殺計画まで企てるし、七二年二月二十九日（バーティの恢復記念礼拝の二日後）には、女王がロンドンを馬車で散策していたところを、やはりフィニアン団員の青年が銃を向けて飛びかかって来るという事件が起きている。お付きのジョン・ブラウンが押さえ込んで事なきを得たが、同じく連合王国の女王なのに、アイルランドはなぜいつも自分に反抗的なのだ。女王はそう考えていた。たしかに、バルモラルを購入して以来、女王は毎年必ずスコットランドに逗留《とうりゅう》していたし、隠遁時代の六八年初めには『ハイランド日誌抄』を出版し、スコットランドでの生活を綴り、これは国民の間でも反響を呼んでいた。対するアイルランドには、四九年と六一年にアルバートと訪れたきりで、足を踏み入れていなかった。

皇太子バーティにしても、女王の評価は変わらなかった。腸チフスで倒れる前はもちろんのこと、病気が恢復してからは、またもや「できそこない」のバーティに頭を痛める女王だった。しかしその女王も、バーティの持つ独特の「社交の才」だけは評価していた。それならば、グラッドストンの言うことを聞いて、女王にとっての二つの頭痛の種である、バーティとアイルランドの問題を一石二鳥で解決してくれる、バーティのダブリン常勤案を受け入れてもよさそうなものだったのだが。皇太子が女王の名代としてダブリンに滞在してくれていれば、アイルランドの人々の王室、さらには連合王国に対するイメージも変わっていったのではないかと思われる。しかし、これまでのパーティの行状を考えてみても、彼がダブリンに行って市民と意気投合してしまったら、アイルランド分離派に乗せられて何をしでかすかもわからなかった。これまた女王のジレンマと言うべきかもしれない。

ところで、グラッドストンのアイルランド政策の一環として出された法案のうち、アイルランド大学法案に関しては、党内からも批判が上がっていた。このため、一八七三年三月、議会審議で敗北したグラッドストンは首相を辞任する意向を明らかにした。後任には保守党党首ディズレーリが推挙された。ここで御前に伺候したディズレーリは、大命を拝受する前に女王にこう切り出した。当時の議会内での勢力分布は、自由党が三八二議席に対して保守党は二七六議席しかない。これではいくら政権を樹立しても、いつまた敗北するかわからない。そこでディズレーリは、大命を拝受したら直ちに議会を解散して総選挙を行うことに女王が同意してくださるという保証があれば、組閣を約束するというのである。

これには女王が待ったをかけた。女王に議会の解散・総選挙の実施を要請できるのは、あくまでも「現首相」に限られる。ディズレーリはまだ大命を受けていない。現首相はグラッドストンであり、解散・総選挙という国制の根幹にかかわる大問題を、彼を差し置いて決めるわけにはいかない。蓋《けだ》し正論であった。そこであらためてグラッドストンにこの件を問い合わせたところ、彼には現時点で議会の解散と総選挙の実施を女王に要請する意思はなく、少数党の保守党に政権が移ってもよほどの大問題でも発生しない限りは政府を攻撃しないと約束した。結局、ディズレーリは首相の拝命を辞退した。

一〇年にわたる事実上のブランクがあったとはいえ、やはり女王はイギリスの国制にとってなくてはならない存在であった。ちょうど第二次選挙法改正が成立し、女王が再びロンドンから姿を消した年に刊行された、ウォルター・バジョットの『イギリス国制論』(一八六七年)では、君主はイギリス政治において「尊厳的な部分」でしかなく、「機能的な部分」はすべて政府や下院が握るようになったと書かれている。たしかに、政策の細部や日々の行政・立法作業においてはそういった側面が強くなっていたであろうが、国制の根幹にかかわる問題ともなれば、女王には依然として機能的な力が備わっていたのである。一八七三年三月の自由・保守両党間での調整は、まさにそれを如実に示す出来事であったとともに、女王がイギリス政治に「復活」を遂げた瞬間でもあった。

王室外交の再開

ヴィクトリア女王が復活したのは、国内の政党政治における調整役としてだけではなく、ロンドンやウィンザーを舞台に繰り広げられる、王室外交の担い手としてでもあった。アルバート公が亡くなってからは、終始喪服で過ごしてきた女王である。息子や娘たちの結婚式で、頭にかぶるヴェールこそ白いレースになり、胸元には真珠やダイヤモンドのネックレスもつけるが、衣服は相変わらず黒いままであった。最新流行の赤やピンクのドレスなどもっての外であった。普段は上下ともに黒ずくめの女王だったのだ。

アルバートの生前は、夫妻そろってヨーロッパ各国を訪れていた女王であったが、王子たちが成人に達した頃から彼らが徐々に女王の名代として世界中を駆けめぐっていくことになる。まずは皇太子バーティである。十九歳を迎えた一八六〇年秋、バーティはハノーヴァー王朝の皇太子として初めてカナダを訪問した。さらにその折、隣国アメリカ合衆国にも立ち寄り、当時のブキャナン大統領から歓待を受けた。イギリスの皇太子がアメリカを訪れたのは、「独立後」初めてのことであった。バーティが訪問した頃はちょうど大統領選挙のさなかであったが、この選挙で共和党の候補エイブラハム・リンカーンが当選し、それがアメリカを二分する大戦争の発端となった。皇太子はまさにアメリカ南北戦争前夜に同地を訪れていたのである。

また、共和制危機が深刻化していた一八六八年には、バーティのすぐ下の弟アルフレッド王子（六六年にエディンバラ公爵に叙される）が、これまた女王の名代で王族として初めてオーストラリアの地を踏んだ。その帰国の途次、「アッフィ」ことアルフレッドは、日本にも立ち寄っている。時は明治二（一八六九）年八月、まさに近代日本がはじまったばかりの頃であった。横浜に到着したアッフィは、パークス公使の案内で宮殿に参内し、明治天皇（アッフィより八歳年下）に謁見した。この折に天皇は自作の和歌をしたため、宸筆《しんぴつ》としてヴィクトリア女王に贈っている。アッフィは明治日本がヨーロッパの大国から迎えた最初の王族であった。

他方で、一八七〇年代前半頃からは、女王自らも王室外交を展開していくことになった。女王が公の場に復活して最初に会見を行った外交使節は、なんと日本からの一団であった。岩倉具視《いわくらともみ》を全権大使として、不平等条約の改正交渉と各国の視察を兼ねた「岩倉使節団」は、一八七二年一月からアメリカを皮切りに欧米各国を訪れていた。七二年八月にロンドン入りした彼らは、早速、女王への謁見を願い出たが、折悪しくもバルモラルで夏期休暇中であった。その間、使節団はマンチェスタ、シェフィールド、バーミンガムなどイギリス各地の工業都市を訪れ、「世界の工場」イギリスの経済力と技術水準の高さに圧倒された。

十二月五日、いよいよ岩倉使節団はヴィクトリア女王との謁見に臨んだ。場所はウィンザー城。午後一時半、グランヴィル外相を先導役に岩倉全権らは女王の待つ「玉座の間」に足を踏み入れた。女王のかたわらには、三年前に日本を訪れたアルフレッド王子と末娘ベアトリス王女が控えていた。岩倉全権が口上を述べた後で、天皇からの国書を女王に渡した。女王は、天皇が壮健であるかを尋ねるとともに、先年アッフィが日本で世話になった礼を述べた。謁見は一時間ほどで終了し、使節団は御前を辞去した。

その日の晩、女王は次のように日誌に綴っている。「日本の使節団は、あの素晴らしい民族衣装ではなく、何とも見苦しいヨーロッパ式の制服で現れた。彼らは背は大変に低いが、知的な風貌を備えていた。口上は、想像だにしていなかったほど風変わりな語調《イントネーション》で読み上げられた」。イギリス女王が初めて本格的に日本人に接した瞬間であった。

次は、七三年六月にイギリスを訪れたペルシャ帝国の皇帝《シャー》である。カージャール王朝四代目の皇帝ナーセロッディーン＝シャーは、女王が政務に公式に復帰してから迎えた初めての外国君主であった。ペルシャは、帝国のなかの帝国インドとロシアとの中間に位置し、イギリスの世界戦略にとっての要衝となっていた。わざわざイギリスまで来てくれた皇帝に何か手みやげを持たせなければなるまい。女王は彼にガーター勲章を贈った。本来であれば、ブルーリボンはキリスト教徒のみに授与される栄誉であり、イスラーム教徒の皇帝にはスター・オブ・インディア勲章でもよかったのであるが、ロシアがすでに彼に最高位の聖アンドレーイ勲章を贈っている手前、ランクを落とすわけにはいかなかった。ブルーリボンを贈られた皇帝は、晩餐会の席でも終始ご機嫌であったとされている。

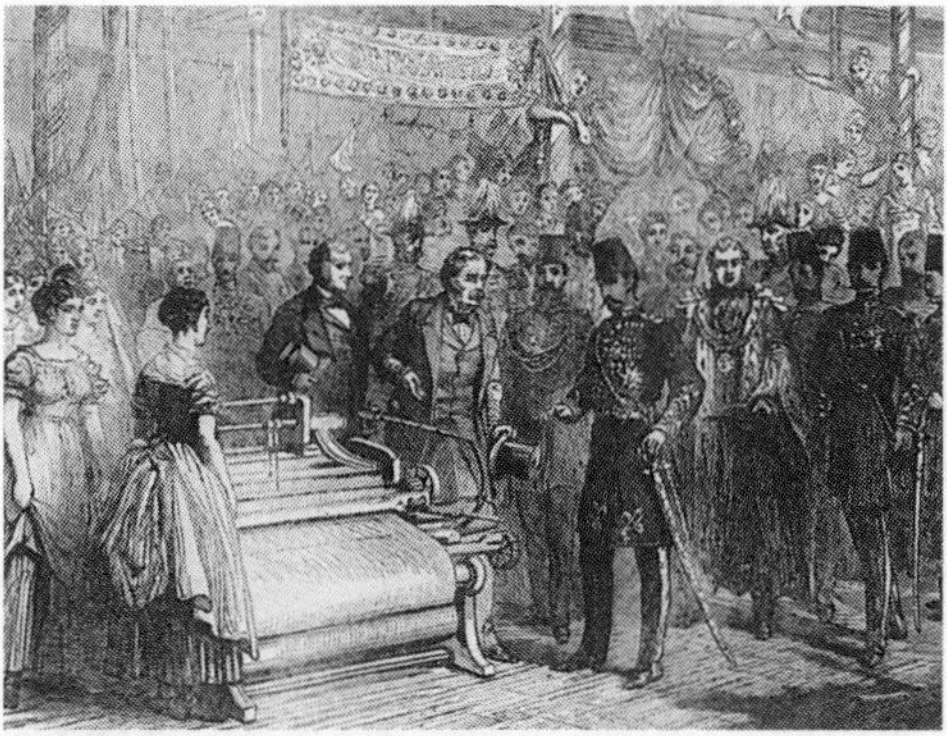

訪英したペルシャ皇帝　1873年

ロシアへの複雑な感情

ペルシャ皇帝にガーター勲章を授与した一件からもわかるとおり、女王が常に気にかけていた大国がロシアであった。かつて女王自身の戴冠式の際に、父帝の名代でこれに列席し、彼女とマズルカを踊って懇意になった皇帝《ツァーリ》アレクサンドル二世は、クリミア戦争を契機として女王がもっとも嫌う君主の一人になっていた。戦争は終わったものの、女王は不凍港を手に入れようと地中海やインド洋を虎視眈々《こしたんたん》と狙うロシアの動向に目を光らせ続けていたのである。戦争が終結して一〇年以上が経過しようというのに、女王は決してロシアの皇族を招こうともしなければ、自らロシアに赴こうと考えたことさえなかった。

そんなときに、女王は衝撃的な知らせを受け取った。ペルシャ皇帝が意気揚々と本国へ引き揚げた直後の一八七三年七月、次男アッフィが婚約を発表した。なんとその相手が、アレクサンドルの一人娘マリア・アレクサンドロヴナ大公女だったのである。前々から噂には聞いていたのだが、まさかアッフィが本気で「かつての敵国」ロシアの皇女と結婚するつもりだったとは、さしもの女王も予想だにしていなかった。とはいえ、アッフィの決心は本物だった。女王もしぶしぶ婚約を認めたが、当日の日誌にはこう記している。「マリアという女性のことは知らないし、これから多くの困難が予想され、私の思いや感情はきわめて複雑である。しかしそれでも、心から『神のご加護がありますように』と彼［アッフィ］に伝えた」。翌七四年一月、二人の結婚式はサンクト・ペテルブルクの教会で盛大に執り行われた。

結婚式から四ヵ月後、一八七四年五月にロシア皇帝アレクサンドル二世が訪英する運びとなった。皇太子時代に父と訪れてから三〇年ぶりのイギリスである。女王は彼に会いたくなかった。五月は予定どおりバルモラルに出かけようとしていた。しかしアッフィがこれを止めたのである。いまや舅となっている皇帝にそれではあまりにも失礼ではないか。女王もこの愛する次男坊の懇願に負けた。ウィンザー城では、女王主催の晩餐会が華やかに行われた。皇帝の胸元にはブルーリボンが誇らしげに輝いていた。

実は、女王はクリミアで対峙して以来、アレクサンドルになかなかガーター勲章を贈ろうとはしなかった。むしろ彼に対する当てつけからも、クーデタで帝位を獲得したナポレオン三世（一八五五年）や、クリミア戦争でともに戦ったオスマン・トルコ皇帝アブデュル＝メジト一世（一八五六年）に率先してブルーリボンを贈っていたのだ。トルコ皇帝《スルタン》は、非キリスト教徒で初めてのガーター勲爵士となった。アレクサンドル二世にブルーリボンが贈られたのは、それから一〇年後のことだった。バーティの愛妻アリックスの妹ダグマールが、皇帝の長男アレクサンドル皇太子（のちの皇帝アレクサンドル三世）と結婚することになり、バーティは女王の反対を押し切って、サンクト・ペデルブルクへと出かけた。このとき、皇帝は最大級の歓待でバーティを迎えた。翌六七年夏、前年の歓待に報いるためにも、バーティは女王を説得して、パリ万博に来ている皇帝にガーター勲章を奉呈する役目を自ら申し出たのである。女王はしぶしぶ了解した。

いま女王が目にしているのは、そのときパーティから受け取った勲章にほかならない。この男だけにはブルーリボンは与えたくなかった。とはいえロシアは大国である。これが小国の君主であればいくらでも無視できようが、ユーラシア大陸にロシアと衝突しうる場所は無数に見られたのだ。しかも、いまやこの男はアッフィにとっては舅なのである。女王自身も、二五年前に皇帝《ツァーリ》の父ニコライ一世から贈られた聖エカチェリーナ勲章を胸に着けて、ロシア皇帝のために進んで乾杯せざるをえなかった。しかし、晩餐会でのほほえみの裏側で、女王はこの男が治めるロシアと近い将来再び衝突することになるであろうと、心のなかで確信していたのであった。

ビスマルク体制と女王の不快

ところが訪英の翌年、皇帝《ツァーリ》はヨーロッパ国際政治に平和をもたらす役目を担った。普仏戦争後のヨーロッパ国際秩序は、それまでのウィーン体制が完全に瓦解し、ビスマルクを宰相として戴くドイツ帝国が列強間の調整役《バランサー》を務める「ビスマルク体制」の時代に突入していた。この体制は、普仏戦争の復讐を封じ込めるために、ビスマルクが巧みにフランスを孤立化させ、ドイツ自身はロシアやオーストリア、さらに新興の大国イタリアと同盟・協約・密約を結ぶことで成り立っていた。特にビスマルクが注意しなければならなかったのは、帝国拡大をめぐるイギリスとロシアの衝突、さらにバルカン半島における民族問題をめぐるロシアとオーストリアの確執が生じないようにすることであった。そして、フランスが孤立から脱却して、他の列強のいずれかと手を結ぶのはなんとしてでも防がねばならなかった。

一八七五年四月、ビスマルク政府寄りの新聞『ベルリン・ポスト』が、衝撃的な記事を掲載した。フランスが普仏戦争での賠償金を予定より早くに完済してしまい、戦後の経済復興がめざましいばかりでなく、再軍備にも余念がないというのである。新聞は「戦争は目前に迫ったのか？」と大見出しで報じ、フランスがベルギーなど周辺諸国を吸収して、ドイツに復讐を企ててくるのではないかと警告した。それは、ドイツやフランスはもとより、ヨーロッパ全体を騒然とさせる事態へと発展した。

この当時、イギリスは前年（一八七四年二月）の総選挙で三〇年ぶりに勝利を収めた保守党に政権が交代しており、ベンジャミン・ディズレーリが首相を務めていた。外相には第一五代ダービ伯爵（三度首相を務めたダービの長男スタンリが一八六九年の父の死後に襲爵）が就いていた。前章でも指摘したとおり、ダービは亡き父と同様にヨーロッパのゴタゴタにはできるだけ巻き込まれない不干渉外交路線をとっていた。この七五年春の、俗に「戦争は目前に迫ったのか？」危機と呼ばれる事態に対しても、ダービ外相は「そのような噂は信じられない」として、これが独仏戦争に発展するはずなどないと静観を決め込んでいた。

ところがヴィクトリア女王は違っていた。五月六日、ディズレーリ首相を呼びつけた女王は、「ビスマルクはナポレオン一世と同じように、ヨーロッパ全体を敵に回している。ロシ

ディズレーリ（1804〜81）　首相在任1868，74〜80．ロシア南下阻止，インド支配確立など保守党を率い帝国主義政策を推進し，女王との関係は良好．76年以降はビーコンズフィールド伯爵に

ア、オーストリア、イタリアと手を結んで、ビスマルクを封じ込めるべき」との指示を与えた。早速同日、首相はダービ外相に次のような書簡を送った。「かつてパム［パーマストン元首相の愛称］がフランスの出鼻を挫《くじ》き、エジプト軍をシリアから追い出したとき［第二次シリア戦争］と同じように、ヨーロッパの平和を守るために動くべきだ。今回も、ロシアと我々、さらに可能であれば、オーストリアとイタリアにも誘いをかけて、独仏の間を調整すべきではないか」。まさに女王からの指示をそのまま伝えたようなものだった。しかもこの政策はなんとも皮肉なものでもあった。かつてのパーマストンの強硬外交を議会内でもっとも批判していたのが野党保守党のディズレーリであり、議会外で抑えようとしていた急先鋒《せんぽう》が女王にほかならなかったのであるから。

しかし、ダービ外相は動こうとしなかった。ビスマルクがこの程度の新聞報道で対仏戦争に乗り出すとは思えないし、ベルギーの安全保障も脅かされてはいない。ディズレーリは、ロンドン駐在ロシア大使のシュヴァーロフ伯爵にすぐに面会して対策を協議して欲しいと、ダービ外相に要請したが、ダービはシュヴァーロフに会おうとはしなかった。

このとき動いたのがなんとロシア皇帝《ツァーリ》その人だった。アレクサンドル二世は、事態が深刻化する前にこの目で確かめようと、外相のゴルチャコフ侯爵を引き連れてベルリン入りした。ヴィルヘルム一世もビスマルクも、皇帝が直々にやってきて、ドイツ政府の真意を問いただそうとしたその行動力には度肝を抜かれた。それと同時に、ドイツにはフランス侵攻の意図など毛頭ないと、皇帝《ツァーリ》に約束した。アレクサンドルはすぐさま各国に駐在するロシア大使に打電し、「平和は維持された」と伝えた。

こうして、一ヵ月にわたってヨーロッパに不穏な空気を漂わせていた「危機」は終息した。ヴィクトリア女王は、ロシア皇帝の尽力に感謝し、彼の働きに感謝する書簡を送った。しかし、表面的には平和が保障されたことを手放しで喜ぶ女王ではあったが、内心忸怩《じくじ》たる思いでいっぱいだった。独仏間で戦争の危機が生じたのに、まるで為《な》す術《すべ》がないかのようにイギリスは静観したままであった。結局、ロシアが皇帝と外相の素早い行動によって、今回の問題を解決したのは明らかであった。五月初めに女王が首相に与えた指示からも推測されるとおり、女王自身にもゴルチャコフのような外相がいれば、急いで長女（ヴィッキー）のいるベルリンに渡るなり、ヴィッキーを媒介に調停を申し出るつもりであったのだが、肝心の外相がまったく動いてくれなかったのだ。一八六七年春のルクセンブルク問題のときしかり、やはりダービには外相を任せておけないのではないか。

一八七五年春の騒動が一段落ついた後、女王はベルリンのヴィッキーからとんでもない噂を耳にした。今回の騒動でまったく動けなかったイギリスに対して、ビスマルクが次のような暴言を吐いたというのである。「もはやイギリスは国際政治における発言力を失ってしまったな」。これには女王も怒り心頭に発した。彼女がヨーロッパ国際政治においてなんとしてでも守らなければならなかったもの、それがイギリスの「大国としての地位」だったのである。それをビスマルクごときに悪口雑言を投げかけられたままでは腹の虫が治まらない。何とか一矢報いたいものである。しかし、ダービが連携相手《パートナー》ではだめだ。そこで女王は、外相ではなく、首相に目を付けることにしたのである。

インド女帝《エンプレス》への道

ヴィクトリア女王が一八七四年二月から首相として迎えたディズレーリは、彼女と同様、イギリス帝国の拡大と維持に熱心な人物であった。また、女王が帝国との間に一体感を抱き、そのためには政務にも熱心になれることをよく心得ていた。バルモラルやオズボーンからなかなか女王を引っ張ってこられなかった、前任者のグラッドストンとは異なり、ディズレーリは女王を国民の目の前に引き出す術も心得ていたのである。

そのディズレーリ政権以降に、イギリスの帝国政策にとってもっとも重要視されるようになっていたのが、「帝国の道《エンパイア・ルート》」を維持することだった。すなわち、イギリス本国から、地中海、紅海を経て、インドへと至る道のりのことである。この帝国のなかの帝国インドを防衛する最重要ルートを、他の列強から侵食されることはなんとしてでも避けなければならなかった。すでにイギリスは、スペイン王位継承戦争後にジブラルタル（一七一三年）、ナポレオン戦争後にマルタ（一八一五年）をそれぞれ獲得しており、地中海に要衝は築いていた。そこへさらなるチャンスがめぐってきたのだ。

一八七五年十一月、ディズレーリ首相のもとに極秘の情報がもたらされた。エジプトの太守《パシャ》（副王）が、英仏などの銀行に多額の負債を抱えており、年末までに四〇〇〇万ポンドの利子を払わないと、エジプト経済は事実上彼ら外国の資本家に支配されてしまうというのである。そこで太守は、スエズ運河会社に保有していた株式の大半（一七万六六〇二株：全株式の四四パーセントに相当）を売却することにした。会社の残りの株式は、運河の建設にも一役買ったフランスの銀行や企業が保有していたが、四〇〇〇万ポンド（今日の邦貨で数千億円）などという大金を即金で支払える者などいなかった。

そこでディズレーリが動いた。閣僚たちと相談の上、彼はすぐにこの買収に乗り出した。しかし当時イギリス議会は休会中だった。召集して臨時に特別予算として提案するにも時間がかかってしまう。そこで、首相は友人で大銀行家のロスチャイルドに相談し、彼に四〇〇〇万ポンドを立て替えてもらい、翌年の議会であらためて予算として計上し、彼に返金しようと考えた。このとき、首相がロスチャイルドに示した担保は「イギリス政府」だった。すぐに話はまとまり、ディズレーリはエジプト太守に交渉を持ちかけ、十一月二十四日に買収交渉は成立した。イギリス政府は運河会社最大の株主になりおおせたのである。

その日、首相は女王に次のような書簡を送った。「たったいま交渉も成立しました。「スエズは」陛下のものでございます《ユー・ハブ・イット・マダム》」。この知らせを受けて、女王は歓喜した。「本日の知らせは、すべてのイギリス人の心に大いなる満足と誇りを抱かせるに違いない。これもすべてディズレーリ氏のおかげです。彼は計り知れない発想をもち、この国が保持すべき立場についても実に高尚な見解を備えておられる」。特に女王が喜んだのは、これでビスマルクに一矢報いることができたことである。いくら工業発展がめざましいとはいえ、即金で四〇〇万ポンドも用意することなどドイツごときには難しいはずだ。ドイツだけではない、世界中でそれだけの資金をすぐ手にすることができるのはイギリス一国だけなのである。

それと同時に、今回のスエズ運河会社株買収事件で、女王の考えも決まった。「帝国の《エンパイア・》道《ルート》」をさらに強化することに成功した次にとるべき政策は、「インド帝国」の確立である。二〇年ほど前のインド大反乱以来、インドは副王兼総督の下にイギリス政府が直接的に支配していた。そして、各地に散らばる数百人の王侯たちとねばり強い交渉を続け、彼らはかつてのムガール帝国に代わり、大英帝国の傘下に入ることを約束するようになっていた。女王にとって都合がよいことに、一八七五年当時は、折しも皇太子バーティがインド各地を歴訪しているさなかでもあった。病気から恢復し、再び「行き場」を失ったバーティが、七五年三月頃からインドを訪問したいと女王にしきりに懇請するようになっていた。最初は拒絶しようとした女王ではあったが、自分が行けないぶん、この国の将来の国王にして「インド皇帝」にも納まるバーティが現地の王侯たちと親交を深めれば、彼女の計画もよりいっそうの進展を見せることになろう。女王はバーティのインド行きを許した。こうして、一八七五年十一月九日、バーティは三十四歳の誕生日にボンベイ（現ムンバイ）に到着した。イギリス皇太子がインドを訪問したのはむろん初めてのことである。

それでは女王の計画とは何だったのか。それは正式に「インド女帝（Empress of India）」の称号を手に入れることだった。ヨーロッパ大陸に君臨する皇帝たちは、ロシアもオーストリアも、みな「国王」もしくは「女王」より格付けでは上となる。その子どもたちも、王国の王子より格上とされる。だから女王の次男アッフィも、ロシア皇帝の娘にすぎないはずなのに、相手が「大公女」として並の「王子」より格上ということで、ウィンザーやロンドンではなく、サンクト・ペテルブルクで華燭の典を挙げざるをえなかったのである。しかも、一八七一年からはプロイセンごときまで「ドイツ帝国」の皇帝として君臨するようになった。長女ヴィッキーの子どもたちが、自分の直系の子や孫より上席に座るなど許されなかった。

女王はすでに一八七二年六月の日誌のなかで、自らを「インド女帝」と呼んでいた。さらに、インドがイギリスの直轄支配に入ってからは、大臣や総督たちも彼女を「女帝」と呼んできていた。それにもかかわらず、彼女には正式な女帝《エンプレス》の称号が与えられず、公式文書でも法令でも、女王《クイーン》のままだったのである。これは法案を議会で通過させ、正式に女帝を名乗

女帝への戴冠を皮肉った風刺画　インド人の格好をしているのはディズレーリ

る必要がある。ディズレーリはそれを進めるのにうってつけの逸材だった。スエズ運河会社株を素早く買収した今回の一件で、女王はそれを確信したのだ。翌七六年一月、女王は早々に首相に指示を与え、かつてオーストリアの女傑マリア・テレジアが名乗ったように「女帝にして女王」《エンプレス・アンド・クイーン》となるべく、新しい王室の称号法案を作成するよう命じた。

早速にディズレーリは有識者と相談に入ったが、結果は芳しくなかった。「イギリスでは皇帝や女帝といった称号はあまり人気がございません。やはり国王や女王のほうが国民も長年慣れ親しんできております」。首相はそう返答した。しかし女王は諦めなかった。その年（一八七六年）の議会の開会式は二月八日が予定されていた。女王はなんとそれに出席すると自ら申し出てきた。彼女が先回議会に現れて、玉座から施政方針演説を読み上げたのは五年前のことだった。三男アーサーの宮廷費や四女ルイーズの持参金を捻出しようとしたあのときである。しかし今回は誰のためでもない。自らの「女帝」という称号を認めさせるために、わざわざ議会までお出ましになるというわけである。もちろん老獪《ろうかい》な女王のことである。施政方針演説では「女帝云々《うんぬん》」はいっさい控えることにした。

二月にはいり、王室称号法案は一時暗礁に乗り上げそうになった。気が弱くなったディズレーリに女王はこう喝を入れた。「女王は植民地のことを常に強く思っています。全力を挙げて法案を通してもらいたい」。さらに三月、女王はこうも述べている。「女王はすでに『女帝』と呼ばれて久しいのに、正式に称号がないのはおかしい。東方の人々にグレート・ブリテン連合王国と言ってもわからない。『インド女帝』でよいではないか」。女王の熱意が伝わったのか、四月にはついに法案は議会を通過した。その日の日誌に女王はこう記した。「これで今後は、署名するとき、『女王にして女帝ヴィクトリア（Victoria R & I：ラテン語で Regina et Imperatrix）』と記すことになろう」。

こうして、女王は「女帝」へと転身を遂げたのである。

インド帝国の支配者として

女帝問題に終止符が打たれると、今度はインドから打診があった。書簡を送ってきたのは、この年インド総督に赴任したばかりのリットン男爵であった。女王陛下が正式に女帝となり、この国が「インド帝国（Indian Empire）」となるのであるから、その記念すべき一八七七年一月一日、陛下の女帝即位宣言を高らかに発するとともに、「大謁見式（Great Durbar）」をデリーで盛大に行いたいというのである。これはかつてのムガール帝国の皇帝が即位する際、インド各地の大小さまざまな王侯たちを一堂に集めて行った儀式のことである。いまやムガール皇帝に代わり、インド女帝たる女王陛下が帝国の首長に納まったのだ。この新しい君主に対して、これまでどおりの「臣従の礼の儀式」を行うのが、現地社会の有力者たちとともにインド支配を進めていくためにも重要な表象となるであろう。

この大謁見式では、インド各地の王侯をすべて集め、祝砲に続き、祝いの引き出物として「特別の絹製の紋章旗《バナー》」を「一八七七年一月一日」という栄えある日付も縫い込んで、王侯の一人ひとりに渡していく。旗にはそれぞれの家の紋所が入れられる。中世ヨーロッパの騎士団の慣習がこのあたりには生かされている。さらに、王侯にはインド女帝即位の記念記章《メダル》が与えられ、今後は総督府に設けられた立法評議会への参加も認められる。そして、インドに広く見られる慣習とも言うべき、貧民への施し、砂糖菓子の配布なども大々的に執り行う。

もちろん女王はこの儀式に大賛成であった。当日はデリーに赴くこともできないであろうから、実際に女帝の名代として大謁見式を司ることになるリットン総督に詳細はすべて任せることにした。他方で、女王自身はお得意の新しい栄誉の創設に取り組んだ。インド帝国の創設を目の前に、女王は植民地大臣のカーナヴォン伯爵と相談し、帝国統治や外交に携わる功労者に贈られるセント・マイケル・アンド・セント・ジョージ勲章（一八一八年に女王の伯父で当時摂政皇太子だったジョージ四世により創設）の受章者の定員を増やすことにした。

そればかりではない。公式にインド帝国を立ち上げ、それをさらにまとめあげていくためにも、スター・オブ・インディア勲章に次ぐ栄誉も設けなければなるまい。

一八七六年十一月、女王は新たにインディアン・エンパイア（インド帝国）勲章を創設した。銀製の頸飾には、象・蓮《はす》の葉・孔雀《くじゃく》・インドのバラが配され、記章の中央には女王の横顔が彫られている。その周囲は赤紫の地に、この勲章のモットー「女帝の庇護《ひご》の下で(Imperatricis auspicis)」の金文字が描かれている。翌七七年十二月三十一日付でこの勲章は正式に裁可された。このときは単一級であったが、八六と八七年にそれぞれ勲二等と勲三等が増設され、一九四七年八月のインド帝国消滅まで授与され続けていった。

さらに女王ならではの発想が、女性にも別の勲章が設けられた点にあろう。クラウン・オブ・インディア（インドの王冠）勲章と名付けられたその栄誉は、女性のみに与えられる単一級の勲章である。中央にヴィクトリアのV、女王のR、女帝のIが美しく配置され、Vはダイヤモンド、Rは真珠、Iはトルコ石があしらわれている。これまでのイギリスの勲章のなかでもっとも豪華な作りのこの栄誉は、イギリスの王族はもとより、インド総督府の高官の夫人や、インド王侯の夫人たちにも授与された。

年が明けた一八七七年一月一日、ついにその日を迎えた。女王は当日の日誌にこう記した。「愛する母と夫を失って以来、こんなに素晴らしい日を迎えたことはなかった。神のご加護で今年も我が責務を果たしていくことができますように！　私の心は、本日、デリーで行われる偉大なる行事に注がれている。今日、初めて私自身の手で、V・R&Iと署名した」。同じ日、デリーでは、リットン総督がインドのすべての地域から集まってきた王侯たち、ネパールやヤルカンド（現在の中国の新疆《しんきょう》ウイグル地区）、シャム（現在のタイ）、マスカット（現在のオマーン）からも大使を迎え、総勢八万四〇〇〇人もの朝野の名士たちとともに、この栄えある記念の日を祝ったのである。

大謁見式をつつがなく成功裡に終えたリットン総督は、その準備段階のとき、一八七六年八月九日に長男を授かった。自らにとって大切な儀式を細心の注意を払いながら準備する総督への感謝の気持ちから、女王はその子どもの名付け親《ゴッドマザー》となり、自身の名前の男性名を与えて彼は「ヴィクター」と呼ばれるようになった。父はそれから四年後にインド総督を退任し、それまでの功績から伯爵に陞爵《しょうしゃく》となったが、このヴィクターが父の死の後を受けて第二代リットン伯爵になった。一九三二年、国際連盟の指示を受けて前年に中国で生じた満州事変を調査した「リットン調査団」を率いた団長が、ほかならぬ彼であった。

戦い続ける女王——露土戦争での外相との確執

インド帝国の創設を祝った一八七七年一月一日の日誌で、女王は式典で華やぐデリーへと心を注ぐとともに、暗雲立ちこめる「東方問題」にも心を砕いているとも記した。クリミア戦争以後、ヨーロッパ国際政治の重要な争点となっていた、バルカン半島をめぐる情勢が急激に悪化していたのである。

イギリス議会がインド女帝の称号法案をめぐって紛糾していた一八七六年三月、その二ヵ月前からオスマン・トルコ帝国領ブルガリアで生じていた反乱は、トルコ軍による大量虐殺という悲劇につながった。すぐにロシア・オーストリア・ドイツ三国が調停に入り、両者は停戦となったが、六月以降にはセルビアやモンテネグロなどが相次いでトルコに対して宣戦布告した。こうした一連の動きを受けて、これらバルカンの小国の後押しをしたのがロシアであった。七六年秋頃から、ロシアはトルコに圧力をかけはじめていった。この間、列強がコンスタンティノープルに集まりロシア・トルコ間の仲裁を試みたが無駄だった。翌七七年四月、ついにロシアがトルコに宣戦布告し、露土戦争がはじまった。

この問題にイギリスのダービ外相は終始慎重な姿勢を示すだけだった。露土戦争に対してはあくまでも中立を保ち、スエズ封鎖やエジプト占領などしないようロシアに警告を発しただけで、それ以上かかわるつもりはなかった。ところが、女王の態度はまったく異なっていた。戦争が勃発する直前に、女王は首相にこう伝えていた。「これはトルコを支持するかどうかという問題ではありません。世界で優位を握るのは、ロシアかイギリスかという問題なのです！」。三年前のウィンザーでの晩餐会の折に、女王が心中秘《ひそ》かに抱いていたロシア皇帝に対する懐疑が現実のものになったのである。これ以上、ロシアをのさばらせてしまったら、せっかく維持・強化している「帝国の道《エンパイア・ルート》」も危うくなってしまう。

ダービ（1826～93）　ディズレーリ首相のもと外相としてインド支配確立に協力するが，露土戦争以降，帝国主義政策を批判．80年には自由党に転じた

しかし、ダービは動こうとはしなかった。七五年春の「戦争は目前に迫ったのか？」危機の際にも、女王から不興を買っていた外相であったが、彼は根本的に女王や首相とは外交・帝国政策の方針が異なっていた。同年十一月のスエズ運河会社株買収にしてもダービは閣議でこれに気乗り薄な発言をしていた。また、翌七六年春のインド女帝問題でも積極的に動こうとはしなかった。ディズレーリ首相は、自分とは対外政策の進め方が異なるダービ外相に外務省からの情報がすべて集まってしまい、下院で答弁しなければならない彼のもとに情報が寄せられないのにも不満を抱いていた。

十九世紀のイギリス外交では、現役の外相や外相経験者が圧倒的に貴族院に集中していた。七六年の時点でも、外相のダービ伯爵はもとより、グランヴィル伯爵、マームズベリ伯爵、ラッセル伯爵と、外相経験者はいずれも貴族院議員だった。このため、財政や内政は下院で、外交は貴族院で主に審議される案件となっていた。

ここでディズレーリが動いた。この年の誕生日（十二月二十一日）で満七十二歳を迎える彼は、痛風や内臓疾患のため、論戦や実務に忙しい下院での活動にこれ以上耐えられなくなっていた。七六年度議会が終わりを迎えた八月、彼は貴族院に移る決意を固めたのである。ここに彼はビーコンズフィールド伯爵に叙され、貴族院議員となった。これで下院の激務から解放されるとともに、いよいよ外交問題にも本格的にかかわれるようになったのである。

露土戦争が勃発してから一ヵ月後の一八七七年五月、ビーコンズフィールド首相からこれになんらかの関与をすべきであると説かれたダービ外相は、「なんの行動を起こさなくてもよいときにあえて論争を仕掛けるのは賢明とは思われない」と、あくまでも戦争への中立を唱えた。そこで首相からの要請で、女王が直々にダービに訴えることにした。「ヨーロッパだけではなく、アジアにおいてもロシアが進出しようとしているこの時期に、出遅れてしまうことこそが最悪の事態を招くのですよ」。しかし、ダービはそれでも動こうとはしなかった。女王は首相に言った。「あんな外相は本当に見たこともないわ」。

女王の怒りとダービ辞任

その間にバルカン半島での戦況は、ますますトルコにとって不利になっていた。六月にはついにロシア軍がドナウ川を渡ってしまった。これ以上進まれると本当に危ない。七月十五日、ロシアがコンスタンティノープルを一時なりとも占領する可能性が高まったことを受けて、女王は首相に次のような緊急の書簡を送った。「ロシアの占領を許してしまえば、イギリスはもはや大国ではなくなり、政府それ自体も存在しえなくなりますよ！」。

ビーコンズフィールド首相は、緊急に閣議を開き、検討を重ねた。七月二十一日、イギリス政府はマルタ島に三〇〇〇人の増派を決め、ロシアがコンスタンティノープルを長期にわたって占領する場合には、対ロシア戦争をも辞さないことを決めた。こうした政策にダービ外相は反対だった。逆に、女王はこんな政策では生ぬるいと感じていた。彼女はすぐにもイギリス軍を派遣して、ガリポリ（トルコ北西部の港湾都市）を占領すべきだと感じていた。「イギリス国民がロシアの優位を望んでいるとでもお思いですか。これ以上この問題について協議する必要はないでしょう」。女王はダービにこう冷たく言い放った。

ダービにも考えはあった。現段階でイギリスが露土戦争に介入しようにも、同調してくれる同盟国などないのである。単独で介入しても、ロシアに勝てるものか。閣内にはダービに同調する者も現れた。ビーコンズフィールド首相は、高齢と病気もあって、閣内を収められない我が身を恥じて、女王にこう報告した。「一二人の閣僚に七通りの見解が見られるのです！」。女王はこう応答した。「本当にうんざりするような内閣ですわね。特にダービ卿が厄介者です」。女王は、ダービの更迭を首相に促すようになっていった。

翌七八年一月からビーコンズフィールド内閣は、ダーダネルス海峡へのイギリス艦隊派遣をめぐって紛糾した。一月九日にはトルコがロシアに対して休戦を望み、戦争はいったん終息したかに思われたが、二月初めにはこの騒ぎに乗じてギリシャがトルコに宣戦布告し、事態はさらに深刻化した。閣内では艦隊派遣問題をめぐっていまだ対立が続いていた。首相はダーダネルス海峡への派遣を主張していたが、外相がこれに猛反発していたのだ。三月五日、女王は首相に抗議の書簡を送った。「首相が強く断固たる態度を示したことに満足した矢先に、ダービ卿が貴族院で艦隊派遣を否定するような発言をするとはいったい何事ですか。……ダービ卿は閣外に去らなければなりません。彼は海外からは外交政策を取り仕切っているように思われていますが、誰も彼のことなど信頼していないのですから」。

女王と外相との間で板挟みになっていたビーコンズフィールド首相のもとに衝撃的な情報がもたらされた。三月三日、ついにトルコはロシアとサン・ステファノ条約を結んだのだ。その内容は、セルビア、モンテネグロ、ルーマニアの各国を独立させ、ロシアの息のかかったブルガリア大公国をドナウ川からエーゲ海に通ずる広大な領域に建設し、カルス（トルコ北東部）はロシアに併合され、アルメニアはロシアの保護領となる、といったものだった。これにはイギリスはもとより、バルカンのすぐ北に位置するオーストリアも反発を示した。もはやイギリス艦隊の派遣は避けられなかった。ダービ外相は辞意を洩らしていた。首相と会見した女王は「さっさと辞めさせてはどうか」と迫ったが、党内に支持者の多いダービの解任に首相のほうは慎重だった。

その間に、イギリスはロシアにサン・ステファノ条約の緩和を迫ったが、せっかく手に入れた条件をみすみす手放すロシアではなかった。ロシアから拒絶の返事を受け取るや、三月二十七日、ついにイギリス政府は予備役の召集とインド軍をマルタに派兵する決定を行った。

即日、ダービ外相は辞任を表明し、後任にはインド相だったソールズベリ侯爵が納まることになった。インド帝国創設時から女王とは懇意の仲にあったソールズベリが外相に就任することで、女王も満足した。ダービ辞任の報を聞いて、ベルリンから長女ヴィッキーが喜びの書簡を送ってきた。「これでイギリスは断固たる政策がとれますね」。ヴィッキーからの情報によれば、ベルリンでもウィーンでも、イギリスがロシア・トルコ間の確執にようやく一歩を踏み出してくれることに大いに期待していた。

自ら辞任を申し出たとはいえ、ダービは女王に事実上辞めさせられた二人目の外相だった。しかし皮肉なものである。先に辞任したパーマストン（一八五一年十二月）の場合には、彼があまりにもヨーロッパ諸国に強硬な外交姿勢をとっていた結果、解任に追い込まれた。ところがこのたびのダービの場合には、外相があまりにも慎重な姿勢を示していたために、大国としての地位を守ることに異常なまでの執着を見せた女王の強硬外交とソリが合わなくなり、辞任に追い込まれたも同然の結果だったのだ。三〇年ほどのあいだに、「戦う女王《ファイティング・クイーン》」としての姿はさらに磨きがかけられていたのである。

ベルリン会議と「名誉ある平和」

トルコを挟んでイギリスとロシアのにらみ合いが続くなかで、四月初旬、ソールズベリ外相はベルリン駐在イギリス大使を通じて、ビスマルクに英露間の仲裁を打診する。まずはロシア艦隊をコンスタンティノープルから引き揚げてもらいたい。そうすれば、イギリス艦隊をダーダネルス海峡から引き揚げようとソールズベリは条件を出した。ビスマルクはすぐに同意し、ロシア外相のゴルチャコフもこの条件に合意を示した。さらにビスマルクは、この問題を調整するために、ベルリンで国際会議を開きたいとも英露両国に通達した。両国に異存はなく、これにオーストリアやトルコといった関係諸国も加わることになった。

　他方で、交渉の決裂をも考慮に入れて、女王はいつでもロシアを攻撃できるようインド帝国にも指示を与えておいた。五月初め、リットン総督から報告が届いた。インド軍はいつでも地中海に派遣できる準備が整ったというのである。さらに、インドでは各藩王国を治める王侯たちからも、続々と協力の申し出が伝えられてきた。露土戦争に端を発するロシアとの対決は、女王にとっては、創設されたばかりのインド帝国の忠誠心を試すまさに絶好の機会にもなってくれていたのである。

　しかし、このたびはインド帝国の動員は必要なかった。列強間の確執は外交的に収められる方向に向かったのである。ロンドンでは、ソールズベリ外相とシュヴァーロフ駐英ロシア大使のあいだで着々と調整が進められた。ロシアにカルス地方を渡す代わりに、イギリスは地中海（トルコの喉元といっていい位置）に浮かぶキプロス島に兵を置き、小アジアやシリアを守るうえでオスマン皇帝《スルタン》の権威を強化する案までトルコ政府に打診された。実は、ベルリン会議が開催される前に、英露間の調整はロンドンですでに済まされていたのである。

一八七八年六月十三日から一ヵ月にわたって開催されたベルリン国際会議には、ビーコンズフィールド首相が直々に首席全権を務めて出席した。次席全権としてソールズベリ外相が同行した。対するロシアはゴルチャコフ外相が首席全権となり、シュヴァーロフ大使が次席として彼を支えた。ドイツ帝国宰相ビスマルクを議長として開かれた会議では、七十四歳のビーコンズフィールド伯爵と八十歳のゴルチャコフ侯爵という二人の長老政治家同士の対決が注目された。結果的には、ロシアが大幅な譲歩を示し、七月十三日に結ばれたベルリン条約では、ルーマニアの独立、ブルガリア大公国の三分割などが決まった。ロシアがサン・ステファノで示した条件はかなり緩和され、またもや地中海への進出が阻まれてしまった。イギリスは当初の約束どおり、キプロスを手に入れた。これで「帝国の道《エンパイア・ルート》」はさらにその防衛が強化された。

七月十六日、ビーコンズフィールド首相は大任を終えてロンドンに到着した。チャリング・クロス駅からダウニング街の首相官邸まで、英国国旗《ユニオンジャック》を手にした群衆が沿道を埋め尽くしていた。人々は、この高齢で痛風や喘息《ぜんそく》に苦しめられている老首相が「名誉ある平和(Peace with Honour)」をもたらしてくれたと、彼を絶賛した。

民衆だけではない。四日後にオズボーン・ハウスを訪れた老首相は、ヴィクトリア女王からも熱烈な歓迎を受けた。女王は彼にガーター勲章と公爵位を与えたいとの希望を述べた。ユダヤ系の小説家の小倅《こせがれ》が貴族のなかの貴族「公爵(Duke)」にまで登り詰めたのである。

しかしこれは彼には重荷だった。公爵位は恭《うやうや》しく辞退したビーコンズフィールドは、今回の手柄は自分だけのものではない、何よりもロンドンとベルリンで交渉に当たってくれたソールズベリ外相の功績も讃えるべきであると女王に進言した。この結果、ブルーリボンは首相と外相の双方に与えられることになった。

第二次アフガン戦争

ところが、女王には勝利の余韻に浸っている暇はなかった。ロシアがまたもや動き出したのである。ベルリン会議が閉幕した一ヵ月半後の八月末、インドのリットン総督から報告書が届いた。ロシア軍がアフガニスタンの北部国境に迫っているというのである。露土戦争でせっかくの軍事的勝利をつかんでいながら、ベルリンでの外交的な敗北の結果、ロシアは今回も不凍港を獲得することに失敗したのだ。こうなれば、次なる目的地を東へと転じていかざるをえない。行き着く先はアフガニスタンである。

第I章でも見たが、アフガニスタンは北の大国ロシアとイギリス領インドの緩衝地帯としてきわめて重要な場所に位置していた。このため、一八四〇年前後には、イギリスが先手を打ってここに侵略を開始したが、そのときは失敗に終わっていた。とはいえ、インド帝国に面したアフガン南西部にはすでにイギリスの影響力が徐々に浸透していたのだ。そこへ一八七八年八月、ロシアが将校団を首都カーブルに派遣してきたのである。国王《アミール》はロシア使節を快く迎え、皇帝《ツァーリ》からの親書も受け取った。この行為がイギリスを刺激した。イギリスもその前年に同様の使節団をカーブルに派遣していたのだが、アフガン国王は彼らに会おうともしなかったのだ。ロシアには会って、イギリスには会わないとはどういうことだ。リットン総督は、すぐさまインドから使節を派遣して国王《アミール》に会わせたいので、許可を賜りたいと女王に要請してきたのである。

もちろん女王はすぐに許可を与えた。ところが十月、国王《アミール》がまたもやイギリス使節団との会見を拒否したとの報告がイギリス本国に伝えられた。女王は「アフガンを懲らしめなければならない」と決意した。しかし、その彼女もすぐに軍事的な手段に訴えることには慎重だった。即位した当初に見られたアフガン戦争の失敗という悪夢を彼女は決して忘れてはいなかった。しかも今回は、国王《アミール》の背後にロシアが控えている可能性も高い。女王はビーコンズフィールド首相に、まずはアフガン国王に外交的な圧力をかけるよう指示した。

十一月末、ソールズベリ外相はシュヴァーロフ大使とロンドンの外務省で会見した。その際、二人の間では緊迫化するアフガン情勢についても話し合われた。大使は本国からアフガンについては何らの指示も情報も与えられておらず、ロシアが国王《アミール》を援護してアフガンを乗っ取ることなどないとソールズベリに私見を伝えた。しかし、すでに現地では、インド軍がアフガンに侵攻し、ここに第二次アフガン戦争と呼ばれる事態へと発展していたのである。女王はインド軍の侵攻を全面的に支援するよう、首相や外相に迫った。「我々が断固たる姿勢を示していれば、ロシアも態度を改めるでしょう」。

女王や首相からの指示を受けたソールズベリ外相は、十二月半ばに再びシュヴァーロフ大使と会見した。イギリス政府としては、ロシア皇帝がアフガン国王に助言を与えたり、ロシアがアフガンで影響力を行使することには断固反対すると、外相は伝えた。特に、カーブルにいまだにロシア使節団が滞在しているのは解せないと、ソールズベリは率直な意見を述べていた。これにはシュヴァーロフも同意見で、使節団はすぐにもアフガンから引き揚げるはずであり、ロシアには中央アジアをめぐってイギリスと敵対する意図などないと釈明した。しかしこの事件は、これから二十世紀初頭まで続くことになる、イギリスとロシアとの中央アジアをめぐる「大いなる競争《グレート・ゲーム》」と呼ばれる確執の発端にすぎなかったのである。

ソールズベリ（1830〜1903）　ディズレーリ死後は保守党党首として首相に．在任1885〜86，86〜92，95〜1902．さらなる帝国拡大に力を注いだ

アフガンでの戦闘は、山岳地帯でのゲリラ戦や疫病に悩まされながら翌年も続いた。一八七九年五月、イギリス政府はついにアフガン国王とガンダマク条約を結び、イギリス使節団をカーブルに駐在させ、領土も一部割譲することに同意させた。ところが、それは束の間の勝利であった。国王《アミール》はイギリスに屈したかもしれないが、国民の多くは決して負け

を認めていなかったのだ。九月三日、カーブルのイギリス公館に民衆が押し寄せた。公館は放火され、使節団員も殺害されてしまった。

女王は、ちょうど原因不明の頭痛に悩まされていたさなかであったが、この報を聞いて苦痛に耐えながらも、すぐに首相に書簡を送った。この一件で、イギリス政府もインド政庁も弱腰になっていたが、ここで即座に兵をアフガンから引き揚げてしまえば、戦争に協力してくれているインド各地の藩王たちの権威を失墜させることにつながる。ベルリン会議の成功のおかげで、ロシアと戦う必要のなかったインド帝国下の王侯たちにとって、第二次アフガン戦争は女帝《エンプレス》への忠誠を示す最初の戦争となっていたのである。

首相やインド総督に対する女王の説得も功を奏し、十月にはイギリス軍の反撃がはじまった。そして十月十二日には、カーブルは再びイギリス軍によって占領された。このの ちもイギリスにとっては一進一退が見られたが、最終的に一八八〇年八月一日、アフガニスタンはイギリスの保護領に組み込まれることになった。しかしそれは、女王にとっても、大英帝国にとっても、かなりの犠牲の上に得られた成果であった。

他方で、女王は同時期に個人的な悲劇にも直面していた。イギリスが第二次アフガン戦争に乗り出した直後の一八七八年十二月、女王の次女でドイツのヘッセン＝ダルムシュタット大公国に嫁いでいたアリス王女が急逝したのである。彼女の子どもたちがジフテリアにかかり、その看病に明け暮れた大公妃自身も病に倒れてしまった。十二月十四日、アリス王女はついに帰らぬ人となった。享年三十五。なんとその日は、亡き父アルバートの命日でもあった。七年前の同じ日、アリスの兄バーティは腸チフスから奇跡的に一命を取りとめたのであるが、同じ奇跡はアリスには起こらなかった。女王にとって「十二月十四日」は再び忌み嫌うべき日付になってしまった。

ズールー戦争と「悲劇」

しかし、女王は娘の死を悲しんでばかりもいられなかった。イギリス軍がカーブルの再占領に成功を収めていた頃、女王はさらなる戦争にも乗り出そうとしていた。今度の舞台はアフガニスタンから数千キロも離れた、南アフリカの北東部ズールーランドであった。

ここはイギリス領ナタールと接しており、イギリス軍はズールー族との間にしばしば国境紛争を起こしていた。一八七八年十月、南アフリカ高等弁務官のサー・バートル・フリアはズールー族との戦争に備え、イギリス本国に増派を要求してきた。ところが、十分な準備が整わない前に、十二月十一日にフリアはズールー族に最後通牒を発し、一ヵ月以内にナタールから出て行かなければ宣戦布告となった。ズールー側から返事はなかった。

翌七九年一月十二日、ついにズールー戦争と呼ばれることになる戦闘がはじまった。装備の点ではイギリス陸軍のほうが優れていたが、数や戦法、土地勘などでは圧倒的にズールー族のほうが優位に立っていた。一ヵ月後、ワイト島のオズボーン・ハウスに滞在中のヴィクトリア女王のもとに報告書が届いた。イギリス軍がズールー族により全滅させられたというのだ。将校三〇名、下士官七〇名、兵士五〇〇名が皆殺しにされてしまった。これは最新鋭の兵器とともに大量の兵員を注ぎ込んで、本格的に攻撃を再開しない限り、かなう相手ではなかった。早速二月には、新たなる派遣部隊が南アフリカへ向かうことに決まった。

ところが、その部隊に志願してきた若者がいた。当時まだ二十三歳のルイ・ボナパルト。世が世ならフランス皇帝「ナポレオン四世」だったはずの、あのナポレオン三世の忘れ形見である。クリミア戦争の講和会議に沸くパリで国民の拍手喝采を浴びながら誕生した彼は、それからわずか一五年後には、両親とともにイギリスへと亡命する運命にあった。自宅となったチズルハーストのカムデン・プレイスからほど近い、ウリッジ陸軍士官学校に通うようになった若者は、父の死（一八七三年）ののちも、愛する母とともにイギリスにとどまり続けていた。やがて英国砲兵隊に入隊した彼は、同じく砲兵出身で英雄だった大伯父ナポレオン一世に憧《あこが》れていたのであろうか、このズールー戦争出兵に志願してきたのである。

ルイ・ボナパルト（1856〜79）

ウジェニー皇后は息子の出征に大反対だった。ビーコンズフィールド首相も、フランス第三共和政政府との関係にしこりを残しかねないルイのアフリカ行きには消極的だった。最終的に出征を許したのはヴィクトリア女王だった。従兄のジョージこと、ケンブリッジ公爵はいまや陸軍総司令官である。公爵の推薦のもと、ルイ・ボナパルト少尉は南アフリカに旅立った。しかし悲劇が彼を待ちかまえていた。六月一日、野営地の近辺を偵察に回っていたルイは、ズールー族の放った槍《やり》で命を落としたのである。

ヴィクトリア女王が皇太子（Prince Imperial）の訃報《ふほう》を知ったのは、六月十九日にスコットランドのバルモラル城で夕食をとった直後のことだった。女王はウジェニー皇后が不憫でならなかった。彼女自身も次女アリスを失ったばかりで、子どもに先立たれる母親の気持ちは痛いほどわかった。しかし、自分にはまだ八人も子どもがいるが、ウジェニーにとってルイはたった一人の愛する子だったのである。女王はすぐに政府に皇太子の葬儀を国葬並みにするよう要請したが、フランス政府への手前それはできなかった。

七月十二日、女王はカムデン・プレイスに直々に弔問《ちょうもん》に訪れた。ウジェニーは目に涙を浮かべながら女王の手を握りしめた。鮮やかに花で飾られた棺の周りには、ナポレオン一族が勢揃いしていた。ルイが所属した英国砲兵隊の軍楽隊が、ヘンデルのオラトリオ『サウル』から葬送行進曲を演奏し、友に別れを告げた。五日後、棺はウィンザーのセント・ジョージ・チャペルに移され、しめやかに葬儀が執り行われた。女王のはからいで、ルイの葬儀はイギリスの王族待遇で行われたのである。

ルイの死を無駄にしないためにも、さらには親友ウジェニーのためにも、何としてでもズールー族を打ち破らねばならない。女王の決意は固まった。ルイの葬儀から一〇日後、女王はビーコンズフィールド首相に次のような書簡を送った。

今回の一件で、我々は再び得難い教訓を学びました。しかるに、いまだにそれを生かしていないではないですか。土壇場になって急に大金を注ぎ込まなければならなくなるまでに、陸海軍を弱小なままにしておくとは何事ですか。これではクリミア戦争のときと同じではないですか。あのときも我々は準備が足りなかったのです。……もし我々が今後とも一等国としての位置づけを保とうとするのであれば、インド帝国や広大な植民地とともに、世界中のいずこにおいても［他国からの］攻撃や戦争に常に備え続けなければならないことは何人《なんぴと》も疑う余地のないところであります。経済政策の神髄とは、常に備えることにあるのではないでしょうか。

この女王による言葉が功を奏したのか、南アフリカで増員されたイギリス軍は、七月からズールーランドに進軍し、八月末には首都ケチワイオを占領することに成功した。九月一日、イギリスはズールー族の首長と条約を結び、彼らは事実上イギリスの傘下に入ることとなった。ズールーランドが南アフリカのナタール州に併合されるのは、それから一八年後、女王の在位六〇周年《ダイヤモンド・ジュビリー》の年（一八九七年）のことである。

ヨーロッパ情勢の変容と女王の不安

イギリス軍がようやくケチワイオの占領に成功を収めていたのと同じ頃、ドイツ帝国宰相ビスマルクはオーストリアと新たなる同盟関係を構築しようとしていた。ドイツ・オーストリア・ロシアの三帝協約は、ベルリン会議で事実上消滅してしまい、ビスマルクとしては対ロシア防御同盟をオーストリアと結んでおく必要性を感じていたのである。この情報は、早い時期にヴィクトリア女王のもとにも伝わっており、十月七日に正式に独墺同盟が成立したのち、ベルリンのヴィッキーに「両国の協調はヨーロッパの平和にとっても大いに結構である」との書簡は送っていた。

しかし、女王は心底からビスマルクを信頼していたわけではなかった。一人取り残されたロシアにビスマルクが接近しないはずもない。さもなくば、ロシアはビスマルク体制下で同じく孤立させられているフランスに接近してしまう。アフガンや南アフリカで戦争が一段落つきそうになった矢先に、今度はヨーロッパ情勢が新たな展開を迎えようとしていたのである。

アルバート公の死の衝撃から立ち直った女王ではあったが、今度は政治や外交に予想外に首を突っ込む様子を、自由党左派の政治家たちは快く思わなかった。一八七九年五月の下院審議では、議員の一人がバジョットの『イギリス国制論』を引用して、「君主には、大臣たちから相談される権利、彼らを励ます権利、そして彼らに警告する権利はあると思うが、彼らを主導する権利はないのではないか」との発言を行った。女王はあえてこれに反論することはなかったが、一八七〇年代も終わろうとする頃までに、ヴィクトリア女王には明らかに「大臣を主導する」機会が増えていた。

そのきっかけをつくったのがビーコンズフィールドであった。たしかに、グラッドストン時代のように、女王がオズボーンやバルモラルに籠もりきりで、公の場に姿を現さないのも問題であった。しかし、外交や軍事に強い関心を示す女王と共同歩調をとることを過度に強調したビーコンズフィールドは、なるほど女王をロンドンやウィンザーへと引き戻すことに成功したものの、今度は彼女に引きずられるかたちで強硬な帝国政策を推し進めさせられることになったのである。

そのあたりのことは、女王とは外交政策でソリが合わずに嫌われた、ダービ伯爵がいみじくも日記に記している。「彼女も個人的な影響力を及ぼせる相手をかぎ分ける一種の本能的な直感を有している点では、女性一般のご多分に漏れないわけだ」。

しかし、強硬な帝国政策のツケは、ビーコンズフィールド自身の頭上にふりかかってきた。折しも、イギリス軍がアフガンやズールーランドで苦境に陥っていた一八七九年は、イギリス経済も不況期に突入し、穀物の不作も重なっていた。国民の政府に対する風当たりは強まっていたのである。翌八〇年春には、政府は議会を解散して、総選挙に打って出るつもりだった。とはいえ、新聞や雑誌が報じるところでは、保守党の旗色は悪かった。女王は、解散・総選挙を承認した後、保養のためドイツのバーデン・バーデンに向かった。しかし彼女の心を一抹の不安がよぎっていた。自分が戻ってくる頃には、もはやビーコンズフィールドは首相ではないかもしれない。

強硬な帝国政策のツケは、女王自身の頭上にもふりかかってきていたのである。

第V章　二大政党の確執と女王の憂鬱

The feud between Conservative Party and Liberal Party, and the Queen's gloom

ビーコンズフィールドとの蜜月の終焉

一八八〇年四月、ヴィクトリア女王はドイツ南部の温泉保養地バーデン・バーデンで湯治をしていた。アフガンや南アフリカなど、さまざまな問題に追われた女王にとっては久しぶりにリラックスできるひとときとなるはずであった。しかし女王の心は落ち着かなかった。イギリスでは、議会が解散され、総選挙の真っただ中にあったのだ。しかも、彼女が心中秘かに支持する与党保守党は劣勢に立たされていた。

四月二日、そのような彼女の不安を現実のものにするかのような、絶望的な電報が届いた。ビーコンズフィールド首相からであった。「昨日の投票結果を見る限り、現在の陛下の政府の敗北は疑う余地がございません」。女王はこの「恐るべき電報」に湯治どころではなくなった。自由党が政権に就くとしたら、女王がこれまでビーコンズフィールド卿と進めてきた帝国政策や外交政策はどうなってしまうのか。彼らは常に保守党政府の政策を強硬策として議会の内外で非難し続けてきたのである。特に、一八七四年の総選挙で自由党が敗北を喫した後、翌年一月に党首から辞任していたグラッドストンは、政府への批判をもっとも声高に叫び続けてきた急先鋒であった。彼だけは首相に据えたくなかった。

女王は早速、イギリス本国に残っている秘書官サー・ヘンリ・ポンソンビに指示を与えた。帰国早々に、ハーティントン侯爵に会うつもりなので連絡を取るようにとの指示であった。ハーティントンは、グラッドストンが党首を辞任した後、下院指導者としてグランヴィル（貴族院指導者）とともに、自由党を支えてきた人物である。侯爵とはいっても、父のデヴォンシャ公爵が存命中の「儀礼上の爵位」にすぎず、彼は下院に籍を置いていた。ハーティントンは女王のお気に入りでもあり、ビーコンズフィールドが辞任したらすぐに彼を首相に据えようと考えていたわけである。

ところがここでポンソンビが待ったをかけた。まだビーコンズフィールド首相は女王に会って辞意を表明していないのだから、女王が勝手にハーティントンを招請しては困る。まずビーコンズフィールドと会見して、彼から「ハーティントン卿を招請するよう」助言を受けてから、ハーティントンを呼ぶのが筋であろう。至極もっともの見解だった。普段は国制の維持に厳格な女王ではあったが、このときばかりは秘書官に一本とられたかたちとなった。

女王がこのとき焦っていたのはほかでもない。グラッドストンに会いたくなかったのである。
四月二十二日、ウィンザーに戻った女王は、ビーコンズフィールド首相と会見した。六年にわたって彼女を首相として支えてくれた老伯爵に労《ねぎら》いの言葉をかけた後、女王は「予定どおり」彼からハーティントンを招請するようにとの助言を受けた。ここまではうまくいっていた。その日の午後三時に参内したハーティントンは、早速に女王から組閣を要請された。ところが彼は辞退してしまう。今回の総選挙では、自由党は四一四議席も獲得し、文字どおりの大勝利ではあった。対する保守党は二三八議席だった。しかしこのたびの勝利をもたらしたのは、近代的な選挙戦術を駆使して世論を動員した、前党首のグラッドストンにほかならなかった。貴族院指導者のグランヴィル、さらには日頃はグラッドストンに敵対的な党の長老政治家たちも同意見であった。

　女王はどうしてもグラッドストンを首相に据える気にはなれなかった。四男レオポルドを使って、彼の友人である自由党政治家たちから内々に情報を聞き出した女王ではあったが、やはり結果は同じであった。グラッドストンが入

イギリス歴代内閣（1868～1902）

内閣		期間	政権政党
第1次	ディズレーリ	1868. 2 ～68. 12	保守党
第1次	グラッドストン	1868. 12～74. 2	自由党
第2次	ディズレーリ	1874. 2 ～80. 4	保守党
第2次	グラッドストン	1880. 4 ～85. 6	自由党
第1次	ソールズベリ	1885. 6 ～86. 2	保守党
第3次	グラッドストン	1886. 2 ～86. 7	自由党
第2次	ソールズベリ	1886. 8 ～92. 8	保守党
第4次	グラッドストン	1892. 8 ～94. 3	自由党
	ローズベリ	1894. 3 ～95. 6	自由党
第3次	ソールズベリ	1895. 6 ～1902. 7	保守党

註）ディズレーリは1876年以降，ビーコンズフィールド卿に

閣しない限り、自由党政権は成立できない。しかし女王はハーティントンにも明言していたが、「グラッドストン氏には信頼を置いていなかった」。とはいえ、ここで女王がごねてしまったらいつまでたっても政権は成立しまい。ついに女王は折れた。グラッドストンを招請したのである。ここに七十歳のグラッドストンは首相の大命を拝受し、同時に自由党の党首にも返り咲いた。

グラッドストンとの複雑な関係

それではなぜ女王はここまでグラッドストンを嫌っていたのであろうか。彼は女王が即位する五年前、一八三二年の総選挙で初当選して以来、半世紀近くも下院議員を務めるベテラン政治家である。当初はトーリ（保守党）に属し、みるみるうちに頭角を現し、ピールの秘蔵っ子とも呼ばれる存在となった。このため、ピール政権では商務院総裁（経済産業大臣）、陸軍大臣兼植民地大臣を務め、その後のアバディーン連立政権や二度のパーマストン政権、ラッセル政権では蔵相を務め、イギリス財政の立て直しに功績のあった実力者であった。さらにさらに一八六八年には首相となり、先にも説明したが、さまざまな改革を実現して、六年間も女王を支えてきてもいた。

そのような彼がなぜ女王に嫌われるのか。実は、アルバート公の存命中は、グラッドストンは女王からもっとも信頼を寄せられる政治家の一人であった。それは彼女の人間観に絶大な影響を与えるアルバートの存在があったからであろう。アルバート自身が、ピールやアバディーン、そして彼らの子分でもあったグラッドストンに全幅の信頼を寄せていたのである。代わりに、パーマストンやラッセル、さらには保守党からピール派を追い出したディズレーリに対するアルバートの評価は低かった。

アルバートの急死がすべてを変えてしまったのである。一八七四年二月にディズレーリが首相となり、前章でも見たとおり、まさに女王と二人三脚でさまざまな政策を進めてきた。これにことごとく反対していたのがグラッドストンだった。スエズ運河会社の株式買収も「愚かな行為」と反発し、女王のインド女帝即位にも批判的であった。さらに一八七六年春に翌年からの露土戦争の原因となった、トルコ軍によるブルガリアでのキリスト教徒の大量虐殺の報が伝わってくるや、グラッドストンは『ブルガリアの恐怖と東方問題』と題するパンフレットを刊行した。イスラームの大国がキリスト教徒を虐待し、しかもそれに手を貸しているのが保守党政権であると主張するこの冊子は、なんと一ヵ月で二〇万部を売り切る大ベストセラーとなったのである。

もちろん、グラッドストンは露土戦争でもトルコ寄りの姿勢を示す政府を糾弾し続けていた。さらに、一八七九年からはアフガン戦争に拘泥《こうでい》する政府を批判し、スコットランドのエディンバラ郊外にあるミッドロージアン選挙区では、鉄道を乗り継ぎ、駅のホームや列車の窓から、そして大都市の公会堂で有権者を相手に精力的に演説を行い、ごり押しの帝国主義とも言うべき「ビーコンズフィールド主義」を攻撃した。この演説内容はすぐさま新聞でも報じられ、全国に拡がった。これが近代的な選挙戦術のはしりとも言うべき「ミッドロージアン・キャンペーン」である。七九年の十一月から翌年二月まで行われたこの戦術が功を奏して、総選挙での自由党の大勝利が実現したのだ。

女王にとってグラッドストンはいまや大敵であった。彼女の支持するビーコンズフィールド政権の政策をことごとく非難し、大衆を煽動して自らの理念や政策を金科玉条のごとくに振りかざしてくるこの「人民のウィリアム」(グラッドストンのあだ名)」に我慢ならなかった。第一次政権を手放してからわずか五年ほどでグラッドストンに対する女王の評価は一八〇度変わってしまっていたのである。それを助長したのが彼の最大のライバルでもあったビーコンズフィールドだった。

女王はまたグラッドストンの杓子《しゃくし》定規な態度も気に入らなかった。ビーコンズフィールドが普段の立ち居振る舞いは言うに及ばず、女王への報告書や書簡でも、いかにも小説家出身らしい洒脱な文章で彼女の心の琴線に触れて喜ばせていたのとは対照的に、グラッドストンにとって女王はあくまでも「国制の一部」にすぎなかった。

とはいえ、もはや後には引けない。グラッドストンは有権者の大半の支持を背景に、第二次政権を樹立することになったのである。しかし、このの二人の関係を象徴するかのように、首相と女王とは早くも内閣の人事問題からして衝突する運命にあった。

最初の対立――ディルク入閣問題

一八八〇年四月二十八日、グラッドストン首相は閣僚名簿を手にウィンザー城に女王を訪ねた。政界歴半世紀を迎えるこの「老大人（Grand Old Man：一八八〇年頃からグラッドストンに付けられたもう一つのあだ名）」も、内心冷や冷やしながらの参内であった。名簿のなかに女王が明らかに反対してきそうな名前が二つ書かれていたからである。

一人は商務院総裁に予定されていたジョゼフ・チェンバレン。工業都市バーミンガムでのネジの製造業で巨万の富を築き、世論を煽動できる政治組織を形成して、バーミンガム市長としても名声を高めた人物である。四年前から自由党下院議員に転身し、全国的な規模で自由党を引っ張っていけるだけの逸材として、グラッドストンも注目していた。今回の組閣にあたり、彼には是非とも入閣してもらいたい。しかし、市長時代から急進的な政治姿勢で知られており、女王はその点が気にかかったのだ。チェンバレンは中央政界に進出してからは、バーミンガム時代とは異なり、急進的な言動は慎むようになっていた。グラッドストンもその点を強調して、女王は納得した。

問題はもう一人のほうだった。チェルシー選出の下院議員サー・チャールズ・ディルク。言わずと知れた共和制論者の急先鋒である。これより九年前、女王やバーティが病気にかかり、新聞をはじめ国民全体が王室への批判を控えるようになったなかで、相変わらず一人で気を吐いていた人物だった。ディルクの少年時代に頭をなでて可愛がったこともあるのに、「なでる方向を間違えた」とまで言わせただけあって、女王はディルクの入閣には断固反対であった。すでにバーデン・バーデンで保守党の惨敗を聞いた四月初めの時点でも、「どうしても彼の入閣が必要だとしても、あくまでも下級閣僚でしか受け入れないつもり」と女王は心に決めていた。

グラッドストンは、この女王の気持ちを慮《おもんぱか》って、ディルクをいますぐ入閣させるのは控えることにした。ディルクはまだ三十七歳と若く、彼ほどの実力があれば今後いくらでも大臣になれる。まだ焦る必要はない。グラッドストンは彼を外務政務次官として女王に推挙した。しかしこの「外務」が女王には気に入らなかった。外交と言えば、女王がもっとも関心を寄せる分野の一つである。それをあんな若造に任せられるのか。かつての保守党政権でのダービ外相の二の舞になるのではなかろうか。このたびの自由党政権で外相に就く予定となっていたのは、第一次グラッドストン政権のときと同じく女王の親友グランヴィル伯爵だった。女王はグランヴィルに、ディルクが正式に女王にかつての非礼を詫びない限り、たとえ政務次官でさえも就けたくはないと明言した。

そこで、ディルクはグランヴィル宛に弁明の書簡を送ってきた。自分が共和制への移行を提唱したのは、まだ議員になりたての頃で、浅はかであった。現在では、この国にはきちんとした立憲君主制が確立されているのであり、共和制など必要ないと確信している。書簡の内容は概《おおむ》ねそのようなものであった。グランヴィルはすぐさま、この写しを女王に転送した。女王もこれで納得した。ただし、「今後とも王室費にケチを付けるような言動は慎むように」と釘《くぎ》を刺すことだけは忘れなかった。

こうして、ディルクは第二次グラッドストン政権の外務政務次官に就くことができた。とはいえ、女王には内心不安な点もあった。外相は貴族院議員のグランヴィル伯爵であるから、下院における外相代行がディルクということになる。はたしてこの男に任せて大丈夫か。結果は杞憂《きゆう》に終わった。共和制問題では正反対の立場にあった女王とディルクではあったが、こと外交については政策が完全に一致していたのだ。ディルクは女王と同様に、ヨーロッパ国際政治のなかでイギリスの大国としての立場を守り、世界大のスケールでは帝国の維持・拡大に熱心な政治家だったのである。その点で、女王は少しだけディルクを見直した。

アイルランド土地戦争

閣僚人事も無事に調整が終わり、五月からいよいよ第二次グラッドストン政権は本格的に活動を開始した。その自由党政権が真っ先に対処に追われた問題、それがアイルランドにおける土地問題だった。第一次政権のときにも、グラッドストンはアイルランド国教会制度の廃止や土地法の制定などで、アイルランド改革を試みてはいた。しかし、一八七九年の穀物の不作にともなう農業不況で、地主と小作農との対立は再燃した。ここにチャールズ・ステュアート・パーネル率いるアイルランド土地同盟が登場する。彼らは、借地権の安定（Fixity of Tenure）、公正な地代（Fair Rent）、投下資本の自由売却（Free Sale）という、俗に「三F」と呼ばれた借地農民たちの長年の要求を掲げていた。

そのような矢先に一つの事件が生じた。それはアイルランド北西部のメイヨー州にアーン伯爵が所有する土地で起こった。伯爵が土地の差配人に任じていた退役の陸軍将校が、いつものとおり地代を借地農たちに要求した。しかし、前年の不作のせいで要求どおりの地代など支払ったら飢え死にしてしまう。彼らは生存ギリギリの妥当と思われる額の地代しか納めようとしなかった。もちろん差配人はそんなもの受け取れないと突っぱねた。

そこで農民たちは一計を案じた。差配人の屋敷に奉公する村人たちとも共謀し、今後いっさい彼とは接触を絶つことにしたのである。それまで勤めていた使用人、洗濯女、馬の世話係、差配人自身の農場で働く労働者はみな辞めていった。郵便配達人は彼への郵便物を渡すのをやめた。村の商店はことごとく彼に品物を売ることを拒んだ。ついに差配人は餓死寸前のところまで追いつめられ、降参したのである。

差配人の名前はチャールズ・ボイコット大尉。土地同盟は、このメイヨーで成功を収めた戦術をアイルランド全土の農場に喧伝した。「ボイコット」と呼ばれる戦術のはじまりである。一八八〇年十一月には、アイルランド各地の地主や差配人たちから、「自らの命が危険にさらされているので助けて欲しい」との嘆願書が女王のところにも頻繁に届けられるようになった。女王も「ボイコット」運動の拡がりを憂慮せざるをえなくなった（ちなみに女王の書簡の中に初めて「ボイコットする（boycotting）」という言葉が出てくるのは八二年六月のグラッドストン首相宛のものである）。しかるに、アイルランド担当大臣からは何の情報もない。女王は、大臣かアイルランド総督からしかるべき情報を得る権利が自分にはあるはずであると首相や大臣たちに要求した。

八〇年十二月、女王はグラッドストン首相と会見した。首相は、女王から要請されているとおり、土地戦争と呼ばれるアイルランドの地主＝小作農間の闘争を鎮めるための治安維持立法の制定も必要であるが、同時に土地問題の解決を図る新たな立法も必要であろうとの見解を示した。女王も小作農たちをあまりにも追いつめるような地代の要求には反対だったが、逆に地主たちの収入を過度に圧迫する法律の制定にも慎重だった。「女王は帝国の改善については、真に自由主義的な見解をもってきましたが、あまりにも改革を進めすぎることには心から断固として反対します」。しかし首相は年末の閣議で、アイルランドに新たなる土地法を制定することを決定したのである。

二人の忠臣との別れ

翌一八八一年度議会は、この新しいアイルランド土地法問題をめぐる審議で幕を開けた。アイルランド選出下院議員の大半を占めるパーネル派は、土地法案に反対する議員たちへの示威行動として、しばしば議事を妨害した。女王は、先の土地法（一八七〇年）を修正する程度の改革であれば支持すると首相に伝えてはいたが、パーネル派の口車に乗せられてさらなる急進的な改革は進めないようにと釘を刺しておいた。しかし、事態は女王の思うようには進まなかった。グラッドストンは、パーネル派が訴える「三F」の保証を盛り込んだ法案を議会に提出する構えを見せていたのである。

四月初め、この法案に反対して閣僚が一人辞任した。玉璽尚書《ぎょくじしょうしょ》（女王の御璽を預かる閣僚）のアーガイル公爵である。スコットランド有数の地主貴族でもある公爵は、あまりにも借地農寄りにつくられた法案に我慢がならなかったのである。女王にとってアーガイルの辞任は衝撃的だった。彼はグランヴィル外相と並んで、女王がこの「急進的《ラディカル》な政府」のなかで特に信頼を寄せていた古くからの友人だった。それどころか、四女ルイーズは彼の長男の嫁だったからでもある。女王は、アーガイル辞任を受けて、グラッドストンに書簡を送った。「法案を貴族院でも通過させるためには、もっと内容を緩和してはどうか」。穏健な自由党のアーガイル公でさえも反対するような法案に、はたして保守党が賛成票を投じるか。しかも、貴族院は保守党の牙城《がじょう》とも言っていいほどに、野党側の勢力が強大だったのである。

アーガイル辞任の直後、女王にさらなる衝撃的な知らせが届いた。ビーコンズフィールド伯爵が死去したのである。享年七十六。すでに首相在任中から病弱であったとはいえ、政権を手放してからわずか一年で逝ってしまうとは、女王にもショックであった。訃報を聞いた四月十九日の日誌に彼女はこう記している。「彼はもっとも賢明な相談役であったばかりでなく、最良で、もっとも献身的で、優しかった友人の一人であった」。

それに引き替え、現政権の主は優しいどころか、アイルランド問題を独り占めにして、女王にも他の閣僚にも情報を与えようとしない。ビーコンズフィールド卿が政治外交の表舞台から姿を消し、イギリスではグラッドストンが、ヨーロッパではビスマルクが、それぞれ専横ぶりをきわめているではないか。女王の心中は憂鬱だった。四月三十日、葬儀を終えた後のビーコンズフィールドの墓地を訪問しに、女王はロンドン郊外のヒューエンデンを訪れた。老伯爵の死でますます強まる内憂外患を乗り切る強い覚悟を、女王はいまは亡きこの老臣の墓に誓ったのである。

ビーコンズフィールドの死は、保守党にとっても一つの時代の終わりであった。老伯爵があまりにもあっけなく世を去ったので、後継者などまだ決まっていなかったのだ。単独の党首はしばらく置かず、下院は蔵相などを務めたサー・スタフォード・ノースコートが、貴族院は外相などを務めたソールズベリ侯爵がそれぞれ指導者を務める二人指導体制となった。しかし、自由党の「老大人《グランド・オールド・マン》」を相手にする場合、保守党党首の座はおのずと決まっていった。下院でグラッドストンと対峙するノースコートは、以前グラッドストンの私設秘書官を務めた経験があった。その後、彼から離反したものの、相変わらずかつての上司《ボス》には頭が上がらない部分があった。

むしろ、グラッドストンとの対決姿勢は、別の議院で圧倒的な勢力を背景に示していくのが効果的だった。ビーコンズフィールド死去の四ヵ月後、八月初めに議会は揺れ動いた。下院を通過したアイルランド土地法案が貴族院で何度も修正の憂き目にあったのである。一週間にわたって続いた与野党の駆け引きののちに、八月十五日に法案は可決（二十二日制定）された。このとき、ソールズベリはまだ五十歳という年齢にもかかわらず、老獪なグラッドストンやグランヴィルという自分の父親世代のベテラン政治家に一歩も引けを取らず、駆け引きを展開した。ビーコンズフィールドが亡くなってわずか数ヵ月後には、この国の議会政治がグラッドストン（自由党優位の下院）とソールズベリ（保守党優位の貴族院）という対立構図に早くも移り変わっていくことを予感させるような出来事であった。

その二日後、女王は今後の議会政治の混乱を憂慮して、グランヴィルにこう伝えた。「このたびの貴族院の態度にも問題はあるが、グラッドストン首相の高圧的で独裁者のような態度もよくないのではないですか。下院と貴族院がこのように争い合うとは、パーマストン卿やジョン・ラッセル卿の時代にさえ起こらなかったことですよ」。しかし女王も、自分がこのわずか三年後には、国論を二分するかのような両者の深刻な確執を調停する役割を担うことになろうとは思ってもみなかったのである。

パーネルをめぐる複雑な駆け引き

アイルランド土地法が成立して二ヵ月後の十月十三日、アイルランド相のウィリアム・フォースタから女王に電報が届いた。これまで議会の内外で世論を煽動してきたパーネル議員が逮捕されたというのである。女王は満足した。パーネルは土地法を成立させたのちは、国家の財政援助で土地を購入し、自作農化を進めるとともに、今度はいよいよアイルランドに自治（Home Rule）権を与える政策へと政府を誘導しようと試みていたのである。彼らの要求は当時のグラッドストンの意図をはるかに超えるものであった。

八一年の年末、女王は首相に次のような書簡を送りつけた。「アイルランドを混乱に陥れている煽動者《アジテイター》たちを逮捕すべく、さらなる努力を望みます。……もし兵力が足りないようであれば、もっと部隊を送り込みなさい。もし彼らを罰しえない法律しかないのなら、効力を持たせるように整備しなおしなさい」。女王は何かというと王室を愚弄《ぐろう》するパーネルの態度に我慢ならなかった。パーネルは、先年アイルランドで狩りを楽しんだオーストリア皇后で美人の誉れ高いエリーザベトに、「再び平和なアイルランドを訪れて欲しい」との書簡を送るとともに、エリーザベトの記念碑もつくりたいと申し出てきた。これは、君主でありながらアイルランドをなかなか訪れようとしない、ヴィクトリア女王に対する当てつけの意味も込められていたのであろう。

ところが、グラッドストンの考えは少々違っていた。翌八二年二月に、首相は女王に「将来アイルランドに自治権を与えることも視野に入れて」政策を進めていきたいと伝えたのである。議会内には、アイルランド国民党と呼ばれるパーネルのグループがいた。彼らは一八八〇年総選挙で六四議席を獲得しており、自由・保守に続く第三党の位置にあったのだ。しかも、八一年二月の議事妨害の事例からもわかるとおり、議会政治にとっても無視しえない存在になりつつある。議会外では、八二年から新たにアイルランド国民同盟が結成され、自治権獲得に向けて本格的に運動がはじまりつつあった。

もちろん、女王はアイルランド自治化には反対だった。ビーコンズフィールド政権時代から、グラッドストンを「半分狂人のような男」と呼んでいた女王ではあったが、ますますそれを確信するようになった。しかも彼はいま首相なのである。

女王をさらに憂鬱にさせるような知らせが届いたのはそれから二ヵ月後のことであった。五月一日、グラッドストン首相は翌二日にキルメイナム刑務所に収監されているパーネルら三名の議員を釈放するつもりであると女王に伝えてきたのだ。彼らがアイルランドの内外で行っている非合法な活動を停止すれば、政府としてはアイルランドへのさらなる宥和《ゆうわ》政策を進めるとのグラッドストンとパーネルの密約が取り交わされたのである。釈放はその政策の一環であった。女王は開いた口が塞《ふさ》がらなかったが、彼女だけではない。アイルランド相のフォースタも、自らの与り知らない間に首相が勝手に進めた密約に激怒して辞任した。後任にはフレデリック・カヴェンディッシュ卿が就くことになった。

その新大臣カヴェンディッシュがダブリンに着任早々、事務次官のトマス・バークとフェニックス・パークを歩いていたところを、フィニアン団員によって刺殺されてしまった。五月六日のことである。女王はグラッドストンがアイルランドに甘い政策を採るものだから、彼らがつけ上がってこういう結果になったのだと、首相を叱責した。しかし彼女もそれ以上は強くは言えなかった。殺されたカヴェンディッシュは、政府のインド相ハーティントン侯爵の実弟であったばかりでなく、その奥方はグラッドストン夫人の姪（妹の娘）だったのである。しかし身内を亡くしてみて、グラッドストンもようやく己の愚に気がついたはずだと思った。

引退しない老大人

しかし、女王の読みは甘かった。グラッドストンは「狂人」かどうかは別として、「常人」ではなかった。身内を暗殺されようが、アイルランド問題の解決にさらに邁進しようと決意していたのである。女王は皇太子バーティにこう伝えた。「この恐るべき急進的な政府には、見えすいた仮面を被った共和主義者どもが大勢いる。しかも彼らは「アイルランド」自治推進派にペコペコしている。グラッドストン氏が犯した過ちは計り知れないものがある」。

女王はグラッドストンには早々に引退してもらいたかった。アイルランド土地法も成立したのだから、ハーティントンあたりに道を譲って、田舎で悠々自適の生活を送ってもよいではないか。そもそも彼が首相に返り咲いたとき、七十歳を超える年齢のこともあり、アイルランド問題に一定の目処《めど》が付いたら引退すると言っていたはずだ。

しかし、グランヴィル外相からの情報によれば、首相は辞めるつもりはないようだった。それどころか、八二年の年末には内閣改造に乗り出す始末であった。まずは一八八〇年の政権成立当初に、女王の反対に遭って閣僚になれなかったディルク外務次官を入閣させたいと首相は打診してきた。女王は今回は反対しなかった。二年間にわたり、ディルクの外交姿勢を見てきた女王は、「彼の外交感覚は正しい」。この国が維持すべき名誉を心得ている」との印象を彼に対して抱くようになっていたのである。ディルクは地方行政院総裁として晴れて入閣できることになった。

実は、今回の内閣改造で女王が是が非でも阻止しようと考えていたのは、ディルクの人事ではなかった。四年前に露土戦争の問題をめぐって外相を辞任し、保守党を離れて自由党へと移籍した、ダービ伯爵のインド相への入閣だった。女王は反対した。「ダービ卿の入閣は何の利益をもたらしません。閣内に面倒を持ち込むだけです」と主張した。しかも、自らが女帝《エンプレス》を務めるインド帝国の維持・運営について本国から指示を与えるインド省を彼に統括させることなどもっての外だった。

グラッドストンも負けてはいられなかった。閣僚経験者で大物のダービに入閣してもらい、政権をさらに強化したかったのである。とはいえ、彼も妥協せざるをえまい。ダービは植民地相として入閣させ、インド相には植民地相だったキンバリ伯爵を横滑りさせることにした。当時の植民地相の仕事は重責ではなく、自治領となっていたカナダはもとより、オーストラリアやニュージーランドなども現地の総督に一任できたのである。女王も内心忸怩たる思いはあったものの、これで一応は納得した。

ところが翌八三年一月、オズボーン・ハウスでハーコート内相と会見した女王は、意外な情報を耳にした。グラッドストンが風邪をこじらせて体調を崩しているというのである。体力に自信がある首相とはいえ、七十三歳の高齢のこと、しかも内相によれば容態は深刻だという。すぐにグランヴィル外相に女王は問い合わせてみた。議会開会まで二週間足らずだというのに、首相は復帰できるのか。高齢と健康のことを考えれば、彼に爵位を与えて下院での激務から解放してやってはどうか。一見、首相に対する気遣いからの言葉にも思えるが、女王としてはこの老大人を体よく追い払いたかったのである。

グランヴィルも女王の考えに同感だった。彼自身もすでに六十八歳になろうとしており、体力の衰えを痛切に感じていたのだが、首相はさらに五歳年上なのだ。ここは伯爵にでもなって貴族院へ移り、下院の指導はハーティントンに任せる潮時ではないか。とはいえ、外相もグラッドストンとは長年の付き合いである。グラッドストンが爵位を受けるとは到底思えなかった。何しろ議会政治の本道は下院にあるとの強い信念を抱いていた人物である。

首相自身の見解も徴し、新年度議会はグランヴィルとハーティントンが任されることになり、グラッドストンは復活祭《イースター》まで南フランスのカンヌで休養することに決まった。女王はこの老大人をしばらくは厄介払いできたのだが、強靭《きょうじん》な体力を誇るこの老首相はすぐに健康を恢復して三月初めにはロンドンに舞い戻ってきた。もちろん、爵位など受ける気はさらさらなく、そのまま下院議員として首相職を続けていくことになった。女王は大いに落胆した。

与野党の対立と女王の登場

しかしグラッドストンは、何も権力にしがみついていたいから首相を続けていたわけではない。彼には成し遂げなければならないさらなる改革があったのだ。それがまず議会改革だった。彼を政権の座に就けた一八八〇年の総選挙では、史上空前の汚職が相次いだ。たしかに有権者が増えることは、民主主義の観点からは決して悪いことではない。しかしその彼らのすべてが政策に精通しているわけでもなければ、政治に深い関心を示していたわけでもない。大衆民主政治が進めば、それだけ金権政治も根づく可能性は高い。その悪例が、一八八〇年の総選挙であった。

一八八三年八月、政府は一つの法案を議会で通過させた。腐敗および違法行為防止法の制定である。それは立候補者本人が買収などを行った場合には、その選挙区では永久に立候補できない。選挙資金の出入りも明瞭《めいりょう》にし、選挙運動員が不正をはたらいた場合でも当選は無効となり、連帯責任をとらせる。さらに法定選挙費用にも制限を設ける。この厳しい政策は、グラッドストン政権が進めようとした次なる議会改革の伏線となった。それがさらなる選挙法の改正である。

先の一八六七年の選挙法改正では、労働者階級（世帯主に限る）にまで選挙権が拡大されたとはいえ、それは商工業の好景気に後押しされた工場労働者階級、すなわち都市に住む労働者への拡大であった。そろそろ地方の労働者、特に農場や鉱山で働く労働者にまで選挙権を与えてもいい頃だ。一八八四年度の議会に、政府は新しい選挙法改正法案を提出した。

これに真っ向から反対したのが野党保守党であった。選挙権を拡大するのは反対ではない。しかし、自由党が新たに選挙権を与えようとしている、中小都市、農村、スコットランド、ウェールズはすべて自由党の支持基盤となっている地域だった。当時、保守党はロンドンなど大都市を基盤とするようになっていた。もし、大都市に議席をさらに増やして、人口比に基づく定数是正を行うのであれば、自由党の改正案に賛成してもよいというのが保守党側の見解だった。これには今度は自由党側が猛反発した。

自由党政府の出した改正案は、その圧倒的な議席数を背景に下院は通過することに成功したが、上程された貴族院では今度は保守党側の攻勢を受けてあえなく否決されてしまった。三年前にアイルランド土地法案をめぐって見られた、自由党優位の下院と保守党優位の貴族院の対決という構図が、またもや姿を現したのである。

議会を一時休会にしたのちの八月、ついにグラッドストンは女王に援護を要請した。今回はたしかに、アイルランド土地法案のとき以上の抗争に発展する危険性があった。女王は、選挙法改正案をめぐる与野党の攻防についてのこれまでの経緯を、匿名で概要のかたちにして、秘書官のポンソンビに渡すように秘かに首相に指示を送った。休会明けの議会で貴族院が再び法案を否決したら、国民も黙ってはいなくなるかもしれない。女王は、野党側の説得にも尽力はするが、その間に与党側も妥協案を検討しておくようにとグラッドストンに再度念を押すことになった。

九月にはいり、女王は貴族院に勢力を有するリッチモンド公爵と会見した。公爵と会ってみると、法案をめぐって意地の張り合いをしているのは、グラッドストンとソールズベリの二人であるとわかった。ソールズベリは、大都市の議席を増やす議席再配分法案も同時に提出するのであれば、選挙法改正にも賛成しようと頑なであった。対するグラッドストンは、貴族院改革をも視野に入れて、国民のための改正を貴族たちが阻止していると、議会外での演説会などで世論を煽動していた。これには女王が激怒した。「彼はいまは黙っていなければならない、そしてより協調しうる提案を準備しなければならない」。女王は、いま自分が調整に乗り出そうとしているのに勝手に世論を煽動するなと秘書官のポンソンビを介してグラッドストンに釘を刺すことにした。他方のソールズベリに対しても、リッチモンド公爵を媒介役に、政府に対する貴族たちの反発を和らげるよう要請した。

十月初旬、女王は親友でもあるアーガイル公爵にこう洩らした。「政党がこの国を滅ぼそうとしています。私は長い間、両党を牽制するために、第三党を形成してはどうかと思ってきました！　貴族院に第三党をつくり、貴卿の指導の下で率いてはどうですか。……我々はこの国と国制とを守らなければなりません。そのためにも貴卿のお力添えが何としてでも必要です」。二大政党制がイギリス政治に根づくなかで、女王は三党鼎立《ていりつ》論ともいうべき考えから、保守・自由両党の抗争に水を差したかったのであろう。

女王の斡旋と両巨頭会談の実現

しかし、アーガイルを指導者とする第三党など実現できない状態にあった。十月半ばを過ぎても、与野党の間に合意は見られなかった。女王は、ハーティントン、ノースコートなど、穏健な指導者層を動かして両党に妥協点を探らせようとしたが失敗した。女王は再びアーガイル老公に意見を求めた。彼はスコットランドの所領で病気療養中であり、女王の御前には伺候できなかった。そこで彼の長男であり、女王にとっても義理の息子にあたる、ローン侯爵に伝言を託した。問題を解決するには、女王自らがグラッドストンとソールズベリに直々に書簡を送り、彼らに直接会談を行わせるべきである。

女王は、与野党いずれにも与《くみ》しないアーガイルに斡旋役を頼みたかったが、それは無理だった。たしかに彼は、このたびの騒動に直接的に巻き込まれてはいない。しかし彼は自由党に属する貴族院議員なのだ。いくら騒動に巻き込まれておらず、グラッドストンの進める強硬な改革に批判的ではあれ、世間は彼を「グラッドストンの子分」としか見なさないであろう。何よりも、グラッドストンもソールズベリも彼の斡旋に従うはずなどない。

結局、女王自身が動くしかなかった。十月三十一日、女王はバルモラル城からグラッドストンとソールズベリという与野党の両巨頭に書簡を送った。ここは二人が直接会って話し合うべきである。このときまで両巨頭は決して会おうとはしなかった。しかし女王からの直々の要請ともなれば話は別である。まずは周辺の指導者層同士で予備交渉が行われた。今年度の議会で選挙法改正案だけ通して、来年度の議会では早々に議席再配分法案を上程し、これも通すという方向でどうか。保守党内には、両法案を同時に出すべきだとの声も上がった。また議席の再配分のあり方についても、さらなる交渉が進められた。

十一月半ば、ようやく与野党の間で妥協点が見えてきた。それまでは自由・保守双方の対立があまりに激しかったこともあり、女王はいずれにも与していない中立的な立場を保つために、スコットランドのバルモラル城にとどまり続けていた。与野党の間に解決の糸口が見え、ついにグラッドストンとソールズベリの直接会談が実現するとの情報をもとに、女王はようやくウィンザーに戻ってきたのである。その間、与野党間の指導者層を実際に仲介したのは、女王秘書官ポンソンビであった。

十一月十九日、ダウニング街一〇番地の首相官邸で両巨頭の直接会談が行われた。自由党からは貴族院指導者のグランヴィル外相、保守党からは下院指導者のノースコートも出席した。一時間ほどの会談で、議席の再配分は保守党側に有利なかたちで進められることが完全な極秘事項として話し合われ、自由党が検討している配分リストの写しも秘かにソールズベリに渡された。こうして一回目の両巨頭会談は終始和やかな雰囲気で幕を閉じた。保守党幹部層でこれまた極秘に自由党案が検討され、一週間後に両巨頭会談は再び行われた。両者はついに合意に達し、ここに三ヵ月以上にわたってイギリス政治を混乱に陥れてきた、選挙法改正をめぐる与野党の攻防に終止符が打たれることになった。

翌十二月、地方の選挙区（州選挙区）にも都市部と同様の規定が適用され、第三次選挙法改正が実現する。有権者は四四〇万人に拡大した。そのうちの六割は労働者階級が占めるようになっていた。また翌年の六月には議席再配分法案も議会を通過し、ロンドンなど大都市の議席が増えるとともに、若干の選挙区を除いた、イギリス全土の選挙区が一選挙区一議員という小選挙区に改められた。

グラッドストンもソールズベリも、女王陛下による「強力な仲裁」に最大限の感謝の意を表した。男性の四人に一人が選挙権を得られる時代になり、自由党も保守党も全国的な規模で組織化が進むようになった一八八〇年代の半ば、イギリスには大衆民主政治がますます定着するようになっていた。グラッドストン政権が成立した一八八〇年の夏、議会では隣国フランスの「民主主義的な共和制」に触発された自由党左派の議員が、「民主主義的な君主制(Democratic Monarchy)」をこの国にも実現してはどうかなどと発言していた。女王はこの発言に激怒したとされている。

しかし、それからわずか四年後にその議会内が真っ二つに分かれたとき、民主主義など標榜《ひょうぼう》しなくとも、女王は見事に立憲君主制を維持し続けていることを世に知らしめたのである。いつしか在位半世紀を迎えようとしていた、老獪な女王ならではの調整力だった。

スーダン問題の深刻化

一八八四年の夏から秋にかけて、選挙法改正をめぐる与野党の対立を収めた女王ではあったが、そのさなかに早くも彼女の関心は別の問題に向けられていた。それはイギリスからはるか彼方、北アフリカのスーダンで生じつつあった一つの事件であった。

イギリス政府が一八七五年にスエズ運河会社の株式を買収した直後、エジプトは財政的に破綻《はたん》を来し、英仏の資本家が財政や公共事業を司る閣僚として入閣する「ヨーロッパ内閣」が誕生した。これはエジプト民族主義の火に油を注ぐ結果となった。八一年二月、農民出身の陸軍将校アフマド・オラービー大佐を指導者とする反乱が勃発した。俗にオラービー革命と呼ばれる反乱である。この動きはエジプト中に拡がり、経済を牛耳るヨーロッパ人に対する排外運動にもつながった。翌八二年六月にはイギリス人を含むヨーロッパ人が虐殺された。これに対する報復措置として、七月にはイギリス海軍がアレキサンドリアを砲撃し、さらには陸軍も上陸して、イギリスによる軍事介入が本格化した。九月十三日、オラービー軍はイギリス陸軍に敗北し、翌日降伏した。

このエジプトとの戦いに、当初は皇太子バーティが従軍を希望したが、王位継承者第一位にある彼に万一のことがあっても困る。それと同時に、彼の指揮ぶりには陸軍も政府もさらには女王自身まで信頼を寄せていなかったのが現状であった。バーティは仕方なく諦めたが、九歳年下の弟で女王の三男コンノート公爵アーサー王子が出征することになった。そして彼はオラービー軍を降伏させた決定的な戦いで武勲を示したのである。司令官ウォルズリ将軍に女王はこう誇った。「彼の偉大なる名付け親《ゴッドファーザー》を彷彿《ほうふつ》とさせる軍功です」。王子はアーサー・ウェルズリ、かのナポレオン戦争の英雄ウェリントン公爵から名前をもらっていたのである。十一月半ば、帰国したエジプト遠征隊がウィンザー城の中庭に整列し、女王から一人ひとり勲章を授けられた。そのなかにはもちろんアーサー王子の姿もあった。女王の足下には、オラービーが使用していた豪奢《ごうしゃ》な絨毯《じゅうたん》が敷かれていた。

ところが、エジプトでの騒動は次なる反乱の導火線にすぎなかった。エジプトの南に拡がる広大なスーダンで、オラービー革命と同時期に反乱の狼煙《のろし》が上がっていたのである。こちらの首謀者は預言者ムハンマドの家系を名乗り、自らを「救世主（マフディー）」と称するムハンマド・アフマドであった。それまで事実上はエジプトの支配下にあったスーダンは、イギリスによるエジプトの実質上の保護領化にともない、イギリス・エジプトの共同統治下に置かれる可能性が高まった。ここにマフディー運動と呼ばれる全国的な反乱がはじまった。

一八八二年十月のことである。

ヴィクトリア女王も、この「偽の預言者とやらがハルトゥーム（スーダンの首都）に迫りつつある」反乱の第一報が伝わったとき、エジプトのときと同様にこれを粉砕しようと考えていた。ところが今回はそうもいかなかった。反乱に加わる勢力は日増しに膨れあがり、翌八三年十一月にはイギリスのヒックス将軍率いるエジプト軍がマフディー軍に大敗を喫してしまった。エジプト副王でさえスーダンの支配を諦めるようイギリスに提言してくるほどであった。この危機を救えるのは、大胆な作戦を実行に移せる勇気ある男しかいない。そこで目を付けられたのが、チャールズ・ゴードン将軍である。クリミア戦争にも従軍し、第二次アヘン戦争での勇姿から「中国《チャイニーズ》のゴードン」の異名を取った英雄だった。女王もこの人事には満足であった。

翌八四年一月、ゴードンはスーダン総督としてハルトゥームに派遣された。しかしこのときは逆にゴードンの無鉄砲さが仇《あだ》となった。二月にはハルトゥームはマフディー軍に完全に包囲された状態となった。事態がさらに深刻化するなかで、女王はグランヴィル外相やハーティントン陸相にゴードン救出を打診するが、彼らの返事は一様に「その必要はございません」であった。これまでグランヴィルをよき友人として頼ってきた女王の考えもここで一変した。「グランヴィル卿には信頼を置けません。彼は水のように弱い男です。思うにダービ卿の影響ではないですか？」と秘書官のポンソンビに嘆く有様だった。

政権の主グラッドストン首相も外相や陸相と同じく、ゴードン救出の必要性を感じていなかった。むしろ、ゴードンからスーダンの実情を伝える情報が届かないことにイライラしていたほどだった。ゴードンからの情報は六月になっても届かなかった。その間に、イギリス議会では四月から五月にかけて第三次選挙法改正案をめぐり下院で審議が続けられ、これが通過すると、六月にはいよいよ貴族院に回される運びとなった。ところが、七月九日の貴族院第二読会《どっかい》（イギリス議会では下院・貴族院の双方で、第一読会→第二読会→委員会→第三読会を通過して法案可決となる）で法案が否決されてしまった。首相にとっていまはゴードンどころではなくなったのである。女王の焦りは増すばかりとなった。

ゴードンの死と女王の怒り

ゴードンとイギリス本国との連絡が途絶えてから久しい十一月十五日、ドイツ帝国の首都ベルリンでは、ビスマルクを議長役に一四ヵ国からの代表を迎えて華々しく国際会議が開幕した。ベルギー国王レオポルド二世（ヴィクトリア女王の従弟）が植民・開発を進めるアフリカ中央部のコンゴとその周辺をめぐる列強間の縄張りの画定が目的の会議であった。イギリスも代表を派遣していたものの、グラッドストン政権自体はあまり関心を示していなかった。それもそのはず、当時は女王の斡旋でグラッドストン自身とソールズベリとの直接会談が行われる直前のことであり、コンゴ川の自由貿易協定など二の次とされたのである。

しかし女王は違った。選挙法改正をめぐる与野党の対立が終息した直後から、彼女の関心はアフリカに向けられていた。翌八五年一月、ベルリン会議でアフリカをめぐる細かい交渉が続けられているなかで、女王は「ドイツが我々の植民地問題にあれこれ注文を付けてくる」ことに不快感を抱いており、グランヴィル外相にもその点を注意しようと考えていた。その矢先、ナイル河畔のアブクレアでイギリス軍がマフディー軍を退けたとの情報が伝わってきた。女王は大喜びし、すぐに司令官ウォルズリに祝電を打った。ところが、これに横槍を入れてきた人物がいた。ハーティントン陸相である。いくら女王陛下とはいえ、陸軍に対するいかなるメッセージもそれを管轄する陸軍大臣を経てから送られるべきであるとの国制論をふっかけてきたのである。

これに女王が激怒した。ゴードン救出に乗り出しもしないで、よりによって自分に議論を挑んでくるとは何事か。女王は秘書官ポンソンビにこう伝えた。「将軍たちに直接祝電を送ったほうが彼らも喜ぶし、効果も上がります。女王は彼女の将軍たちに直接電報を送っているし、これからもそうするつもりです。ハーティントン卿の手紙は、語調があまりにも差し出がましく、生意気に聞こえます。女王は相手が誰であろうとも、祝電や問い合わせの電報を打つ権利を有しており、指図を受けるつもりはありません。女王には機械になるつもりなど毛頭ありません」。ポンソンビは苦労しながら語調を温和に改めて、ただし趣旨はきちんと陸相に伝えた。

ところが、勝利の喜びは瞬く間に消えてしまった。女王が怒りの書簡を秘書官に送った二日後、一八八五年一月二十六日、ハルトゥームはついにマフディー軍によって陥落させられたのである。ゴードン総督は彼らが放った槍で命を落とした。この知らせは、一週間ほどのちの二月五日、オズボーン・ハウスの女王の許にも届けられた。「朝食の後、恐るべき知らせを受け取った。ハルトゥームが陥落した。ゴードンの運命は定かではない！　すべては政府の責任である」。女王のその日の日誌である。

すぐに彼女は、首相・外相・陸相に同じ文面の電報を送った。その出だしはこうだった。「ハルトゥームからの知らせはあまりにも恐ろしい。もっと早くに行動を起こしていれば、すべてを避けることができ、多くのかけがえのない命を救うこともできたのにと思うと、身震いがするほどです」。電報を受け取ったグラッドストン首相らも衝撃を受けた。彼らも自分たちの責任を痛感したはずだ。しかしそれ以上に衝撃を受けたのは、この女王からの電報だった。なんとこの最初の部分は、暗号ではなく、そのままの文章で送られたので

チャールズ・ゴードン将軍の最期　ハルトゥームで放たれた槍で殺された

ある。通常、女王から大臣への電報は国家の最重要機密であるから暗号化される。それをあえてそのまま伝えたということは、まさに女王による内閣への譴責《けんせき》行為であった。

政府に怒りを覚えたのは何も女王だけではなかった。新聞で大々的にゴードン将軍の死が伝えられると、世論はいっせいに政府を非難しはじめた。国民から慕われていたグラッドストン首相は、「MOG」と揶揄されるようになった。彼のあだ名「老大人（Grand Old Man）」から、首相は略して「GOM」と呼ばれることが多かったが、それを反転させたのである。数々の改革を成し遂げて、広く世論からも支持を集めてきた老首相は一夜にして、「ゴードンの殺害者（Murderer of Gordon）」となったのである。

ハルトゥーム陥落の報を受け取った一〇日後、ついに女王は寝込んでしまった。ゴードンの死がかなり堪《こた》えたのである。ポンソンビはその旨をグラッドストンにも伝えた。二月末、女王はウォルズリ将軍を新たなスーダン総督に任命するよう、グランヴィル外相に伝えた。ゴードンの仇を討つためにも、早くスーダンを再占領せよと言うのである。「ゴードンを忘れるな」、指示書の最後にはそう書かれていた。しかし、政府はハルトゥームに遠征隊を派遣する計画は諦めた。ゴードンを打ち倒してますます意気軒昂《けんこう》のマフディー軍を相手にいまは戦うときではない。四月十五日の閣議でその旨は正式に決定した。四日後、女王は日誌にこう記した。「今日は親愛なるビーコンズフィールド卿の命日だ。ああ、彼がまだ生きてくれていたら！」。

内閣総辞職と女王の勇み足

「いまや我々は世界中の物笑いの種になっている」。グラッドストン政権がハルトゥーム進撃を諦めた一ヵ月後、女王はハーティントン陸相にこう伝えた。しかし、政権そのものも、すでに断末魔の状態にあったのである。ハルトゥームが陥落した一八八五年は、イギリスの景気も後退し、街には失業者があふれるようになっていた。六月九日の下院審議で、政府側が出していた予算案が否決され、グラッドストン内閣は総辞職を決意した。

その当時、女王はスコットランドのバルモラル城に滞在していた。グラッドストンから辞任を伝える電報を受け取った女王ではあったが、ウィンザーやロンドンには戻らず、そのままバルモラルにとどまり続けた。「あまりにも疲れて戻れない」と秘書官補のアーサー・ビッグを通じてロンドンにいたポンソンビに伝えさせたが、その実、グラッドストンには会いたくなかったのであろう。辞任を申し出たいのなら、首相自らがスコットランドに来いというわけである。とはいえ、グラッドストンもすでに七十五歳を超えていた。高齢の首相が高地地方《ハイランド》まで来られないというのであれば、代わりにハーティントン陸相を遣わせばいい。女王はポンソンビにそう指示を与えた。

ここでポンソンビがまたもや待ったをかけた。女王がハーティントンを招請したともなれば、グラッドストン首相だけが辞任して、自由党がハーティントンの下に政権を存続させるのではないかと世間はあらぬ誤解を抱いてしまう。まずは女王秘書官が野党の指導者ソールズベリ侯爵に会って、彼に組閣の意思があるか聞いてみてから次の行動に出るよう女王に進言した。今回もポンソンビの言い分のほうが正しかった。一八八〇年四月にグラッドストンに大命を降下した際と同様に、女王がこの老大人に会いたくないがために犯した勇み足であった。女王はポンソンビに任せることにした。

とはいえ、女王も頑固だった。ポンソンビとしては、政権交代という国政の最重要決定を下すのであるから、彼女に急いでウィンザーかロンドンに戻ってきて欲しいのが本音だった。ところが、女王はグラッドストン宛の書簡のなかでも「来週中にウィンザーに着くことなど無理です」と、バルモラルからしばらくは一歩も離れるつもりがないようだった。これには正直、政権内部にも批判の声が上がった。

他方で、ソールズベリと会見したポンソンビの印象では、保守党は政権を担ってもよいと考えている様子であった。しかし問題もあった。下院での議席数は自由党が一七〇議席以上の大差をつけて保守党を圧倒していた。これでは政権を担っても いつ潰《つぶ》されるかわからない。ソールズベリは、女王が政権樹立とともに議会解散・総選挙を許可してくださるとの条件さえあれば、大命を拝受するとポンソンビに伝えていた。しかし大命も拝受しないうちにそのような約束などできない。一八七三年のアイルランド大学法案の敗北を受けて、当時のディズレーリとグラッドストンとの間で交わされた議論（第Ⅳ章参照）と同じである。

グラッドストンは解散・総選挙には断固反対だった。当然であろう。不景気の真っただ中で、しかもゴードンの一件以来、自由党に対する国民の風当たりはさらに強まっている。こんなときに選挙などされては負けるのは目に見えている。結局、七三年のときとは異なり、ソールズベリは政権樹立を引き受けたが、グラッドストンの側も政府を極力攻撃はしないと約束することで、即時の解散・総選挙は回避されることになった。女王は電報で、グラッドストンの辞任を受諾し、六月十七日になってようやくウィンザーに戻ってきた。このののち、ソールズベリが野党自由党は政府を極力攻撃しないとするグラッドストンの言質について、自由党からも女王からも保証してもらいたいなどとする要求を突きつけたため、一時混乱は見られたが、最終的には六月二十三日の午後四時にウィンザーを訪れたソールズベリ侯爵が女王の手にキスをして首相の大命を拝受した。

アイルランド自治問題の再燃

五年ぶりに保守党政権を迎えた女王は上機嫌であった。これであのうんざりする老大人に頻繁に会わなくても済む。ところがそうもいかなかった。その年の十一月に議会は解散され、総選挙となった。自由党の支持基盤であった地方の選挙区に有権者が増えたこともあって、与党保守党は二五〇議席に終わった。対する自由党は三三四議席を獲得した。ここで動向が注目されたのは、八六議席を得たパーネル率いるアイルランド国民党である。自由党がアイルランドに自治権を与えるという保証をしない限りは、パーネルは彼らと手を結ぶつもりはなかった。このためソールズベリの少数党政権が存続することになった。

ここで事態が急転する。パーネルの意を汲《く》んで、グラッドストンが突如、アイルランド自治に賛成するとの表明を出したのである。これには女王も驚愕《きょうがく》したが、何よりも驚かされたのは自由党の議員たちだった。これまで小作農の土地問題などでは改革的な姿勢を示してきた自由党ではあったが、アイルランドに自治権まで与えるともなると、さすがに党内には足並みの乱れが生じてしまった。しかも、ハーティントンやチェンバレンといった閣僚を務めた大物クラスまで自治には反対だったのである。

ここでグラッドストンとパーネルが手を組んでしまったら、またあの老大人が首相に復帰してしまう。女王もそれだけは何としてでも避けたかった。十二月から翌年一月にかけて、女王は自由党内でアイルランド自治権に反対している有力者に次々と書簡を送りつけ、グラッドストンの野望を阻止せよとの密命を与えた。しかし党内には自治権付与に賛成の議員もおり、事態は混沌《こんとん》としてしまった。

一八八六年一月二十一日、新年度の議会がいよいよ開会された。なんと開会式には女王の姿があった。自らのインド女帝即位を当て込んで出席して以来、実に一〇年ぶりのことである。今回は、自分のためでもなければ、宮廷費や年金を必要とする子どもたちのためでもない。なんとしてでも、アイルランド自治政策を進めようとするグラッドストン政権の誕生を阻止するのが狙いだった。しかし女王の当ては外れる運命にあり、しかもこれが女王にとって議会開会式への最後の出席の機会ともなるのである。

女王が貴族院の玉座を後にしてからわずか一週間後の一月二十八日、ソールズベリ政権は自由党とアイルランド国民党の共闘で、農業政策をめぐる案件で敗北し、総辞職を決意した。当時オズボーン・ハウスに滞在中であった女王のもとをソールズベリが訪ねてきた。しかし、女王は彼に後継首班の推挙を求めなかった。なんとしてでも老大人だけは避けたい。ソールズベリのほうもアイルランド自治には断固反対であり、自分の後任にグラッドストンを推挙するつもりなど毛頭なかった。二人は手を組むことにした。

とはいえ、ことはそう簡単には運ばなかった。ソールズベリがいかに有能であっても、さすがに反対党の情勢については詳しくない。女王としては、自由党内の動きに精通している人物からの助言が必要であった。そこで彼女が目を付けたのが自由党の下院議員ジョージ・ゴッシェンだった。ゴッシェンは海相などを務めた大物政治家であり、女王とも親しく、しかもアイルランド自治に反対していた。彼なら、自由党の誰に首相の大命を降下すべきか、有益な助言を与えてくれるはずだ。ソールズベリも同意見であった。女王は早速、ゴッシェンにワイト島に来るよう手紙を送った。

ところが、ゴッシェンはこれを辞退した。自分にはその資格がないというのである。ポンソンビ秘書官を彼のところに遣わしても結果は同じであった。実は、女王がまず相談役にと思いついたのは、八四年秋の与野党対立の際にも意見を聴いた親戚のアーガイル公爵だった。しかしアーガイルは、女王より四歳年下ではあったが病弱で、スコットランドの所領で療養生活を続けていた。そこで女王はゴッシェンに白羽の矢を立てたのであるが、彼にも参内を断られる始末であった。女王としては、一八五〇年代に内閣危機が生じた際に、彼女を助けてくれたウェリントン公爵やランズダウン侯爵といった「長老政治家」の役割をアーガイルやゴッシェンに期待したのである。

しかしそのこと自体が間違っていたのだ。アイルランド自治に反対しているとはいえ、ゴッシェンは自由党の一《いち》下院議員にすぎない。その彼が、ソールズベリ首相が辞意を表明したのちに、党首のグラッドストンを差し置いて女王のもとに参内することなどもっての外である。しかも時代は変わっていたのだ。「長老政治家」たちの時代には、政党はいくつものグループに分裂し、有権者の数も政党の組織も一八八〇年代とは比べものにならないぐらい少なく、また未熟であった。国民から選ばれた議員たちの判断で選出された党首を超える存在など、もはやイギリス政党政治には存在しえないのである。このことはスコットランドで療養中のアーガイル公爵にも当てはまった。

ついに女王も諦め、ソールズベリも観念した。二月一日、グラッドストンはオズボーン・ハウスに招請を受け、ここに三度目の首相の大命を降下された。先の政権を手放してわずか七ヵ月で老大人が戻ってくるとは。女王にとっては悪夢以外の何物でもなかった。

女王の暗躍と自由党の分裂

六十六歳の女王が疲れ切っていたのとは対照的に、彼女よりさらに十歳年上の老首相のほうは精力がみなぎっていた。自らのライフワークとして、ついにアイルランドに自治権を与える政策に乗り出していったのである。三月にはいり、グラッドストンは覚書を作成し、アイルランドにカナダと同じような自治権を与え、独自の議会や政府を設置すべきであると提案した。王権・防衛・外交・植民地・通商・関税などについては、イギリスの傘下にはいるが、それ以外の立法・行政・司法は任せるのである。

もちろん女王は反対だった。自分の大切な連合王国を何だと思っているのか。自由党内にも反対の声は上がっていた。その旨はゴッシェンからも極秘に伝えられた。オズボーンへの参内には応じられなかったゴッシェンであるが、首相がグラッドストンに決まり、彼がアイルランド自治法案を議会に提出すると明言するや、党内の情勢を逐一女王にご注進する役目を担っていった。それによれば、ハーティントンとその周辺の幹部たちがまず法案に反対だった。地方行政院総裁のチェンバレンも、法案提出が閣議決定されたら閣僚から辞任すると宣言し、実際、三月二十六日には辞任してしまった。女王は何も知らない振りをして、グラッドストンがチェンバレンの辞任許可を申し出てきたときにも、即座にそれを認めた。

四月二日の閣議で法案の提出が正式に決まると、その五日後に女王はソールズベリに指示を与えた。保守党と自由党穏健派（自治法案反対派）との連立政権の樹立を模索せよというのである。自由党穏健派はハーティントンとチェンバレンを指導者にまとまりつつあったが、派内には自由党を分裂させてしまうような保守党との提携に反対の声も見られた。すべてはハーティントンの出方にかかっていた。翌八日、ついに下院にアイルランド自治法案が提出された。グラッドストン首相が直々に下院で説明した。午後四時半から始まった説明は八時まで続いた。三時間半に及ぶ長広舌を七十六歳の老大人は難なくやり遂げた。ビーコンズフィールド卿が亡くなったのはその同じ年齢のときだったのに。

法案提出の三日後、女王は審議の鍵を握るハーティントンに書簡を送った。「これは党の問題などではありません。女王の領土の安全、名誉、そして繁栄にかかわる問題なのです。……アイルランドにとって危険で愚かなこの政策が打ち負かされるであろうことを信じています」。ハーティントンは、法案が下院の第二読会で否決されるであろうと女王に伝えたが、彼が不安だったのはその後のことだった。はたしてグラッドストンは解散・総選挙に踏み切るのか。四月十五日には、自治法案に反対する議員たちがロンドンのオペラ・ハウスに集まり、ソールズベリ、ハーティントンらが相次いで演説に立った。

しかし、穏健派のこの「裏切り行為」には自由党内からも非難が集まった。ハーティントンが萎縮《いしゅく》しそうになると、女王がゴッシェンに喝を入れた。「いまは党利党略などという了見の狭いことを言っていてはいけない！　私の大いなる帝国が有する最大の利益が、大変危機的な状態にあるのですよ！」。

四月に法案が議会に提出されるや、イギリス各地でこれに賛成する者と反対する者とがそれぞれに示威集会をもち、世論を煽動しようと試みた。そのようなさなかの五月四日、ロンドンのサウス・ケンジントンで「植民地およびインド博覧会」が大々的に開幕した。開会式には女王自らが出席した。インドの王侯の宮殿の大広間を模した会場には、本物そっくりの大市場《バザール》まで設置され、アジア・アフリカ・オセアニアなど、帝国各地から集められた品々が所狭しと陳列された。開会式は、会場の隣のロイヤル・アルバート・ホールで行われた。桂《けい》冠《かん》詩人テニスン男爵が作詞し、オペラ『ミカド』で有名なサー・アーサー・サリヴァンが作曲した頌歌《オード》が高らかに歌われた。さらに特別に編成された大合唱隊が「ハレルヤ・コーラス」「埴生《はにゅう》の宿」「ルール・ブリタニア」を歌い、七つの海を支配する大英帝国の栄華を誇った。翌週には、リヴァプールで「航海と商業の万国博覧会」が開催され、女王はこれにも出席した。これら一連の博覧会こそが、アイルランド自治に反対する最大の示威行動《デモンストレーション》になっていたとも読み取れよう。

女王は表だって自治法案に反対するようなことはなかった。バッキンガム宮殿でグラッドストンと会見した折にも、あえてその話題には触れなかった。しかし裏では、ソールズベリ、ハーティントン、ゴッシェンを使って、法案を葬《ほうむ》り去らせるのはもちろんのこと、否決後の段取りも検討させていた。彼らはグラッドストンが解散・総選挙を要請してきたら女王には断れないとの見解を示したが、そもそも女王には拒否するつもりはなかった。グラッドストンが大衆を煽動しようとも、「良識ある上層階級が反対するはず」であり、自由党は選挙で敗北するだろう。それが女王の読みだった。

六月七日から八日にかけての深夜、ついに下院第二読会で採決が行われた。賛成三一一票、反対三四一票でアイルランド自治法案は否決された。自由党穏健派が反対に回ったのである。その頃、女王はスコットランドのバルモラル城で眠れぬ夜を過ごしていた。自らの帝国のゆくえを左右する大事な投票である。結果はすぐに首相から電報で伝えられた。「三〇票差で否決」。女王は安堵《あんど》した。「救われたと感じざるをえない」。国益にとって最良の選択である」。同じ電報でグラッドストンは女王に議会の解散を要請していた。女王はすぐさま返信電報でこれを許可した。

ついにアイルランド自治問題を争点とする選挙戦がスタートした。自由党はグラッドストン率いる本党と、ハーティントンを指導者とする統一党とに分裂し、近年もっとも盛り上がりを見せた選挙となった。七月二十日に結果が出た。与党自由党は一九〇議席と大きく過半数を割り込んだ。自由統一党は七九議席を得た。自由党分裂の漁夫の利を得るかたちで、野党保守党は三一六議席と躍進を見せた。アイルランド国民党の八五議席を合わせても政府の存続は不可能である。グラッドストンは即日、女王に辞任を申し出た。

オズボーン・ハウスでこの知らせを受け取った女王は、「ありがたいと思わざるをえない」とこれまた胸をなで下ろした。早速に、ソールズベリ侯爵に招請の手紙を送った。保守党は第一党になりおおせたとはいえ、過半数には二〇議席届かなかった。ハーティントンの自由統一党は連立政権はつくらずに、閣外から政府に協力を約束した。こうして、大荒れに荒れた一八八六年のアイルランド自治騒動は幕を閉じたのである。

四度目の登板と寂しい引退

イギリス全土が総選挙に沸いていた一八八六年六月二十日、ヴィクトリア女王は在位五〇年目に突入した。翌年六月には五〇周年《ゴールデン・ジュビリー》記念式典が盛大に執り行われる予定となった。ちょうどそれから一ヵ月後、自由党の敗北が決まり、グラッドストンは首相を辞任した。自分の栄えある式典がこの「半分気の違った老人」に取り仕切られないだけでも女王にとって幸先《さいさき》のよい五〇年目となった。ソールズベリ政権は、第二次土地戦争の開始を小作農たちに訴えかけるパーネルらの動きを抑えるために、アイルランド犯罪防止法をさらに強化する構えに出た。女王陛下の大切な式典にまさかのことがあってはいけない。

やがてパーネルにも落日が訪れた。一八九〇年の暮れ、アイルランド国民党の同志オシェイが妻とパーネルとの不倫関係を（さらに二人の子どもまで儲けたと）暴露し、訴訟事件に発展した。これで彼の名声は大きく傷つけられた。翌年十月に失意のパーネルはブライトンで急死した。これでアイルランドでの過激な土地戦争や自治要求運動も沈静化するかに思われ

最晩年のグラッドストン　82歳で4度目の首相に．アイルランド自治法案に政治生命を賭けるが貴族院の反対で2年後首相を辞任．26回選挙に当選，62年にわたって議員を務めた

た。ところがここにパーネルに代わって、議会で自治問題を再び紛糾化させる人物が現れた。またしても「老大人」グラッドストンである。

一八九二年七月に議会は解散され、総選挙が行われた。与党保守党は二六八議席と大きく後退した。対する野党自由党は二七〇議席と僅差《きんさ》ながら第一党の地位を占めた。自由統一党は四七議席、アイルランド国民党は八一議席という結果になった。自由党とアイルランド国民党が手を結べば過半数を獲得できる。ソールズベリ首相はこれまでどおり自由統一党からの支持で政権を存続させていたが、八月十一日の議会審議で政府側が敗北に追い込まれてしまった。ソールズベリはオズボーン・ハウスに女王を訪ね、辞任の意向を明らかにした。ここは第一党の党首を招請せざるをえない。

女王は躊躇《ちゅうちょ》していた。自由党の党首はいまだにグラッドストンだったのである。老大人はすでに八十二歳を過ぎていた。そんな高齢で首相が務まるのか。しかし、女王秘書官のポンソンビが事前に自由党幹部らと会見を行った結果、老大人はやる気満々だというのである。仕方がない。女王はグラッドストンに組閣を命ずる手紙をポンソンビに持たせてロンドンに向かわせた。ここに老大人はイギリス史上初めての四度目の組閣に取りかかることになった。八十歳を過ぎて首相を務めたのは、これまでパーマストン卿だけだったが、八十歳を過ぎて新たに組閣に取り組んだのはグラッドストンが初めてのことだった。

女王に再び六年前の悪夢が甦《よみがえ》ってきた。この老大人の最後の大仕事、それこそ六年前に実現できなかったアイルランド自治法を成立させることだった。しかも今回は急がなければならない。グラッドストンも体力には自信があったものの、八十歳を超えているのだ。翌九三年二月十三日、新年度議会が開会して早々に、グラッドストンは新たなるアイルランド自治法案を下院に提出した。六年前は自由党の分裂騒ぎがあって成立に失敗したが、今度はそもそも党内に反対者がいない。パーネルを失って消沈したアイルランド国民党としても、グラッドストンの指導力にすがるしかない。四月二十二日、下院の第二読会で法案は四三票差で可決された。

当時女王は保養のため、イタリアのフィレンツェに滞在していた。せっかくの休暇に最悪の知らせである。四月末にウィンザーに戻った女王は、この後の議会の動向を見守った。可決されたとはいってもまだ下院の第二読会にすぎない。すぐに委員会で詳細な検討が重ねられ、第三読会を通過したとしても、今度は貴族院での審議が待っている。ソールズベリ率いる保守党が多数派を占める貴族院まで通過するとはとても思えない。しかも、自由党側は、二年前にグランヴィル老伯爵が亡くなり、インド相のキンバリ伯爵が指導者に納まっていたものの彼では迫力に欠けた。さらに、ハーティントンが父の爵位を受け継いで、第八代デヴォンシャ公爵として貴族院に一定の勢力を築いていた。

九月一日、アイルランド自治法案は下院の第三読会を通過し、いよいよ貴族院へと上程される運びとなった。普段の貴族院の審議などガラガラに空いていることが多い。貴族院議員は、イングランド国教会の高位聖職者と法律家を除けば、大半が世襲で終身の議員ばかりである。彼らは選挙など気にしなくて済むから、大臣クラスの有力な政治家を別として、ほとんど審議になど出席してこない。ところがこのときばかりは違った。議場には、あふれんばかりに貴族たちがひしめいていた。下院を通過してからわずか一週間後の九月八日、貴族院で採決がとられた。法案に賛成は四一票、反対はなんと四一九票にのぼった。史上空前の大差でアイルランド自治法案は貴族院で否決された。バルモラルでこの知らせを聞いた女王は歓喜した。「まさに決定的な大差である。こんなに素晴らしいことはない。みなソールズベリ卿に拍手を送っている」。

さしもの老大人も心身ともに疲れ果てていた。この貴族院の仕打ちに復讐するためにも、彼らの権限を大幅に縮小する改革を行ってやりたい。しかし、もはや自由党内にさえ彼を全面的に支えてくれる者は少なくなってしまった。翌九四年三月一日、ついにグラッドストンは引退を決意した。彼にとっての最後の閣議となったその日、閣僚たちは別れの言葉を述べた。日頃は強面《こわもて》で知られた百戦錬磨の強者たちでさえ、涙を流し、泣き崩れる者までいた。

この感動を胸に老大人は女王の許を訪れた。

ポンソンビから秘かに情報を得ていた女王は嬉しくてたまらなかった。これで二度と彼の顔を見なくて済む。同僚たちから心温まる送迎を受けた老首相をウィンザーで待ち受けていたのは、なんとも寒々とする冷徹な最後の謁見であった。女王は次男アルフレッド（継承の関係でザクセン＝コーブルク公爵になっていた）の年金を継続してくれることに感謝し、あとはかかりつけの眼科医の話など、取り止めもない会話だけでこの老大人を追い払ってしまった。この国を六〇年以上も議員として支え、女王の治世の大半の時期を首相・閣僚として働いてきた人物に対する心からの感謝などそこにはなかった。しかも、通常であれば、辞めていく首相は後継首班の推挙を女王に行う慣習が根づいていたが、いっさい下問もなかった。後継首相は、女王の独断で彼女のお気に入りのローズベリ伯爵（外相）に決まった。

それから数日後、グラッドストンは極秘の感想を認《したた》めた。それは自らをシチリア島のラバに見立てた文章である。半世紀以上も昔の一八三八年の秋（女王の戴冠式の直後ということになる）、彼は旅行でシチリアを訪れていた。パレルモからシラクサ、メッシナなど歴史的な町々をラバに揺られて一日一〇時間も移動した。そのとき自分を運んでくれたラバはたしかに自分にまめまめしく仕えてはくれた。しかし、その生き物に愛情も好意も持ったことはなかった。「自分にとってのシチリアのラバこそが、女王にとっての私なのだ」。なんとも寂しい老大人の引退であった。

老大人のしっぺ返し

老大人グラッドストンは、首相を辞任するとともに、その後いっさい議場に姿を現すことはなかった。いままで何度も繰り返してきたごとく、爵位を受けて貴族院議員になることもなく、翌九五年七月に行われた総選挙にも出馬しなかった。生涯に二六回も選挙に当選し、六二年と二〇六日にわたって議員を務めた。女王が彼に会った最後は、一八九七年三月二十六日、彼女の在位六〇周年記念《ダイヤモンド・ジュビリー》式典の三ヵ月ほど前のことであった。場所は南フランスの保養地カンヌ。かつての精力的な風貌は影を潜め、人間的にも大らかになった八十七歳の老大人の変わり様に、七十七歳の女王は思わず自ら手をさしのべた。しかしこのとき、彼はすでに深刻な喉頭ガンに冒されていた。

一八九八年五月十九日、老大人は息を引き取った。享年八十八。議会も新聞もいっせいにこの世紀の大政治家の死を悼《いた》んだ。ソールズベリ政権は議会の要請も受けて国葬を執り行うことに決めた。しかし女王の態度は冷たかった。もちろんすぐに彼女は未亡人にお悔やみの手紙は送った。ただし彼女の本心はその日に綴られた日誌にあるとおりであった。「彼は大変賢く、この国をよりよく発展させるための発想にあふれていた。彼は常に私に忠実に仕えてくれた。……しかし残念だ！ 決して本意ではなかったのだろうが、多くの害悪ももたらしてきたのだ。彼は演説を通じて大衆を煽動できる驚くべき才能に恵まれていた」。

ここに女王の落とし穴があった。多くの欠点が見られたとはいえ、彼は大衆に愛された大政治家であった。それならばその大衆に向けて、女王としてなんらかの声明を発表しても差し支えなかったはずである。しかし彼女は頑なに沈黙を保った。新聞は次第に彼女に批判的となっていた。まず心配したのがソールズベリ首相だった。彼を国葬に付すことに、女王が反対し出すのではないか。「議会から要請がございましたときには、陛下にはお断りになることはできません」と首相は女王に念を押した。

しかし誰よりも女王を危惧《きぐ》したのが皇太子バーティだった。五月二十八日に予定された国葬を前に、グラッドストン首相の死や葬儀に関して、新聞向けに宮内長官府が毎日発表している「王室関連事項（Court Circular）」にきちんと記事を載せるべきだと女王に進言した。ところが女王はこれに応えなかった。そこでバーティは強硬手段に出た。グラッドストンの葬儀の際に自ら「棺の介添人（pall bearer）」になるつもりであると母に伝えてきたのである。グラッドストンは「私にとって古い友人であり、彼をよく知ってもいた」と同時に、皇太子自身が介添人になることこそが「国民全体の希望であり、感情でもあると」感じていると、バーティは女王に伝えた。

女王はショックだった。なぜ息子はそこまで老大人を慕うのか。それには理由があった。一八六一年十二月のアルバートの死去以来、女王は一度として彼に重責を任せようとはしなかった。それどころか、王位継承者第一位にありながら、皇太子に重要な政府文書や外交文書もいっさい見せようとはしなかった。そこに救いの手をさしのべてくれたのがグラッドストンだった。彼は政権にあるときは、必ず外交文書でも内閣文書でも、写しを皇太子に送付していたのだ。しかもそれは女王には内緒だった。

一八九二年、四度目の首相に返り咲いたグラッドストンが、「慣例どおり皇太子に内閣文書をお見せしてもよろしいでしょうか」と女王に尋ねたときに初めてばれてしまったのだ。実は、グラッドストンは保守党が政権に就いたときも、皇太子に重要文書を見せるようになったのではないかと推測したのである。ところが、女王の言いなりだったビーコンズフィールド政権はもとより、皇太子に年齢が近いソールズベリでさえ、バーティにはいっさい情報を与えていなかったのである。初めてこのことを知った女王は驚愕したが、先例があるのなら仕方がない。さらにバーティもすでに五十歳を超えていた。ここに晴れて皇太子は政府関連の文書を公式に閲覧できるようになったのである。

このときの恩をバーティは忘れていなかった。その恩返しのためにも、老大人の棺の介添人に是非とも就きたい。ソールズベリ首相もこれには驚いたが、皇太子の意思は固かった。さらに沈黙を守る女王に対する世論の動向にも気をつけなければならなかった。「こうなったら女王はグラッドストン氏の葬儀に関してはいっさい声明を発しないのが賢明だ」。ソールズベリ政権の幹部たちはそのような見解で一致した。

五月二十八日、グラッドストンの棺は彼が長年活躍したウェストミンスターの国会議事堂を出発し、すぐ隣のウェストミンスター寺院まで行列を連ねて荘厳に運ばれた。そのかたわらには、バーティ、つまりは次期国王アルバート・エドワード皇太子と、その息子ヨーク公爵ジョージ王子（のちの国王ジョージ五世）とがぴったりと寄り添っていた。沿道には多くの群衆が「最高の議会人」と呼ばれたこの世紀の宰相に最後の別れを告げるために集まっていた。

かつてアルバート自身が葬儀委員長を務めて霊柩車《れいきゅうしゃ》や儀式の細部まで取り仕切ったウェリントン公爵の国葬のとき（一八五二年十一月）には、バッキンガム宮殿とセント・ジェームズ宮殿のバルコニーから野辺送りをした女王であったが、いままた天国へと送り出すもう一人の老政治家の国葬にはいっさい姿を現さなかった。女王は頑なにバルモラル城にとどまり続けていたのである。しかし皇太子とヨーク公の姿を見て、世論も女王に対する批判の声を和らげることになった。母親の意思に逆らってまで、彼女のかつての大敵の葬儀に出席するとは。老大人が女王に見せた最後のしっぺ返しだったのかもしれない。

第VI章　大英帝国の女王として

As the Queen of the British Empire

自由党政権の「弱腰外交」

一八八〇年春の総選挙でビーコンズフィールド政権が総辞職に追い込まれたのち、女王は新たに登場したグラッドストン政権と国内問題や帝国政策に限らず、外交をめぐっても激しい衝突を繰り返すようになった。露土戦争後のベルリン会議での動向からも明らかなとおり、保守党政権はロシアの地中海進出を許さず、この北の大国と真っ向から対決することをも辞さない強硬な姿勢を示してきた。ところが自由党政権になると、この外交姿勢は急転換し、イギリスは「野蛮な」イスラーム国トルコではなくロシア寄りの外交を展開した。

たとえば、八〇年から深刻化したトルコとギリシャとの国境紛争は、二年前のベルリン条約の取り決めを履行させる妨げとなっていた。自由党政権は、トルコに圧力をかけて、ギリシャに譲歩を迫ろうとしたが、ヴィクトリア女王は「双方に均等に圧力をかけるように。さもないとロシアが進出してきますよ」とグランヴィル外相を牽制した。自由党政権内部には、イギリスがベルリン条約で手に入れることに決まったキプロスにしても「軍事拠点として大して価値もないのではないか」との疑問の声が上がっていた。これには女王が驚き、呆れた。「陸海軍の報告書によれば、キプロスは軍事的に大変有利な位置にある。これまで以上に、キプロスを大切にすべきである」と再び外相に指示を与えた。

トルコとギリシャの国境紛争は、ロシアがギリシャを後押ししていたため、なかなか終息しなかった。ロシア寄りのグラッドストン政権が、他の列強とともにギリシャを支援して紛争に介入してはどうかと打診してきたとき、女王は烈火のごとく外相に怒りをぶつけた。「我々の古い同盟者であるトルコと戦争することなど許しません」。女王はこれまで保守党政権が大英帝国にとって真の利益といえる政策を推し進めてきたのに、自由党政権がそれを後退させてしまっていると嘆いた。「いまの我々はロシアに都合のいいように行動しているだけである」。女王はトルコと戦争するのは断じて許さぬという強い姿勢に出た。

この女王の外交姿勢はロシアにも伝わった。翌一八八一年三月、ロシア皇帝アレクサンドル二世がテロリストの爆弾で暗殺されるという痛ましい事件が起こった。皇帝とは愛憎半ばする複雑な関係を築いてきた女王だが、このときばかりは哀悼の意を表し、皇太子バーティをサンクト・ペテルブルクでの葬儀に遣わした。これでしばらくはロシアも強硬策は控えるようになり、同年五月からコンスタンティノープルを舞台に、ビスマルク体制下の六大国（イギリス・フランス・ドイツ・オーストリア・イタリア・ロシア）が一堂に会して、トルコ・ギリシャ間の調停を行うことにした。そして九月にはギリシャ半島中部のテッサリアがギリシャに割譲され、紛争は一応解決された。

これでキプロスも正式にイギリスに組み込まれることになった。翌八二年、エジプトでオラービー革命が生じた際、このキプロスに派遣されたインド軍の活躍のおかげで反乱軍は鎮圧された。女王は、自由党政権の手柄だとは考えずに、ハーコート内相にこう皮肉を述べた。「すべてはビーコンズフィールド卿の賢明な政策のおかげですわね」。

ブルガリア問題のはじまり

ロシア寄りの自由党政権との確執はさらに続いた。次の争点はブルガリアとなった。一八七八年のベルリン条約で、オスマン・トルコ帝国の支配下にあったブルガリア公国が現状を維持して自治権を獲得した。初代ブルガリア公に選ばれたのは、ロシア皇帝アレクサンドル二世の義理の甥《おい》（妻の弟の子）にあたる、ドイツのバッテンベルク公爵家のアレクサンダルであった。当初は国内の自由主義的な動きに批判的だったアレクサンダルであったが、さまざまな政治的駆け引きののちに、次第に自由主義勢力との間で妥協を成立させていった。それと同時に、自らを傀儡《かいらい》にしようともくろむ伯父のロシア皇帝とも次第に不和になった。そこへアレクサンドル二世暗殺の報が伝わった。

一八八三年九月に自由主義的な憲法がアレクサンダルの承認で復活した。これにロシアが横槍を入れてくる可能性も高まった。ヴィクトリア女王は、翌十月、グランヴィル外相にこう指示を与えた。「ロシアがブルガリア公を辞任に追い込んだり、艦隊を派遣するなどの行為に出ないように注意されたい」。実は、バッテンベルク家のアレクサンダルは、女王とも深い間柄にあったのである。彼の兄が女王の孫娘（次女アリスの長女）ヴィクトリアの夫ルートヴィヒ（英語名ルイス）であり、さらに弟が女王の末娘ベアトリスの夫ハインリヒだったのである。バッテンベルクとの縁組みにこだわる女王の姿を見て、ドイツ皇帝ヴィルヘルム一世は「狂気の沙汰《さた》」と嘲笑《ちょうしょう》したとされている。

しかし、グラッドストン政権はブルガリア問題のためにロシアと対決するような姿勢など見せなかった。女王はついに外相にこう伝えた。「かつてパーマストン卿は、たしかに多くの過《あやま》ちも犯しましたが、この国の名誉と力を守るための強い心を持っていました。ビーコンズフィールド卿もそうでした。しかるに、グラッドストン氏にはそれがあるとは思えませんね」。かつてパーマストンが強硬な外交姿勢を示そうとしたとき、女王が閣内に置いていた目付役グランヴィルに、いまはその強硬姿勢を賛美するような書簡を送りつけたのであるから、何とも皮肉な結末である。

それでもグラッドストン政権は動かなかった。それから二年後の一八八五年六月に政権が保守党に交代すると、女王はようやく安堵した。しかし喜んだのは女王だけではなかった。なんとベルリンのビスマルクがイギリス政府に接近してきたのである。駐英ドイツ大使のミュンスタ伯爵を通じて、直々にソールズベリ首相（兼外相）に親書を送ってきたのだ。ドイツだけではない、オーストリアもフランスも、「イギリスが伝統的な外交路線へと回帰してくれること」を望んで、次々と近づいてきたのである。実は諸列強は、グラッドストン政権がヨーロッパ国際政治に極力かかわろうとしないことに苛立っていたのだ。さらに、ビスマルクにとっては、自らが取り仕切ったベルリン会議に次席全権として出席したソールズベリは、融通の利《き》かないグラッドストンとは異なって、相性もよかった。

そのような矢先にブルガリアで再び問題が生じた。ベルリン会議で「大ブルガリア建設構想」が挫折し、オスマン主権下の自治州となっていた東ルメリで武装蜂起《ほうき》が生じたのである。一八八五年九月のことである。彼らの目的は東ルメリをブルガリアに併合してもらうことだった。アレクサンダル公はこれを受け入れてブルガリア統一を宣言した。この勝手な行動にロシア皇帝アレクサンドル三世が激怒した。それまでブルガリアに派遣されていたロシアの訓練将校を引き揚げさせた。さらに、ブルガリア統一がバルカンの安全保障を脅かすとして、十一月にセルビアがブルガリアに宣戦布告した。

アレクサンダルの「暴挙」に、ヴィクトリア女王もソールズベリ首相も怒りを感じてはいた。バルカンにおける彼らの最大の目的はベルリン会議で決まった国境線を動かさないことだったからである。しかしそうとばかりも言っていられなくなった。ロシアが劣勢に立つセルビアを支援してブルガリアに乗り込んでくるかもしれなかったのだ。女王は、列強が会議を開いてこの問題の解決に乗り出すのであれば、イギリスも積極的に関与すべきであると政府に指示を与えた。しかしその年の暮れに、自由党のグラッドストンがアイルランド自治を掲げてパーネルと手を結ぶことになり、翌八六年一月に保守党政権は総辞職に追い込まれてしまったのである。ブルガリア問題が緊迫化しつつあるなかでの第三次グラッドストン政権の登場に女王は大いに落胆した。

外交の主導権を握った女王

ところが、女王にとってここに思いもかけない好機が訪れた。それまで二度のグラッドストン政権においていずれも外相を務めてきたグランヴィル伯爵が、七十歳の高齢と病気を理由に、外相の激務には就けないと打診してきたのである。これまでグラッドスンの言いなりに「弱腰外交」を展開してきたグランヴィルが外交の表舞台から姿を消してくれる。すぐさま女王はグラッドストンと連絡を取り、外相にはローズベリ伯爵が適任ではないかと助言した。ローズベリは自由党若手貴族の筆頭であり、三十八歳の若さで建設長官として入閣経験もある実力者であった。しかも、女王とは仲がよく、彼女と同じく大英帝国の拡大・維持に熱心な人物でもあった。女王が反対しているアイルランド自治法案を通すためにも、ここで彼女に逆らうのは賢明ではない。グラッドストン首相もこの人事を承服した。

二月六日、新外相ローズベリはオズボーン・ハウスに女王を訪ねた。ここで女王は単刀直入に彼に切り出した。ロシアはグラッドストンが政権に返り咲いたことで、イギリス政府が再びロシア寄りの姿勢を示してくれるだろうと期待しているが、貴卿の見解はどうか。ローズベリはグランヴィルとは違った。彼はブルガリアと東ルメリの統合は、ロシアに対する重要な防波堤になってくれるものと思うと私見を述べるとともに、ソールズベリの外交路線を継承するつもりであるとも女王に約束した。女王が大いに満足したことは言うまでもない。

満足したのは女王だけではなかった。前外相のソールズベリも、その二日後にロンドンでローズベリと引き継ぎを行ったが、その席で新外相はこれまでのイギリス外交を継続していく旨を前任者にはっきりと伝えたのである。

ローズベリ(1847～1929)　首相在任1894～95．積極的な外交姿勢が女王からも気に入られたが，首相としては指導力に欠け，短命政権に終わる

東方問題をめぐって、ダービやグランヴィルらがこれまで犯してきたような愚は二度と繰り返さないとローズベリは約束した。すぐにソールズベリはこれを女王に伝え、女王をさらに安堵させた。

とはいえ、いくらローズベリ自身がバルカン問題に積極的な姿勢を示したところで、閣議で議論されて、グラッドストンや植民地相に転じたグランヴィルらに潰されてしまっては元も子もない。しかし女王は運がよかった。グラッドストンはアイルランド自治法案の提出に躍起になっており、その他の問題など目もくれていない。他の閣僚たちもこの法案をめぐり真っ二つに分かれている。そのすきに、ローズベリに指示を与えて、女王は自らの外交政策を推進できるわけである。

初めての外相という大任に若干の不安を抱くローズベリに女王は優しくこう諭《さと》した。「私は五〇年に近い経験を積んでいます。とりわけ外交問題は常に監督してきたので、よく心得ているつもりです」。六十七歳を迎えた女王は、三十九歳という自分の息子と同世代のこの若輩の外相をリードしながら、自身の外交を推進しようと試みていった。

ところがうまくいかないものである。アイルランド問題で自由党は分裂し、八月には再び政権交代となってしまった。ただし女王にとって幸いだったのは、保守党のソールズベリ政権が戻ってきてくれたことだった。外相にはイズリ伯爵として下院から移ったノースコートが就いた。今度は女王より一歳年上のベテラン政治家であるが、蔵相経験の長かったイズリも外相は初めてだった。しかも病気がちだったため、外交の実権はソールズベリと女王とで握ることもできた。女王はアレクサンダルを窮地から救いたかった。

アレクサンダル退位とロシアの野望

しかし、イギリス国内がアイルランド自治法案をめぐって大きく揺れ動いている間に、ブルガリア情勢は急展開を見せていた。ブルガリアとセルビアとの戦争は、一八八六年三月にオーストリアが仲裁に入り、ブカレストで講和条約が結ばれた。アレクサンダルは東ルメリの総督を兼ねることになった。ブルガリアとの統一までは実現できなかったのである。これに国内の世論が反発し、アレクサンダルの立場は弱まった。八月二十日、ブルガリアの首都ソフィアで親ロシア派の将校団がクーデタを起こした。アレクサンダルは退位を強要され、幽閉された。

この情報はすぐさまバルモラル城に滞在中の女王にも伝えられた。彼女は即座に暗号電報で、ソールズベリとイズリの両人に「ロシアの陰謀を阻止せよ」と指示を与えた。女王の見解では、ロシアに対する単なる抗議などでは生ぬるい。ロンドンで国際会議を開いて、列強間で調整すべきである。ソールズベリ首相も、この問題はヨーロッパにとって深刻な危機をもたらすと憂慮した。その後、クーデタは失敗に終わり、アレクサンダルはロシアに一時的に亡命を余儀なくされたとの情報も伝わってきた。

九月にはいり、イギリス政府はドイツ、オーストリアの両政府に、ブルガリア問題を協議する列強間の会議を召集したいから協力して欲しいと要請した。ところがこれにビスマルクが反対してきたのである。それもそのはずであろう。一八七八年のベルリン会議では、ドイツはイギリスやオーストリアに気を遣って、ロシアの言い分を抑えてしまった。おかげでアレクサンドル二世が憤慨して、三帝協約は事実上崩壊したのである。その皇帝が暗殺され、わずか三ヵ月後にビスマルクの暗躍によって結ばれたのが新たなる三帝協約だった。ここでまたロシアの逆鱗《げきりん》に触れるような会議を開いてしまっては、せっかく彼が築き上げたロシアとの友好関係も水泡に帰してしまう。

ヨーロッパ国際政治の立役者ドイツが協力してくれなければ、会議も成功はしないだろう。それと同時に、ブルガリアという、イギリスの利害とは直接的に関係のない地域での紛争をめぐってロンドンで会議を開くことには、イギリス政府内からも反対の声が上がっていた。

その矢先の九月四日、ついにアレクサンダルはロシアの圧力に屈し、ブルガリア公からの退位を表明した。二日後にはヴィクトリア女王にも直々に心情を伝えてきた。ブルガリア政治はスタンボロフ首相によって暫定《ざんてい》的に運営され、その間に次のブルガリア公を選ばなければならなくなった。

ビスマルクは、ドイツの貴族オルデンブルク大公家のアレクサンドル王子などはどうかと匂《にお》わしてきたが、ヴィクトリア女王は、そんな小物では再びロシアの傀儡にされてしまうと反対した。ドイツを信用できない女王は、ロシアがブルガリアに乗り込んできたら、オーストリアと手を結ぶべきだとソールズベリらに伝え、政府もこれに同調して早速オーストリア政府に協力が要請された。

その年の十二月八日、前ブルガリア公アレクサンダルはウィンザー城に女王を訪ねた。激動の一年間を過ごしてきたわりには元気そうな彼の姿に女王も安心した。そこへ再び、後継のブルガリア公の候補者の名前が伝えられてきた。ザクセン＝コーブルク公爵家のフェルディナント王子。彼の父親アウグストゥス王子が、女王の母ケント公妃の兄フェルディナントの次男であり、女王の従兄にあたった。しかし女王はこの人選に反対だった。「彼は心身ともに弱く、変人で、おまけに優柔不断です」。女王自身がソールズベリ首相に伝えた言葉である。その年の暮れ、女王は首相にさらにこう伝えた。「この問題を平和裡に解決することにとって唯一の障害となっているのがロシアなのです。……ロシアは悪すぎます。実にひどい連中です！」。

翌八七年七月四日、新しいブルガリア公に二十六歳のフェルディナント王子が正式に決まった。親戚とはいえ、「あんな若造に務まるわけがない」として彼の性格を嫌っていた女王がこの選定に関与したはずもなかった。

ヨーロッパ王室の名付け親《ゴッドマザー》

ブルガリアで新しい支配者が決まろうとしていた頃、イギリスは世界でもっとも長く君臨する支配者の在位五〇周年記念《ゴールデン・ジュビリー》式典に沸いていた。一八八七年六月二十日に、ヴィクトリア女王は即位してから半世紀を迎えることになった。すでにその年の二月から、インドではこの女帝の祝いの宴《うたげ》が花火などの催し物によりスタートしていた。三月からはいよいよイギリス国内でも六月の式典に向けて、準備が整えられていった。女王はイングランド中部の工業都市バーミンガムを行幸し、出迎えた二万人の子どもたちから歓迎を受けた。六月にはいると、カナダやオーストラリアなど帝国各地で次々と祝いの行事が行われた。その旨は、世界中に散らばった女王陛下の代理人たる、総督や高等弁務官たちから伝えられた。

そして六月二十日を迎えた。バッキンガム宮殿には、ヨーロッパ中から王侯たちが一堂に会していた。デンマーク、ベルギー、ギリシャ、ザクセンから四人の国王が、オーストリアやドイツなど八ヵ国から皇太子がそれぞれに配偶者をともなってお祝いに駆けつけた。さらに、アジア各国も代表を送った。ペルシャ、シャム、清国は高位の王族を派遣した。日本の明治天皇も小松宮彰仁《こまつのみやあきひと》親王を名代に立てた。そして、遠く太平洋のハワイからもカラカウア国王がカピオラニ王妃を遣わしてきた。女王はこの王妃から珍しい鳥の羽根でできたリース(花輪)をプレゼントされた。英語のできない王妃のために通訳を務めたのが、国王の妹で、のちに最後のハワイ女王となるリリウオカラーニ王女であった。

これら世界各国の王侯たちのために、女王はバッキンガム宮殿の大広間で午餐会を催した。この部屋が饗宴《きょうえん》のために使われたのは、一八六一年にアルバート公が亡くなって以来初めてのことだった。

翌二十一日が記念式典のハイライトとなる、ウェストミンスター寺院での記念礼拝の日である。ヴィクトリア女王を先頭に、イギリス王族はもとより、これら世界各地から集まった

女王在位50周年記念式典に集まった各国王族たち　1887年

王侯たちが、次々と豪華な馬車に乗り込み、ロンドンを練り歩いた。ピカデリーをはじめ、ロンドン中がきらびやかに飾り立てられていた。これだけの貴顕の紳士淑女を招いてロンドンが盛り上がったのは、これより七三年前の一八一四年六月、ナポレオン戦争が終結して、ロシア皇帝やプロイセン国王などがイギリスの尽力に感謝して祝賀会のために集まって以来のことだった。そのとき、イギリスは初めてヨーロッパ諸国から「大国」として認められたわけであるが、女王の在位五〇周年記念式典はさらにそれが「七つの海を支配する大英帝国」へと発展を遂げた、イギリスの最盛期を象徴する祝典となった。

ウェストミンスター寺院に到着すると、祭壇の前には女王の親族が座り、祭壇の両脇には各国からの王侯たちが所定の位置に着席した。その日の日誌に女王はこのように記した。「私は一人きりで座った（ああ！　最愛の夫なしでこの栄えある日を迎えるとは）」。

しかし、女王は決して一人ではなかった。少し離れた彼女の右側には皇太子バーティが、左側には長女ヴィッキーの夫でドイツ帝国皇太子のフリッツがそれぞれに座り、女王の子どもや孫、その配偶者の総計五〇人ほどが彼女を取り囲むように着席していたのである。いまや女王は、現存する支配者としては世界最長の在位記録を誇る君主であったばかりでなく、子どもや孫たちの結婚の関係もあって、ヨーロッパ大陸に君臨する王侯たちの多くが、彼女の子孫もしくは名付け子になっていたのである。いつしか女王は「ヨーロッパ王室の名付け親《ゴッドマザー》」と呼ばれるようになっていた。

その日の夕刻にはバッキンガム宮殿で再び盛大な晩餐会が開かれた。女王のドレスは、相変わらず黒地ではあったが、このときばかりは銀糸の刺繡《ししゅう》が施された特別製だった。それは、イングランドのバラ、スコットランドのアザミ、アイルランドのシャムロックと、連合王国のそれぞれの国花を表象するデザインであった。アルバートが亡くなってからは身に着けるのを控えてきた大粒のダイヤの装飾品も着けられ、ブルーリボンや二つの女性用の勲章（ヴィクトリア・アンド・アルバート王室勲章とクラウン・オブ・インディア勲章）とともに、この日ばかりは女王を光り輝かせていたのである。

女王は、デンマーク国王クリスチャン九世とベルギー国王レオポルド二世の間に着席した。クリスチャンは皇太子バーティの舅にあたり、この日列席していた最年長者（女王より一歳年上）でもあり、女王の健康を祝して乾杯の音頭を取った。「ゴッド・セイブ・ザ・クイーン」が高らかに演奏され、今度はバーティが「母のためにお集まりの王侯」のために返杯の音頭を取った。あとはこの偉大なる女王のための宴が深夜まで続いた。バッキンガム宮殿の外では、集まった群衆がやはり夜中まで騒ぎ、女王陛下のために乾杯した。

大英帝国の主として

翌二十二日から、王侯たちはウィンザーに場所を移した。ここでもまた午餐会や晩餐会、さらには広大な芝生の上で園遊会が催された。今度は女王は、次代のヨーロッパを担う、より若い王侯たちの間で食事をとった。右隣にはドイツ皇太子のフリッツ、左隣にはオーストリア帝国から皇帝の名代として駆けつけてくれたルドルフ皇太子が座っていた。ルドルフは、女王の栄えある式典に出席できたことを喜ぶとともに、イギリスとオーストリアとの友好関係がさらに深まることを真摯《しんし》に望んだ。女王はこの心優しい皇太子が好きだったが、まさか彼がそれからわずか一年半後に、貴族の令嬢と心中してしまう運命にあったとは、このときは予想だにしていなかった。

ヨーロッパや世界各国の王侯たちとの「王室外交」は一週間にわたって続けられた。六月三十日、今度はウィンザーに新たな王侯たちが招き入れられた。女王が女帝を兼ねるインド帝国の各地から集まった王侯たちだった。彼らは手に手に豪奢な贈り物を携えてやってきた。

それは、各地の技術の粋を結集して金銀宝石や象牙《ぞうげ》などでつくられた工芸品の数々であった。女王は、彼らに丁重にお礼を述べるとともに、お返しの品物を用意した。それは相手のランクに応じて準備された勲章であった。女王自らが創設に携わった、スター・オブ・インディア勲章（三等級）とインディアン・エンパイア勲章（三等級）が、それぞれ女王のエナメル肖像画に添えて授与されていった。

他方で、女王がインドの王侯たちとの交友を深めている間、バーティの息子であるアルバート・ヴィクターとジョージの二人の王子は、ダブリンに到着した。祖母や両親が世界各地の王侯たちの接待で忙しいため、彼ら王孫たちがアイルランドで式典を執り行ったのである。アイルランドは、前年にイギリス議会で紛糾した自治問題をめぐり、まだまだ多くの難問を抱えていたが、この若い王子二人を歓迎し、女王の記念の年を祝ったのである。

七月二十一日、ウェストミンスターでの記念礼拝から一ヵ月後に、女王は帝国の臣民は言うに及ばず、外国の王侯や国民たちまでもが自らの記念日を祝ってくれたことに感動していた。しかし、喜びの絶頂にあったにもかかわらず、彼女の心に一抹の不安がよぎっていた。それは愛する長女ヴィッキーの夫フリッツのことだった。この婿は尊敬し愛する姑《しゅうとめ》ヴィクトリアの記念式典に駆けつけてくれたものの、顔は土気色だった。明らかに具合が悪いようだった。フリッツの健康だけを気がかりにしながらも、女王の世紀の大典は無事に幕を閉じたのであった。

老皇帝の死とフリッツの容態

女王の予感は的中した。式典が終わって半年もしない十一月初めに、フリッツの容態が急速に悪化しているとの報告がベルリンから届けられた。実は女王は、自らの侍医を派遣して、フリッツの診断に当たらせていたが、それによると彼はすでに喉頭ガンに冒されているようだった。頑迷な老皇帝ヴィルヘルム一世はその年満九十歳を迎え、皇太子といえどもフリッツも五十六歳になっていた。三〇年近く前にロンドンで婚礼を挙げてベルリンに嫁いでいたヴィッキーは、プロイセン＝ドイツ政界で疎まれる存在だった。彼女が両親から受け継いだイギリス流の自由主義的な考え方は、後発の資本主義工業国家には馴染まなかったのだ。

幸いフリッツは思想的にもヴィッキーと共鳴し、頑迷な父帝や彼の片腕ビスマルクが進めようとする言論統制や労働運動の弾圧に否定的であった。ビスマルクやその周辺の政治家たちは「あのイギリス女」が皇太子の裏で糸を引いているとして、ヴィッキーに非難の矛先を向けた。なんとヴィッキーは、かつて自分の父親が、同じく「外国人」としてイギリス政界で苦汁をなめた経験を、今度はドイツで堪え忍んでいたのである。父娘の間に見られた皮肉な運命の巡り合わせと言えようか。

ヴィクトリア女王は、頑迷な老皇帝がこれまた頑迷な老宰相とともに、議会を蔑ろにした政治を進め、ヨーロッパ国際政治をも我がもの顔で牛耳っている姿に、露骨に不快感を表していた。早くフリッツが皇帝になって、ドイツの政治外交の軌道を修正してもらいたいものである。女王は常々そう願っていた。

それが現実のものになるときが訪れた。翌一八八八年三月九日、ウィンザー城に滞在する女王のもとに、孫のウィリーから電報が届いた。老皇帝が大往生を遂げたのである。その政治外交的な手腕は決して評価していなかったものの、女王は人柄的にはヴィルヘルム一世を慕っていた。すぐにバーティがアリックスとともにベルリンに向かった。女王の名代として皇帝の葬儀に出席するためだった。

その二人も、翌十日には結婚二五周年《シルバー・ウエディング》を迎えていた。いつしかバーティは女王とアルバート公が過ごした年月を越えるだけの結婚生活を送っていたのである。アリックスとの間には二男三女の五人の子宝に恵まれていた。しかし長男で、やがてバーティの後を継いでこの国の国王になるはずのアルバート・ヴィクター王子（愛称エディ）は、「うすのろ」との評判だった。せっかく祖父と祖母から名前をもらっているのになんたることか。

王子は一歳年下のジョージ（愛称ジョージー）とともに、幼少時から海軍兵学校に入れられた。一八八〇年には世界周遊の訓練に出かけ、途中日本の長崎に立ち寄ったこの兄弟の腕には、当代一流の彫り師「彫千代《ほりちよ》」こと宮崎匡《みやざきただす》による刺青《タトゥー》が施された。海軍から離れたエディは、風貌も凡庸で、女王はあまり好まなかった。むしろ弟のジョージのほうがましだった。

それどころか、一八八八年八月頃からイギリス中を震撼させた「切り裂きジャック事件」では、エディまで世間から容疑者扱いされてしまう始末であった。

自分自身の子や孫の行く末も心配だったが、いまの女王は老皇帝を失い、ドイツ帝国第二代皇帝となったフリッツの容態のほうが気がかりであった。ベルリンから戻ったバーティによれば、フリッツのガンは進行している様子であった。これはお見舞いも兼ねて一度訪ねたほうがよい。四月になり、女王は保養も兼ねてイタリアとドイツを訪問した。フィレンツェではイタリア国王夫妻や、やはり保養で訪れていたブラジル皇帝夫妻などとも親交を深めた。

また、イタリアからドイツへと列車ではいるとき、オーストリア西部のインスブルック駅に思いもかけない人物が現れた。ハプスブルク家の当主フランツ・ヨーゼフ一世その人である。皇帝は軍服姿でプラットホームに立ち、そのまま女王の列車に乗り込んで昼食をともにした。

女王もこの嬉しい不意打ちに大喜びした。何しろ皇帝と会うのは二五年ぶりのことである。コーブルクに亡き夫アルバートの銅像が建立され、その除幕式に皇帝が駆けつけてくれたとき以来のことだ。二人はさまざまな話題について楽しく語り合った。皇帝はビスマルクがロシアに対して弱腰であり、イギリスとオーストリアとの友好関係をさらに強化し、今後も長く続かせるとともに、いざ戦争となった場合には手を取り合って協力していきたいと熱っぽく語った。女王は自分より十一歳年下ながらも、勤勉で優しく紳士的な皇帝に好意を抱いていた。思えば、この二人はともに十八歳で一国の君主に即位して、国と苦楽をともにしてきたという共通点が見られた。皇帝もこのヨーロッパ王室の名付け親《ゴッドマザー》には、一目も二目も置いていた。だからこそ、ウィーンから一七時間もかけて、わざわざ女王に会いに来たのである。その翌日、女王はいよいよドイツ帝国に足を踏み入れた。義父を亡くしたヴィッキーはもとより、夫に先立たれたアウグスタ皇太后にもお悔やみを是非とも言いたかった。そして何よりもフリッツの容態をこの目で見たかった。それと同時に、ベルリンでは十九世紀を代表する二人の外政家同士の直接会談がこのあと待ち受けていたのである。

ビスマルクとの会見

ヴィクトリア女王がベルリンに入った一八八八年四月二十五日、一人の人物が謁見を求めにやってきた。この国を首相として二六年、帝国宰相として一七年支え続けてきたビスマルク侯爵である。二人は以前に一度だけ会ったことがある。ロンドンでもなければベルリンでもない。クリミア戦争のさなかの一八五五年八月、女王がアルバートとともにパリを訪れていたとき、ちょうどパリの万博を見物に来ていたプロイセンの上院議員でドイツ連邦議会の公使としてフランクフルトに駐在していたビスマルクは、ヴェルサイユで挨拶《あいさつ》だけ交わしていた。しかしそのときは、プロイセンの一《いち》国会議員と女王陛下という間柄であったから、ビスマルクは覚えていても、女王のほうはとっくに忘れていた。

それから三三年の年月が流れた。その間に、ビスマルクのほうはプロイセン首相となり、数々の戦争に勝利を収め、自らの主導下でドイツ帝国を統一し、いまや押しも押されもせぬ帝国宰相としてヨーロッパ国際政治に君臨していた。片やヴィクトリア女王のほうは、アルバートの死によって一時は君主としての生命も危ぶまれたが、ドイツ帝国が成立した直後あたりには政治外交の世界に完全に復活し、このビスマルクと相対しながら大英帝国の拡大・維持に全力を尽くしていた。その二人が再会したのである。六十九歳の女王は、七十三歳の老宰相と握手するや、すぐに椅子に座るよう促し、老宰相は恐縮しながら着席した。

二人は三〇分ほど話をした。女王はビスマルクが「あまりに友好的で紳士的なので驚かされた」。以前に会ったとはいってもすれ違った程度である。女王がビスマルクに直接会って抱いた印象は、これまでヴィッキーから寄せられる書簡をもとに形成された、「ずる賢い」「強圧的な」人物とは異なっていたようだ。

まず二人はヨーロッパ情勢について語り合った。オーストリアがロシアから攻撃されたら、ドイツは救援に駆けつけなければならないだろう。そのときにはフランスがロシアと手を結んでしまうだろう。そうなると俄然、イギリスが有する艦隊は重要な意味を持ってくる。ビスマルクはソールズベリが、それ以前のグラッドストンとは異なり、確固たる政策をとってくれるので助かると述べた。女王はフランスは政権が頻繁に変わって脆弱《ぜいじゃく》だから簡単に戦争には乗り出さないだろうと推測した。ビスマルクのほうは、オーストリアがあまりにもロシアに弱腰なので困っていると応えた。なんだそれではインスブルックで聞いたフランツ・ヨーゼフ一世の意見とは正反対ではないか。女王は内心ほくそ笑んでいた。

話はドイツ国内の問題にも及んだ。老皇帝亡き後、フリッツとヴィッキーを支えてくれるのはあなたしかいないと、女王はビスマルクに二人を助けるよう要請した。ビスマルクもしたたかな人物である。いまや皇后となったヴィッキーに対する彼の猜疑心《さいぎ》は深かったが、ここは母親でもある女王陛下の手前、もちろんお助けいたしますと答えておいた。

さらに話は、ウィリーこと皇太子ヴィルヘルム王子のことになった。女王はこの孫はまだまだ未熟だし、もっと旅行でもして見聞を広めさせてはどうかと意見を述べた。これに対してビスマルクは、皇太子は文政については何もご存じないが、元々頭のよい方なので、「水のなかに放って差し上げれば、すぐに泳げるようになられるでしょう」と答えた。

こうして世紀の会談は終わった。身長一五〇センチに満たない女王は、一九〇センチにも届きそうな老宰相と固い握手を交わして別れを惜しんだ。これが二人にとって最初で最後の首脳会談となった。女王は、これまでの否定的なイメージを払拭《ふっしょく》し、この宰相ならフリッツ夫妻を支えてくれるだろうとの印象を強く持った。対するビスマルクも、この小柄な女王が、口うるさいだけの長女とは異なって、並々ならぬパワーを秘めていることをすぐに悟った。会談の五日後、ビスマルクはベルリン駐在のイギリス大使館を通じて、女王にドイツ訪問に対するお礼を伝えてきた。

しかし女王もやはりしたたかだった。この会談で、「ドイツは軍備も着々と整えており、いつでも必要なときに動員できるようになっております」とのビスマルクの豪語を聞いた女王は、帰国後すぐにソールズベリを呼び出し、イギリスも陸海軍を早急に強化するようにとの指示を与えたのである。それが翌八九年五月に制定された海軍国防法へとつながる一つの要因となった。

ウィリーの登場と老宰相の退場

それからわずか二ヵ月後のことであった。六月十五日、バルモラル城に滞在していた女王のもとに電報が届けられた。ドイツ皇帝フリードリヒ三世が逝去したのである。わずか九九日間の在位であった。女王はヴィッキーが不憫でならなかった。自らが夫を亡くした二七年後に、この愛する長女まで寡婦になってしまったのである。フリッツの葬儀には、再びバーティ夫妻が女王の名代として遣わされることになった。

皇太子時代のヴィルヘルム２世(1859〜1941)　在位1888〜1918．愛称ウィリー．女王の孫にあたる．ドイツの対外進出を積極的に指導するも，第１次世界大戦に敗れ，革命で退位

　ドイツ帝国はこの年三人の皇帝を擁《よう》したわけだが、ここに三代目の当主ヴィルヘルム二世が登場した。二十九歳の新皇帝は、早速に「対等の」君主として、祖母ヴィクトリア女王にも挨拶状を送ってきた。とは

いえ、もちろん出だしは「愛するおばあちゃま」のままである。ウィリーの意気込みは相当なものだった。七月末には、バルト海を周遊して、ロシア皇帝、スウェーデン国王、デンマーク国王と相次いで会見を行った。さらに、十月にはウィーンにフランツ・ヨーゼフ一世を訪ね、イタリア国王、ローマ教皇にも挨拶に行った。ビスマルク顔負けの八面六臂《はちめんろっぴ》の外交だった。

ところがウィリーはとんでもない野望を胸に秘めていたのである。彼はドイツがいつまでも「超一流国」になれないことに内心忸怩たる思いがしていた。ヨーロッパ国際政治の中心にあるとはいえ、海軍大国たるイギリスと陸軍大国たるロシアに挟まれて、ドイツはいまだに一段下ではないか。さらにウィリーは国内で「労働者のための政治」を標榜し、彼らを擁護するための社会政策を推進しようとした。この内外二つの政策にとって邪魔な存在がいる。ほかならぬ帝国宰相ビスマルクである。

ビスマルクは、皇帝が進めようとしている社会政策など、上っ面だけの改革ですぐに破綻するだろうと読んでいた。さらに、彼があえてドイツを超大国にしないことにも理由があった。たしかに、ドイツにはイギリスやロシアに負けない軍事力を備えられるだけの、工業力も資本もあったかもしれない。しかしそれはヨーロッパの勢力均衡《バランス・オブ・パワー》を崩す原因になりかねなかった。十七世紀末以来、ヨーロッパで生じてきた大戦争のほとんどすべてがヨーロッパに新たな領土を拡大しようとする野心家の権力者が登場した結果生じていたのである。ルイ一四世、フリードリヒ二世、ナポレオン一世などその典型例である。だからナポレオン戦争が終結した後、ウィーンに集まった指導者たちは、そのような国家が二度と現れないためにも、勢力の均衡こそをスローガンに平和を維持してきたのである。ウィーン体制を構築したメッテルニヒも、会議外交で平和を維持したパーマストンもしかりであった。ビスマルクも同じ考えに基づいて自らの体制を構築していた。

しかしヴィルヘルム二世はそれでは不満だった。いつまでもロシアにペコペコしたり、イギリスの言いなりになるような国では一流国になれない。アレクサンドル叔父さんの国を超える陸軍、おばあちゃまの国を超える海軍を備えて、世界強国への道に乗り出さなければならない。そのためにも老宰相は邪魔だったし、ロシアやイギリスの親戚にも挑発的な態度を取ってやろう。ウィリーはそう考えた。

皇帝に即位した年の十月、ウィリーはウィーンを訪問していた。とそこへ「バーティ叔父さん」こと、イギリス皇太子もやってきた。バーティはウィリーに会わないかと誘いをかけたが、この甥っ子はすげなく突っぱねてしまった。自分は「皇帝」であり、「皇太子」風情とハプスブルク家の都で会うつもりはない。自分がいま敬意を表すべきなのはフランツ・ヨーゼフ「皇帝」であり、アルバート・エドワード「皇太子」などではない。オーストリア皇帝も困ってしまった。とはいえ、先に到着していたのはウィリーだし、何より外交儀礼で格上なのは彼なのだから、まずはドイツ皇帝に先に会うことにした。その間、イギリス皇太子は他の土地を周遊するしかなかった。

この一件に怒ったのは当のバーティだけではない。ヴィクトリア女王も激怒したのである。相手は「皇太子」とはいえ、実の母親の弟ではないか。しかもプロイセン＝ドイツごときがなんだ。女王はすぐさまウィリーに手紙を送り、バーティに詫びを入れるよう命じた。翌年の八月、ウィリーが一家でオズボーンを訪ね、女王の仲裁でバーティ叔父さんとも和解が成立した。女王はウィリーの弟ハインリヒにガーター勲章を贈った。お返しでウィリーは従弟のジョージ（バーティの次男）にドイツ最高位の黒鷲《くろわし》勲章を贈った。こうして、英独両国の王室同士の争いは一応幕を閉じたのであるが、即位早々にウィリーがしでかしたこの騒動に、女王は内心不安であった。

この男は今後また何をしでかすかわからない。ここはベテラン宰相に手綱《たづな》を締めてもらっておかないと困る。十月、女王はビスマルクに自らの肖像画を贈った。そこには今後もこのできそこないの孫の面倒を見てくれるようにとの、女王の心が現れていたのであろうか。老宰相は身に余る光栄と感謝した。しかし早くもその四ヵ月後に、老宰相と皇帝との衝突は抜き差しならぬものになっていた。社会政策と対外政策をめぐる対立が頂点に達していたのである。一八九〇年三月、ビスマルクは辞任した。皇帝による事実上の更迭といっても過言ではなかった。

女王は大いに失望した。かつてはヨーロッパ国際政治やアフリカ植民地をめぐって確執も見られた女王とビスマルクではあったが、二年前の四月に初めて相対してから、女王はヨーロッパ政治を二〇年にわたって支えてきたこの男に信頼を寄せるようになっていた。この男ならウィリーを抑えることもできようと。しかし成功しなかった。

ビスマルク失脚の二ヵ月後、五月二十二日にウィリーはビスマルクを辞任させたのは、彼があまりにもロシアに偏りすぎた政策を採り続けてきたことが、ヨーロッパの平和にとって障害になってきたためであると、女王に伝えてきた。しかも、ビスマルクがもはや外交を握る立場にないことを感謝すると、大勢の人々から言われているとも述べた。

ビスマルクが一八八七年六月にロシアと極秘裡に結んだ再保障条約が失効したのはその直後のことであった。この条約は、独仏戦争となった暁にはロシアは中立を守る見返りとして、バルカン問題ではドイツはロシアを支持するとの内容のものだった。三年間の時限条約で、ビスマルクは六月に更新するつもりだったが、失脚させられた。そして皇帝は更新に応じなかったのである。ロシアのドイツに対する不信感は増すばかりとなり、ビスマルクが目を光らせていた間はどこの国とも同盟も条約も結べなかったフランスが、ここに登場する機会をつかんだ。ドイツはますますオーストリア寄りになっていった。すべてはビスマルクが恐れていたとおりの筋書きになりつつあった。

そして、この無謀なドイツ皇帝がさらに野心的な政策を進めていくのを見て不安を高めたのは、もはや引退したビスマルクではなく、ビスマルク体制崩壊後も大英帝国を支えていかなければならなかった、皇帝の祖母ヴィクトリア女王だったのである。

喜びと悲しみのイギリス王室

一八九一年十二月、バーティの長男、エディことアルバート・ヴィクター王子が突然ウィンザーに祖母ヴィクトリア女王を訪ねてきた。何か悪い知らせでなければよいが。むしろ逆だった。彼は婚約の許可をもらいに来たのである。相手はドイツのテック公爵の娘メアリ。彼女の母は女王の叔父ケンブリッジ公の娘であったから、女王の従妹にあたった。テック公爵家の一族はもう長いことイギリスで生活を続け、メイの愛称で知られるメアリ王女も、ケンジントン宮殿で生まれ育っていた。かつて女王自身が王女時代に母と過ごした思い出の場所である。女王はメイをことのほか可愛がっていた。何しろメイは名付け子《ゴッドドウター》でもあったのだ。

そのメイがエディと結婚してくれるのであれば言うことはない。エディもすでに二十七歳になっていた。「うすのろ」の評判を受け、切り裂きジャックの犯人扱いをされ、さらには同性愛疑惑まであったため、エディはこれまでずいぶんと女性たちから「振られて」きた。女王は、早世した次女アリスの四女で、母親が亡くなってから親代わりに可愛がってきたヘッセン＝ダルムシュタット大公家のアリックス（愛称アリッキー）をエディにあてがいたかったのであるが、アリッキーはこれを断っていた。しかしメイならアリッキー同様、女王のお眼鏡にかなう女性であった。

エディは一八八九年秋から九〇年春にかけてインドを訪問した。将来の「インド皇帝」として、インドの王侯たちとも信頼関係を築いていた。さらに出発前にはクラレンス公爵に叙されて、自らの宮廷を構えられる状態となっていた。そろそろ結婚の潮時を迎えていたのである。女王はもちろん二人の婚約を許し、翌九二年二月二十七日に挙式の予定となった。

ところが、思いがけない出来事が待ち受けていた。結婚式の一ヵ月ほど前、一月十四日、オズボーン・ハウスに滞在する女王のもとにバーティから電報が届いた。エディが急死したというのである。女王は信じられなかった。エディは年末にインフルエンザにかかり、その後肺炎を併発してあっけなく世を去ってしまったのである。享年二十八。あまりにも早い死であった。普段は「うすのろ」と彼を見下していた女王もこのときばかりはショックだった。何より、バーティとアリックス、そして婚約者のメイが不憫でならなかった。

ヨーロッパ各国は、将来イギリス国王に即《つ》くはずであったクラレンス公の葬儀に、皇帝や国王の名代として高位の王族を次々と送ってきた。一週間後、ロンドンでしめやかにエディの葬儀が営まれた。

こうなると一歳年下のジョージーことジョージ王子の存在は俄然重要になってきた。いまや彼は父親に次いで王位継承者第二位となっていた。エディの葬儀も済み、九二年三月に女王はジョージーをヨーク公爵に叙した。さらに翌年からは、亡き兄の代わりに次々と公務を託すことになった。

一八九三年五月、女王はこれまた思いがけない知らせを受け取った。ジョージーが婚約したいというのである。相手はあのメイだった。エディを失い、失意のどん底にあったメイを助けたのがジョージーだった。女王の喜びは言うまでもなかった。こうして、ジョージーとメイはその年の七月六日に結婚することに決まった。

ジョージーとニッキー

七月一日、ウィンザー城に一人の小柄な青年が訪ねてきた。ロマノフ王朝の御曹司ニコライ皇太子だった。ニッキーの愛称で知られる彼は、一九〇センチを超える巨漢の父帝とは対照的に、小柄で地味で朴訥《ぼくとつ》な青年だった。ニッキーは三歳年上で仲よしの従兄ジョージーの結婚式に出席するためイギリスを訪れたのである。女王は初めてニッキーを見たとき息を飲んだ。背格好も顔つきも、あまりにもジョージーにそっくりだったからである。たしかに二人は血のつながりのある従兄弟である。ジョージーの母アリックスとニッキーの母マリア（デンマーク王女時の名はダグマール）が姉妹なのだから。それでもここまで瓜《うり》二つかと思わせるほど、お互いの兄弟以上に、二人はよく似ていた。それと同時に実の兄弟以上に仲もよかった。

七月五日、バッキンガム宮殿では盛大な前夜祭が開かれた。デンマーク国王クリスチャン九世も孫の結婚の祝いに喜んで駆けつけた。この日、女王はすでにガーター勲章を授与されているジョージーにシッスル勲章（スコットランド最高の栄誉）、メイにヴィクトリア・アンド・アルバート王室勲章をそれぞれ贈った。メイもこれで正式にイギリス王室のメンバーとなった。メイにはさらに、王室に伝わる宝石の数々も贈られた。

晩餐会では、女王はクリスチャン九世とニッキーの間の席に座った。それにしてもあまりにジョージーと似ているため、女王はしばしば二人を混同してしまい、「おかしな間違いが絶えないほどだった」とその日の日誌におもしろおかしく記している。ニッキーの胸には、四日前に女王から直々に授与されたガーター勲章がきらきらと輝いていた。

そして七月六日、ジョージーとメイはセント・ジェームズ宮殿の付属礼拝堂で華やかに式

上／ジョージーとメイの結婚（1893年）　女王の孫である彼はのちのジョージ5世．**下／ジョージー（右）とニッキー**　2人は母親が姉妹の従兄弟．ニッキーはのちのロシア皇帝ニコライ2世

が甦ってきた。女王の脳裏には、五三年前に自分がアルバートとこの同じ場所で挙げた式の様子を挙げた。のだ。いまや二人とも寡婦になってしまったが、メイにはできるだけ長くジョージーと幸せに暮らしてもらいたいものである。翌九四年六月二十三日、女王のもとに吉報が舞い込んだ。メイが無事に丈夫な男の子を出産したのである。デイヴィッドの愛称で呼ばれるこの王子こそ、のちに「王冠を賭《か》けた恋」で知られるエドワード八世である。

しかし祝い事ばかりではなかった。ジョージーがメイと式を挙げた二ヵ月後、一八九三年八月に女王の従兄にもあたる、亡夫アルバートの兄エルンストが世を去った。夫より三〇年以上も長生きしたのである。ところが彼は子宝に恵まれなかったのだ。ザクセン゠コーブルク公爵位は、当然アルバートに行くところだが、彼もこの世にはいない。そこで長男バーティとなるが、彼は近い将来イギリス国王になる身である。このため、公爵位は次男アルフレッドが継承し、このアッフィ一家はコーブルクに移り住むことになった。

翌九四年四月、女王は保養も兼ねて、コーブルクにアッフィ一家を訪問した。四月二十日、女王が家族と朝食をとっていたとき、びっくりするような知らせを受けた。最愛の孫娘アリッキーが婚約者を連れておばあちゃまに報告に来たいというのである。その婚約者が誰あろう、ロシア皇太子のニッキーだった。さしもの女王も「まるで雷に打たれたかのような衝撃を受けた」ようである。たしかに、ニッキーがアリッキーにそっこんだったのは彼女も知っていた。しかしアリッキーの心中は定かではなかったのだ。女王は心から喜んでこの若いカップルを迎え入れた。アリッキーの目には喜びで涙があふれていた。

ところがまたもや訃報である。それから半年後、ロシア皇帝アレクサンドル三世が息を引き取った。ブルガリア問題をめぐりしばしば女王が衝突を繰り返してきたこの皇帝は、まだ自分の息子たちと同年代にすぎなかった。ここにニッキーがロマノフ王朝を継承し、皇帝ニコライ二世に即位することになった。結婚も急遽、喪が明けた直後に早まることになった。十一月二十六日、サンクト・ペテルブルクで華やかに執り行われた式に、女王の名代としてバーティ夫妻が出席した。次女アリスの死後、この孫娘アリッキーの行く末を常に心配してきた女王にとって最良の日となった。アリッキーは良き「皇后《ツァーリーナ》」となるだろう。そして気心の知れたニッキーが皇帝《ツァーリ》になるのであれば、これまで確執の絶えなかった英露関係も改善されるだろう。「ヨーロッパ王室の名付け親《ゴッドマザー》」たる女王はまだまだ健在であった。

ヨーロッパ国際政治の変動

とはいえ、ニッキーは大変な時期に皇帝《ツァーリ》になった。彼が即位する四ヵ月ほど前から、ロシア帝国の東の果て、極東地域では日清戦争が勃発していた。いまやザクセン＝コーブルク公爵となっていたアッフィが一八六九年に訪問して以来、日本は急速に近代化を進めてきていた。それをある意味で試す機会が日清戦争だった。清国の東北部に利害のあるロシアとしても黙視できない戦争だった。一八九五年四月、戦争は日本側の勝利に終わり、台湾や遼東《りょうとう》半島などが割譲されることに決まった。ここに待ったをかけたのが、ロシア・ドイツ・フランスの三国であった。この三国は日本に遼東半島だけは諦めさせようとした。「三国干渉」である。

一八九〇年代にはいり、ヨーロッパ国際政治は急激な展開を見せるようになっていた。ビスマルクの失脚で、それまで彼が築いてきた協調体制が音を立てて崩れていったのである。まずは、これまで孤立させられてきたフランスがすぐさまロシアに接近した。日清戦争の勃発した一八九四年までには、露仏同盟が成立した。これに脅威を感じたのが、ウィリーことヴィルヘルム二世だった。何しろロシアとフランスに東西から挟まれてしまったのである。そこでウィリーはオーストリアとの同盟関係をさらに強化した。ヨーロッパは二つのブロックに分かれ、これで一ヵ所にでも火の手が上がれば、たちまち全体が炎に包まれる状態となる。すべては彼らヨーロッパ大陸の指導者たちの良識にかかっていた。

そのようななかでも、イギリスだけは超然としていずれの大国とも同盟関係を結ばなかった。ビスマルク体制時代のフランスとは違う。彼らはビスマルクに睨《にら》まれて、弱い立場から孤立させられていたのだ。しかし自分たちは強いから、どこの国とも同盟など結ばずとも、世界大に拡がった大英帝国を維持できるのである。いつしか人々は「光栄ある孤立（Splendid Isolation）」と呼ぶようになっていた。

しかし現実には「光栄ある孤立」などではなかった。いまや世界大のスケールでイギリスはこれら大国と植民地争いに乗り出していたのである。ヨーロッパの論理と帝国の論理とは使い分けなければならない。現にヨーロッパで敵対している三国が、極東問題では手を取り合って日本に圧力をかけたではないか。ヨーロッパでの縄張り問題ならいざ知らず、イギリスは帝国の問題でも孤立してしまっては先が思いやられる。女王の懸念がそれであった。

こうなると、女王としては二つの大国のいずれかと手を結ぶ必要が出てこよう。ウィリーのドイツか、ニッキーのロシアである。これまでの経緯からすれば、帝国の問題で常にイギリスと対峙してきたのがロシアであり、ドイツがその仲裁役になってくれていた。しかしそれはビスマルク時代の話である。今は時代が変わっていた。

一八九五年十二月十四日、ノーフォークのサンドリンガム・ハウスで一人の赤ん坊が産声を上げた。ヨーク公爵家に二人目の男の子が誕生したのである。しかしヨーク公は当初、この日にだけは生まれて欲しくなかった。祖父アルバート公、そして叔母アリス王女の命日であり、イギリス王室、とりわけヴィクトリア女王にとって忌み嫌うべき日付だった。ところが、当の女王は大喜びだった。むしろ、いままで嫌なことの多かったこの日付を、この赤ん坊は一変させてくれたのだ。「この子は神からの贈り物だ」と女王はジョージーに祝いの言葉を贈り、彼もこれで安心した。この子は曾祖父にあやかり「アルバート（愛称バーティ）」と名付けられることになった。のちの女王エリザベス二世の父君ジョージ六世の誕生のときの物語である。

クルーガー電報事件と女王の憤り

ところが女王の喜びを急転させる出来事が生じた。諸悪の根源はまたしてもあのウィリーだった。新年が明けて早々の一八九六年一月三日、ロンドンの新聞はいっせいにドイツ皇帝を非難する記事を掲載した。記事によれば、前年末に南アフリカのトランスヴァール共和国に侵入したイギリス人の一団がブール人（イギリス以前から入植していたオランダ系白人。英語名でボーア人）の軍隊によって撃退されたことに大喜びした皇帝が、同国のクルーガー大統領に「閣下と貴国民のご成功を心よりお祝い申し上げます」との祝電を送ったというのである。はたして本当なのか。

そもそもトランスヴァールなど南アフリカ一帯は、大航海時代からインドへの中継点として交易上重要な場所であり、オランダ系のブール人がイギリスより先に入植を開始していた。ところが、一八六〇～八〇年代にこの地帯で一大発見が続いた。金とダイヤモンドである。イギリスの野心家セシル・ローズは自ら設立したデ・ビアス社を使い、一八八〇年代末までには南アフリカのダイヤモンドの大半を独占することに成功した。ここに彼は、ケープ植民地首相にまで登り詰めた。一八九一年二月、ウィンザー城での晩餐会に招かれたローズは、女王にこう豪語した。「イギリス人だけが世界的にも植民地経営を推進できる才能を有する人種でございます、陛下」。これに気をよくした女王は、ローズを全面的に支援すると約束していた。

一八九五年にはローズは自らの名を冠した「ローデシア（現在のザンビアとジンバブエ）」をトランスヴァールの北側に建設し、イギリス本国でごり押しの帝国主義を進める植民地相ジョゼフ・チェンバレンとタイアップしながら、さらなる領土の拡大に乗り出した。その年の暮れ、ローズの腹心でローデシアの行政官ジェイムスンを指導者に南アフリカ会社に所属する騎馬警官隊五〇〇人ほどが突如トランスヴァールに侵攻を開始した。十二月三十日未明のことであった。世に言う「ジェイムスン侵入事件」である。しかし進撃は失敗に終わった。一月一日には彼ら一団はブール人に降伏したのである。

ヴィルヘルム二世がクルーガーに電報を送ったのはこのときだった。当時、オズボーン・ハウスに滞在していたヴィクトリア女王は、このウィリーの暴挙に怒り心頭に発していた。さらにバーティが女王に伝えてきた。南アフリカは事実上は独立国などではなく、女王を宗主に戴く領域である。ドイツ皇帝はどういうつもりでそこにクチバシを挟んでくるのか。これは「非友好的な行為」と非難されてもおかしくはない。これは外交用語であり、相手国のある行動は戦争を引き起こすかもしれないとの警告を発したいときに用いる言葉だった。

女王も同様の見解だった。すぐにウィリーに手紙を送って真相を問い質《ただ》そうとした。たしかに、ジェイムスンの行為は「間違いで完全に不当なもの」ではある。しかし、トランスヴァールがイギリスとは不仲にあることは周知の事実である。それを承知であえて大統領に祝電を送るとは何事か。女王も「この国に対して非友好的なもの」だとウィリーの行為を非難した。

一月十日、チェンバレン植民地相はオズボーンに女王を訪ね、ドイツ皇帝の電報に大変な衝撃を受けていると伝えた。ちょうどその日、女王はウィリーから弁明の手紙を受け取ったばかりだったが、「決してイギリスを非難した電報ではないとしているが、説明は不十分で理屈にも合っていない」と女王は不快感を新たにした。

ウィリーとニッキーの立場の逆転

それから四ヵ月後、サンクト・ペテルブルクではロシア皇帝の戴冠式が盛大に催された。イギリスからは女王の名代として、三男コンノート公爵アーサー王子が出席した。この戴冠式には、日本からは山県有朋《やまがたありとも》が、清国からは李鴻章《りこうしょう》がそれぞれ列席し、ロシア高官らと密約を結んでいた。その帰り道、李鴻章はヨーロッパ各国を歴訪した。ドイツでは引退後のビスマルクに会い、いよいよイギリスに到着した。八月にはソールズベリ首相が直々に彼をオズボーンに連れてきた。女王は通訳を介しながら、この清帝国の大立者と会見した。ソールズベリによれば「李は抜け目のない男」であるとのこと。たしかに面構えからしてそうだろう。

女王は東の果てからやってきたこの大政治家に、この年彼女が創設したばかりのロイヤル・ヴィクトリア勲章の勲一等を贈った。来年の在位六〇周年に向けて、女王はこれまでの自身の長い宮廷生活を支えてくれた人々を対象に、この勲章を新たに創設した。外国人でその勲一等を真っ先にもらった一人が李鴻章だったのである。自らの国の権力者西太后《せいたいこう》が憧れるヴィクトリア女王と相まみえて、李はどう思ったことだろう。

その年の九月には世紀の戴冠式を終えて、ニコライ二世とアレクサンドラ皇后（アリッキー）がバルモラルを訪ねてきた。初めてスコットランドの高地地方《ハイランド》に降り立ったニッキーは「シベリアより寒い」と辟易《へきえき》したが、彼らを出迎えたヴィクトリア女王は心温まる歓待ぶりを示してくれた。ニッキーにはロンドン駐在ロシア大使のド・スタールも同行した。夕食の後で女王は大使と二人だけで外交問題について語り合った。すると大使は「是非皇帝ともお話し合いください」と勧めてくれるではないか。今回の訪問は、あくまでも親戚同士の私的なものにするはずであったが、女王は即座に政治外交についてニッキーと忌憚《きたん》のない意見交換を行うことにした。

女王とニッキーはトルコとアルメニアの問題（一年前にコンスタンティノープルでアルメニア人が大量虐殺された）などを話し合った。ニッキーはソールズベリ首相とも話し合いたいと希望した。早速、ソールズベリがロンドンからバルモラルへと駆けつけ、イギリス首相はオスマン・トルコ領内のキリスト教徒の保護について英露両国で皇帝《スルタン》に圧力をかけるべきであると進言した。ニッキーはこのときは若干の躊躇を見せたようである。

楽しい休暇はあっという間に過ぎ、いよいよロシア皇帝夫妻が帰る日が訪れた。その前日、女王はニッキーと二人だけで国際情勢について語り合った。露仏同盟と独墺同盟の衝突を憂慮しながらも、ニッキーはインドに脅威を与えるつもりはないと言明した。また、イギリスがエジプトを事実上の保護領としていることにも「黙認」の姿勢を貫いた。さらに、従兄のウィリーが南アフリカ問題でイギリスに示した態度は遺憾であるとの見解で女王とも完全に一致した。

女王はニッキーを俄然気に入った。別れ際に彼女はこう強調した。「ロシアとイギリスは世界最強の二大国なのですから手を取り合っていくべきです。そうすれば世界の平和も保たれるでしょう」。ニッキーも女王の慈母のような態度にすっかり魅了された。この翌年には在位六〇周年を迎える老獪な女王と、この年戴冠式を終えたばかりの若輩の皇帝との間に見られた経験の差とも言えようか。

ニッキーはこの年の暮れ、女王やソールズベリに言われたとおりトルコ皇帝に強い語調のメッセージを送り、帝国内のキリスト教徒の保護を訴えた。女王はその勇気ある行動に満足した。他方でウィリーは、おばあちゃまが記念すべき年をつつがなく迎えられますようにと、いつものとおりクリスマスのカードは送ってきた。

しかし女王の心のなかでは、この二人の孫たちの立場は完全に逆転していた。「クルーガー電報事件」を契機に、女王は毎年恒例のウィリーのイギリス訪問を拒絶し、彼は一八九九年まで「出入り禁止」の状態となった。対するニッキーは、今回のバルモラル訪問を機に逆に毎年のごとくアリッキーとイギリスを訪問するようになった。女王が手を組むべき相手は、ドイツ皇帝《カイザー》ではなく、ロシア皇帝《ツァーリ》となりつつあった。

帝国の祭典のなかで

ウィリーからのカードにもあったとおり、一八九七年は女王も在位六〇周年を迎える年となった。国を挙げての大騒ぎとなった在位五〇周年《ゴールデン・ジュビリー》記念式典から、早くも一〇年の歳月が流れていたのである。今回はイギリス史上初めての在位六〇周年である。何という名前で呼ぶべきか。ポンソンビ（一八九五年に引退）の後を受けて女王秘書官となっていたサー・アーサー・ビッグの進言で「ダイヤモンド・ジュビリー」はどうかとの意見が出された。これはいいネーミングである。イギリス史上初の世紀の祭典の名称はこうして決められた。

しかしここにバーティから手紙が寄せられてきた。ベルリンのヴィッキーからの情報によれば、ウィリーが式典に参加したいとのことなのだ。あんな奴がのこのこ出てきたら、また「果てしのないもめ事」に巻き込まれるだけである。バーティはウィリーに招待状は出して欲しくなかった。ところが女王は端《はな》から出すつもりはなかったのである。何もウィリーが憎いからではない。今回の式典は大英帝国の君主としての記念すべき大典にしたかったのだ。先の五〇周年が、ヨーロッパ中の親戚を集めて開かれた、いわば「ヨーロッパ王室の名付け親《ゴッドマザー》」の祝典であったとするならば、今回の六〇周年は帝国の祭典にしたい。そのためにも女王は、ヨーロッパはもとより世界各地の王室に対して、皇帝・国王などの出席は丁重に辞退し、王子クラスを代理に立ててくれるよう要望した。こうなるとウィリーは自分だけ参加するわけにもいかなくなった。この頃までに女王は、身の回りの世話をさせる従僕や護衛を、インド人やスコットランド高地人たちで固めるようになっていた。それは連合王国の女王にして大英帝国の女帝である、彼女自身の立場をも象徴していたのである。

式典を一ヵ月後に控え、五月二十四日、女王は満七十八歳の誕生日を迎えた。「七十八とは、いい年まで生きたものである。しかし私は今少し、我が国と国民のために長生きしたいと思っている」。彼女の当日の感想である。

そして六月二十日を迎えた。当日は、ウィンザー城のセント・ジョージ・チャペルで、親族だけで長い在位を神に感謝した。翌二十一日、女王一家はロンドンに到着した。バッキンガム宮殿から馬車に乗って、女王はセント・ポール大聖堂へと向かった。思えばこの馬車に乗ってウェストミンスターでの戴冠式に臨んだのである。緊張しきっていた十九歳の少女は、いまや在位六〇年を超えた帝国の表象となっていた。前回の五〇周年では、記念礼拝は宮殿にほど近いウェストミンスター寺院で行われたが、今回はセント・ポールである。まさにロンドンを横断しての一大スペクタクルにロンドン市民は熱狂した。さらに今回のパレードには、カナダ、オーストラリア、インド、香港などまさに帝国全土から集まった兵士たちが行進に参加していた。

大聖堂での記念礼拝が終わると、再び行列はバッキンガム宮殿に戻っていった。その日の夕刻は、大晩餐会が催された。女王は黄金の刺繡のついた豪奢なドレスを身にまとっていた。それはインドでつくられた特注品だった。今回は衣装からして「帝国製」だった。さらにインドやビルマ（現ミャンマー）や南アフリカなど帝国各地から届けられたダイヤモンドや各種宝石に身を包み、女王は一〇〇人のゲストと一緒に夕食をとった。

皇帝や国王のいない今回の式典では、最高位の席次を占めたのはオーストリアのフランツ・フェルディナント大公だった。前回の式典に出席してくれたルドルフ皇太子はもうこの世にはいなかった。彼の従弟にあたるフランツ・フェルディナントが、伯父の皇帝フランツ・ヨーゼフ亡き後に、ハプスブルク帝国を継承する予定とされていた。女王の隣で会話に興じたこの陽気な大公の死が、ナポレオン戦争以後のヨーロッパが経験したことのない未曾有の世界大戦へと彼らを誘うことになろうとは、ヴィクトリア女王をはじめ出席者の誰一人知るよしもなかった。日本からは有栖川宮威仁親王《ありすがわのみやたけひと》が首席全権として出席した。次席には元首相の伊藤博文侯爵が付き従ってきていた。

晩餐会が済むと、宮殿の舞踏室でインドの王侯や帝国各地の首相たちが次々と女王に謁見した。二十三日にはインド帝国でも大々的な式典が営まれた。その様子は「副王兼総督」エルギン伯爵から報告がなされた。同じ頃、女王はバッキンガム宮殿で謁見の儀を行っていた。

しかし主催者側の手違いで、女王との謁見を望んだ多くの議員たちが女王に会えずじまいで会は終了してしまった。それを知った女王は、あらためて七月初めにウィンザーでより大規模な園遊会を催した。日頃は王室に否定的な発言の多かった自由党急進派の議員でさえも、「いまなら王室費を上げたいと仰せになられても満場一致で可決されますな」とシャンパン片手に上機嫌で園遊会を満喫した。

さらに七月にはこの他にも、帝国各地の代表のため、イギリスの各界を代表する者のためなど、園遊会が相次いだ。その間に植民地各国の首相たちは帝国の連帯を強めるため植民地首脳会議を開催した。これは先の在位五〇周年のときからはじめられた会議だった。彼ら首相たちには、女王から直々に記念式典記章《ジュビリー・メダル》が与えられた。こうして七月十一日に、在位六〇周年記念式典《ダイヤモンド・ジュビリー》のすべての行事がつつがなく終了した。七十八歳の老女王はへとへとだったが、それでも世界各地の臣民たちが祝してくれたことで、疲れも癒《いや》されたのだ。

女王最後の戦い——南アフリカ戦争

世紀の祭典がつつがなく幕を閉じた三ヵ月後、十月二十五日に女王は次なる世紀の大典の式次第を準備させた。在位七〇周年のお祝いなどではない。なんとそれは自らの葬儀の式次第だった。とはいえ女王はまだ元気だった。その翌日には、アフリカ問題に関してソールズベリ首相に指示を出していたほどである。「アフリカでフランスの動きが不穏である。イギリス人兵士だけでなく、現地人の兵士にも分け隔てなく名誉を与えよ。ヴィクトリア十字章も現地人に差別なく授与するように」。在位六〇周年記念式典は、肌の色の違いや文化の違いに関係なく、すべての臣民が帝国を支えてくれていることを女王にもイギリスにも認識させたのである。その帝国の紐帯の度合いが試される機会が早くも訪れようとしていた。

年が明けた一八九八年三月、世界列強は日清戦争に敗れた清国の分割に乗り出していた。南フランスで静養中だった女王は、ソールズベリ首相の甥で政府側下院指導者のバルフォア第一大蔵卿にこう指示を与えた。「我々以外の何者にも分け前を渡すつもりはないとの印象を他の列強に抱かせない一方で、我々の権利と影響力は死守しなければならない」。世界列強が分割を進めていたのは中国だけではなかった。アフリカ大陸では熾烈《しれつ》な争いが続いていた。同年七月までには、キッチナー司令官率いるイギリス・エジプト軍がスーダンのハルトゥームを包囲し、九月五日ついに総督府の宮殿に英国国旗《ユニオンジャック》がはためいたのである。女王は「ゴードンの仇を討てたこと」に感激した。

ところがそのままハルトゥームの南六五〇キロの地点にあるファショダ（現コドク）へと進軍したキッチナー軍は、マルシャン率いるフランス軍と遭遇することになった。カイロからケープタウンまでアフリカ大陸縦断政策を採っていたイギリスと、サハラから紅海までのアフリカ大陸横断政策を採っていたフランスとがついにぶつかるときがきたのである。女王はイギリスの利害は守りたいものの、何とか英仏戦争だけは避けたかった。結局、フランス軍の譲歩により、このときは戦争にまでは発展せずに、「ファショダ事件」は幕を閉じた。しかしこの事件は、フランスに限らず、いつでもイギリスはアフリカ大陸で敵国に遭遇する可能性をあらためて示した出来事であった。

それから一年後の一八九九年九月三日、女王のもとに一通の手紙が届いた。オランダ女王ウィルヘルミナからであった。南アフリカでブール人の間に再び不穏な空気が漂っているとの知らせである。「ジェイムスン侵入事件」以来、トランスヴァールとイギリスとの関係は日増しに悪化していた。イギリスはトランスヴァール国境沿いに次々と兵を送り込んでいた。五月から、南アフリカ高等弁務官ミルナーとクルーガー大統領の間では交渉が進められたが、ミルナーの高圧的な態度にクルーガーも妥協を見せなかった。トランスヴァールは隣国オレンジ自由国（同じくブール人の国家）と手を組み、イギリスとの戦争を決意した。

ウィルヘルミナから手紙が届けられたのはそのようなさなかのことであった。「神はおばさまに叡智《えいち》と経験と強い心をお与えになりましたから、この差し迫った危険を回避してくださることでしょう」。ヴィクトリア女王はこの年の五月二十四日で満八十歳を迎えた。すでに白内障が進み人の顔がわからないことも ままあった。手や足に出た神経痛も悪化していた。しかし誕生日当日の女王の日誌には次のように書かれていた。「神のお慈悲をもちまして、いま少しだけこの国の利益のために働かせていただければと願います！」。対するウィルヘルミナのほうは、九年前にわずか十歳で女王に即位し、摂政を務めた母の手を離れてこの前

晩年のヴィクトリア女王　1899年

年から親政を開始したばかりの若年の君主であった。
ヨーロッパ最年長の女王は最年少の女王に、次のように諭した。「私も戦争の脅威は避けたい。しかし、私は保護を求めてくる我が臣民を見捨てるわけにはいきません。クルーガー大統領に理性があれば、戦争など起こらないことでしょう。すべては彼の手のなかに握られているのです」。それはこの前年に親しく朝食をとりながら話し合った若き女王に対して、君主とは何たるかを教示した言葉でもあったのだろう。思えば、いま現在のウィルヘルミナの年齢で自分もこの国の女王となったのである。このときのヴィクトリア女王の言葉は、のちに故国をナチス・ドイツに蹂躙《じゅうりん》されてから
も、イギリスで亡命生活を続け、オランダ国内のレジスタンスを励まし続けたウィルヘルミナ自身の姿に結実したのかもしれない。
一八九九年十月九日、トランスヴァール共和国はミルナーに最後通牒を突きつけてきた。国境沿いの兵力を後退させるとともに、南アフリカからイギリス軍を撤退させろというのである。ソールズベリ政権は「これでは話にならぬ」とこれ以上の交渉を諦めることにし

た。チェンバレン植民地相からの電報で事態を知ったバルモラルの女王はこれで戦争もやむなしと判断した。ここに南アフリカ戦争（別名ブール戦争あるいはボーア戦争）と呼ばれることになる、イギリスが経験した十九世紀最後の大戦争が始まった。

翌月の十一月半ばに、ウィンザーにウィリーことドイツ皇帝ヴィルヘルム二世が到着した。「クルーガー電報事件」以来、イギリスへの出入りを差し止められていたウィリーは、ここに晴れて「謹慎が解かれ」、おばあちゃまにも久しぶりに会うことが許された。この年の一月でウィリーは満四十歳になった。当日、女王は自分の日誌にこう記している。「あの子がもっと感情を抑えて、年相応の分別を備えてくれるとありがたいのだが！」。ウィリーもいつのまにやら在位一〇年を超すベテラン君主になりつつあったのだ。

とはいえそれでもまだまだ女王の年齢の半分にすぎない。かつてウィリーが更迭したビスマルクは前年七月に世を去っていた。その二ヵ月前にイギリスでは老大人グラッドストンが亡くなっていた。十九世紀も終わろうとする直前の当時、ヴィクトリア女王はヨーロッパはおろか世界の政治外交の檜舞台《ひのきぶたい》において並ぶ者のない強者になっていたのである。

帝国の戦争としての南アフリカ戦争

戦争勃発から一〇日後、女王はバルモラル城で閲兵式に臨んだ。普段は自らを護衛してくれているゴードン高地地方《ハイランダーズ》近衛連隊が南アフリカに向けて出征することになったのだ。これ以外にも、イギリス各地の部隊はもとより、カナダ、オーストラリア、ニュージーランド、インドなど、まさに帝国を挙げての出兵となった。南アフリカ戦争はイギリス人とブール人の戦いではなく、大英帝国とブール人の戦いとなった。在位六〇周年記念式典《ダイヤモンド・ジュビリー》で繰り広げられたパレードは、まさにこのときのためのリハーサルのようなものであった。

十二月二十一日、ウィリーからクリスマス・カードが届いた。そこには、「イギリスの貴族たちがいかに自らの責務のために命を捧《ささ》げているかを世界に知らしめています」と、南アフリカでの戦士たちの勇姿を讃えるメッセージが書かれていた。まさにこれこそはイギリスの地主貴族階級《ジェントルマン》が得意とする「高貴なる者の責務《ノブレス・オブリージェ》」ではあった。

しかし女王は素直に喜べなかった。戦況が芳しくなかったのである。現地から届けられる報告によれば、多くの将校や兵士たちが負傷していた。女王はインドから大量に軍隊を繰り出すためにも、カーズン総督に指示を与え、王侯たちに高位の勲章をばらまかせた。総督によれば、インドでは南アフリカでインド人が差別を受けていることに不満が見られた（その被害を受けた一人がこの当時も南アフリカで弁護士業を営んでいた、のちの独立運動の英雄マハトマ・ガンディーである）が、前年からの根回しも功を奏して、王侯たちも物心ともに協力するとのことであった。

一九〇〇年二月にはいり、女王は政府に次々と打開策を提示した。退役軍人たちからなる大隊を組織してはどうか。さらには現地で民兵を募ってはどうか。女王には半世紀ほど前のクリミア戦争での悪夢がよぎったのかもしれない。緒戦でもたついたアバディーン政権の愚を繰り返してはならない。しかしソールズベリ政権は慎重だった。

一八九九年のクリスマスに、女王は戦場の兵士たちにチョコレート缶のプレゼントを贈った。それを受け取った兵士たちは大喜びだった。さらに女王は、一九〇〇年の春から夏には「VRI」の刺繡が入ったスカーフを送った。これから冬を迎える南アフリカの兵士たちのためにである。数万キロも離れた南の大地にいる兵士たちにとって、故国と自分とを結んでくれるのは、政府や上官などではなく、女王となっていた。

しかし同じ時期に多くの兵士たちが、その見知らぬ異国で命を落としていった。二月には特にアイルランド連隊に戦死者が相次いだ。三月一日、陸軍総司令官のウォルズリ将軍から女王に一つの要請がなされた。きたる三月十七日、アイルランド連隊の兵士たちにシャムロック（アイルランドの国花）を着けさせて欲しいというのである。その日はアイルランドの守護聖人セント・パトリックの記念日である。そのパトリックがかつて三つ葉のクローバーに似たシャムロックを片手に三位一体を説いたとする大切なシンボルを、戦場でのお守りにしたいのだ。女王はもちろん許可した。同時に、このときは過ぎてしまったが、セント・デイヴィッドの日（三月一日）にはウェールズ連隊にリーキ（セイヨウタマネギ）、セント・ジョージの日（四月二十三日）にはイングランドの連隊にバラを、という具合にそれぞれの守護聖人の日にそれぞれの国花を着けることまで許した。

アイルランド訪問と戦争継続

ここで女王ははたと気がついた。アイルランド。そうだ彼女はもう何年もこの島を訪れていない。一八七〇年代から続いた土地戦争や自治問題などで、アイルランドと自分との仲は最悪になっていた。しかし、南アフリカ戦争に直面している現在、アイルランド連隊も立派に戦ってくれている。イングランドやスコットランド、カナダやインドと同じく、アイルランドも歴《れっき》とした我が帝国ではないか。三月五日、女王は翌月アイルランドを公式に訪問することに決めた。カドガン総督はもちろん、皇太子バーティも女王の決断を賞賛した。

四月四日、女王はダブリンに到着した。一八六一年に亡きアルバートと訪れて以来、実に三九年ぶりのことだった。手には国花シャムロックを持ち、女王のボンネットにもパラソルにも銀糸でシャムロックの刺繡が施されていた。ダブリン市民は、久方ぶりに姿を現した女王を歓呼《かんこ》して迎えた。約四〇年ぶりともなれば、初めて彼女を見た市民も大勢いたはずだ。総督府のあるダブリン城に隣接するフェニックス・パークでは、五万二〇〇〇人の児童が集まり、女王を歓迎した。これより一八年前に、この同じ場所でアイルランド相カヴェンディッシュが暗殺されたのである。女王の胸中には、これまでのイギリスとアイルランドとの複雑な関係を象徴するような、事件の数々が去来したことだろう。

女王はダブリンに三週間滞在し、アイルランドの要人から民衆にいたるまで多くの人々との関係を深めた。その間に、南アフリカのロバーツ司令官やロンドンのソールズベリ首相からは連日、戦況を伝える書簡や電報が届けられた。

一九〇〇年にはいると、膠着した状態が続く南アフリカ戦争に対して、世界中から非難の声が寄せられるようになっていた。アフリカでの宿敵フランスはもちろんのこと、ドイツでもさまざまな女王の風刺画とともに、新聞や雑誌はイギリスの暴挙を罵った。それでも女王は戦い続けた。新聞や雑誌に叩《たた》かれることなど彼女は平気だった。それを乗り越えたからこそ、今日の自分があるのである。あの共和制危機の頃に比べれば、こんなもの何でもない。

女王がアイルランド行きを決めた三月初めには、ベルリンからウィリーが「仲裁の労をとってもよい」との打診をしてきた。余計なまねを。女王はウィリーの面目を潰さないよう、「丁重にお断りするように」とソールズベリ首相に返答させた。

この女王のねばり強い姿勢がようやく日の目を見るときがきた。ダブリンからロンドンへと帰ってきた直後、イギリス軍はまずはオレンジ自由国を降伏させ、五月二十四日についに併合したのである。その日は女王の八十一歳の誕生日だった。彼女にとってはこの上ないプレゼントとなった。こののちも、イギリス軍の快進撃は続き、八月末にはトランスヴァール共和国の首都ヨハネスブルクが占領された。

最終的に南アフリカ戦争は、一九〇二年五月に講和条約が結ばれるまで、二年半にわたって続けられた。はじめは数ヵ月で勝利を収め、戦費も一〇〇〇万ポンドほどで済むだろうとされていたのが、二億二〇〇〇万ポンドも注ぎ込む結果になったのである。軍事面でも、六万から九万にすぎないブール人の両国を相手に、総計で四五万もの大軍を投入せざるをえなかった。そのうち、カナダ、オーストラリア、ニュージーランドが三万、インドが一万八〇〇〇の兵力を担っていた。イギリスは帝国に大きな借りができてしまったのである。

北京の五五日

しかし、オレンジ自由国を打ち倒せたとはいっても、女王の心には休まる暇がなかった。一九〇〇年六月六日、女王のもとに一通の電報が届けられた。北京《ペキン》からだった。イギリスから派遣されている駐清公使サー・クロウド・マクドナルドからの情報によれば、北京の各国公使館がきわめて危険な状態にあるというのだ。

世界列強による勢力圏分割以来、清国では排外思想が急速に強まっていた。とりわけ、山《さん》東《とう》省の農民たちの間に生まれた秘密結社の義和団《ぎわだん》が、「扶清滅洋《ふしんめつよう》」を掲げて、次々と外国人宣教師らを殺害していった。やがて彼らの動きは山東省を越え、北京目指して大行進が繰り広げられた。義和団は北京に着く頃までには二〇万人にも膨れあがっていたのである。この動きに目を付けたのが、当時の事実上の最高権力者西太后であった。列強の公使たちは、自分たちの身に危険が迫っているということで、義和団の取り締まりを清朝政府に要請したが、聞き届けてもらえなかった。

六月九日、ヴィクトリア女王は、「これで公使の一人でも殺されてしまったら戦争は避けられぬ」と考えていた。その矢先にまさに起こったのである。六月二十日、ドイツ公使ケッテラーが義和団によって路上で暗殺された。翌二十一日、西太后は光緒帝《こうしょてい》の名の下に列強に対して宣戦布告の詔書を発布した。清朝政府がついに義和団に力を貸すことになったのである。北京在住の外国人や中国人のキリスト教徒、これに各国の義勇兵をあわせた六〇〇人ほどの人々が、外国公使館街にバリケードを築いて籠城《ろうじょう》した。のちに映画にもなった「北京の五五日」のはじまりである。

ドイツ公使の殺害が引き金になったということで、ウィリーも清国への派兵を決定した。女王も負けじと、さらなる陸海軍の派遣を望んでいたがそれはかないそうもない。イギリスは南アフリカに釘付けになり、とても北京などという遠方にまで兵を割けなかった。七月六日の閣議で、イギリス政府としては早急に兵も資金も用立てることのできる、日本に援軍の派遣を要請するしかないとの結論に達した。日本政府も即座にこれに応じ、二万人の派兵を約束した。その四日後、新任の日本公使としてウィンザー城を訪れた林董《ただす》は、「貴国が派兵を約束してくださると聞き、感謝に堪えません」と、女王から直々にお礼を言われた。女王は、日本を訪れたアッフィやアーサー、さらには自らの記念式典に訪れた日本の皇族たちを通じて、明治天皇の統治するこの極東の島国については聞き知っていたが、今回の一件でさらなる興味を抱いたのかもしれない。

日本やロシアを主体とする連合軍は八月十四日に北京に入城した。外国公使館街の人々はこうして救出された。翌日、西太后も光緒帝も北京を脱出した。

北京が解放されて女王も安心はしたが、手放しでは喜べなかった。近代日本が初めて迎えた大国の王族であり、イギリス王族として初めて日本を訪れた、ザクセン＝コーブルク公爵のアッフィが急死してしまったのである。享年五十五。これより一六年前に血友病のために早世していた四男レオポルドを含め、女王は三人の子どもたちに先立たれていた。

南アフリカ戦争ではイギリスにとって戦況も上向きはじめていたものの、女王もそろそろ休息を取りたい時期にきていた。この年の九月に長らく蔵相や海相として女王を支えてきたゴッシェンが引退を願い出てきた。すでに下院議員歴は三七年になり、六十九歳を迎えた。そろそろ潮時だというのである。女王は惜しみながらも彼の引退を許したが、その書簡の最後は彼女の偽らざる気持ちから書かれたものであろう。「女王にもそろそろ休息がもらえることは正当なことでしょう。八十一歳でしかも疲れ果てているのですからね」。

政界歴三七年がなんだ。自分は六三年も在位し、一度として心休まる暇もなかった。しかも年齢的にも、女王は海相より一回りも年上だったのだ。しかし女王に「引退」は許されなかった。『タイムズ』をはじめとする新聞各紙は高齢にもかかわらず精力的に働き続ける女王を絶賛した。三〇年前には自分はおろか君主制さえ滅ぼそうとした連中が、いまや「史上最高の女王」と持ち上げているのである。とはいえ、女王が人生から引退する日は、時々刻々と近づいていたのだった。

イギリスの世紀の終わり

南アフリカでの一応の勝利を受けて、一九〇〇年九月にソールズベリ首相は議会を解散し、総選挙を実施する旨を女王に願い出た。女王もこれを許可した。彼女にとって一四度目の総選挙は、予想どおり与党保守党の圧勝となった。南アフリカで活躍してくれている陸軍のおかげということもあって、彼らが身に着ける軍服の色にちなんで「カーキ選挙」と呼ばれた。それは十九世紀最後の総選挙になるとともに、ヴィクトリア女王が見届けた最後の総選挙にもなった。

十一月に女王はウィンザーで体調を崩した。身体中が痛くて眠れない夜が続いた。食欲も急速に衰えた。それでも無理をして、彼女は南アフリカで活躍したカナダ、オーストラリア、ニュージーランド、タスマニア、ケープ、セイロンの各連隊の閲兵式に出席した。その後も政務や閲兵は続いた。十二月にはいり、女王はウィンザーからもっと暖かいワイト島のオズボーン・ハウスに移った。

一九〇一年一月一日、二十世紀という新しい世紀の幕開けを、女王はオズボーンで迎えた。しかし体調は最悪だった。徐々に身体が弱く悪くなっているとの自覚症状もあった。「この世紀は自分の世紀ではない」と、女王は心中秘かに思ったのかもしれない。侍医によれば、この頃の女王はすでに何度かの軽い脳溢血《のういっけつ》に見舞われていた。年来の白内障もあって、ベッドに横たわっていると、声を聞かなければ誰がそこにいるのかも識別できなくなってしまった。

一月二十日、いよいよ女王の容態が危険になり、親族が次々と呼び寄せられた。ベルリンからはウィリーも駆けつけてきた。南アフリカ戦争でイギリスに示した自分の態度に気がとがめたのか、いつも居《い》丈高《たけだか》のドイツ皇帝もこのときばかりは殊勝な様子を見せていた。「私はまだ死にたくない、まだまだ差配しなければならないことが数多く残されている」。それが女王がはっきり残した最期の言葉となった。

女王の葬送　多くの市民に見守られながら，葬儀は1901年２月２日に行われた

一月二十二日の午後六時三十分、女王は静かに息を引き取った。祖父ジョージ三世より四日間だけ長い、八十一年七ヵ月二十九日にわたる生涯であった。それはイギリス歴代君主の最長寿記録となった。

「太陽の沈むことがない」と言われた広大な大英帝国の太陽が、この日静かに沈んでいった。

あとがき

ロンドンから西へ四二キロ。二十一世紀初頭の今日でもイギリス王室の居城となっているウィンザー城に、ひときわ高くそびえるラウンドタワーという名の塔がある。中世以来の趣をいまに残すこの塔の入り口を開けると、なかには一〇〇段を超す石段が待ちかまえている。ここを登り切ったところにあるのが王室文書館（The Royal Archives）である。ヴィクトリア女王の孫ジョージ五世の時代、一九一一年にこの地に設けられた文書館は、女王の祖父ジョージ三世の時代以来のイギリス王室にかかわるあらゆる文書類を保管している。本書にもたびたび登場した全一一一巻にも及ぶ女王の日誌もここに収められている。

著者がこの文書館を初めて訪れたのは、二十世紀も終わろうとしていた二〇〇〇年夏であった。女王が亡くなってから一世紀ほどのちのことである。爾来《じらい》、しばしばここを訪れては、女王をはじめイギリス王室にかかわった王族・政治家・外国の要人たちの書簡類を調査してきた。ウィンザー城でもっとも高い建物にあるだけあって、文書館の調査室の窓から眺める景色は素晴らしい。眼下には、幾多のエリートたちを養成してきたパブリック・スクールの

ウィンザー城ラウンドタワー

名門中の名門、イートン校のグラウンドが青い芝生を湛えている。いつまでもこの美しい風景を眺めていたいという衝動に駆られるや、ふと後ろから声がする。「早く席に着いて私の日誌をお調べなさい！」。著者を睨みつけているのは、調査室の壁に掛けられたヴィクトリア女王陛下の肖像画である。

仕方なしに、「泣く泣く」席に着き、十一時のお茶や昼食まで抜いて、夕方までひたすら調べ物の時間が続く。こうしてできあがったひとつが本書である。

「まえがき」にも記したとおり、これまで国内外で出されてきたヴィクトリア女王の伝記や研究書は、たしかに数々の貴重な逸話や、その時代を捉《とら》えるうえできわめて重要な問題点を教えてくれている。しかし、はたして女王自身の真の姿をどれほど伝えてくれているのか。かの有名なリットン・ストレイチーの伝記は、アルバートが亡くなる前までの彼女の生涯についてが大半を占めており、残りの四〇年間は付け足しであるかの印象が強い。あるいは、ドロシー・トムソン以降の昨今の研究では、ジェンダーという視点が強く意識されている。

しかし、ヴィクトリアは女性であり妻であるとともに、あるいはそれ以上に、「君主」であった。しかも、七つの海を支配する大英帝国と呼ばれるまでになった、世界最大の領土を誇る一大帝国の君主であった。貴族政治から大衆民主政治へと移り変わる時期の国内の政党政治や議会政治。ウィーン体制が崩壊し、ビスマルクの時代を経て、列強間がブロック化していく時代の激動のヨーロッパ国際政治。そして、イギリスを先頭に、欧米諸国が競って植民地の拡大に乗り出した世界大のスケールでの帝国主義競争。世界がまさに近代から現代へと移り変わろうとする時代に、この身長一五〇センチに満たない小柄な「女帝」がそれぞれにどう対処していったのか。本書で叙述の中心に据えたかったのはその点にあった。

とはいえ、本書がその当初の目的にどれほど応えることができているのかは、はなはだ心許ない。これもまた、著者自身の研究能力と執筆能力にいたらない点が多々あるからである。そのあたりのことは大目に見ていただき、読者にはおよそ二世紀前からの激動の時代を駆け抜けた一人の女性君主の生きざまの一端でも味わっていただければと念ずる次第である。

本書で主に使用した史料・文献については、巻末に記しておいた。ここにお世話になったすべての方々のお名前を記載する余裕はないが、同じく身長一五〇センチ少しの小柄な体軀《たいく》にもかかわらず、八十歳を超えたいまもイギリス国内はもとより世界中を飛び回り、国内の政党政治や国際政治に深くかかわっておられる、ヴィクトリア女王の玄孫《やしやご》エリザベス二世女王陛下のお名前は挙げておきたい。「あとがき」の冒頭に記した王室文書館での史料調査や、文書の引用・複写、さらには本書への掲載も快く許可してくださったことに感謝する。特に、文書館で実際にいつも助けてくださる主席文書官のパメラ・クラーク女史にも謝辞を呈したい。また、その他の文書館・図書館の方々にも感謝申し上げる。

さらに、本書で著者がもっともお世話になったのは、中公新書編集部の白戸直人氏である。政治外交史的な視点に特化して描いた評伝とはいえ、相手はイギリス史上最長の六四年近くにわたる在位を誇る女王陛下である。執筆に際して幾多の困難に直面したとき、白戸氏の叱咤激励と心配りの行き届いた編集作業がなければ本書は完成しなかった。ここに感謝する。

最後に、いつもながら著者を暖かく見つめてくれている、家族にも感謝したい。

二〇〇七年十月

ヴィクトリア女王の即位一七〇周年の秋に

君塚　直隆

参考文献

古賀秀男『キャロライン王妃事件』(人文書院、2006年)。

小関隆『プリムローズ・リーグの時代　世紀転換期イギリスの保守主義』(岩波書店、2006年)。

猿谷要『ハワイ王朝最後の女王』(文春新書、2003年)。

田所昌幸編『ロイヤル・ネイヴィーとパクス・ブリタニカ』(有斐閣、2006年)。

陳舜臣『実録　アヘン戦争』(中公新書、1971年)。

長崎暢子『インド大反乱　一八五七年』(中公新書、1981年)。

平岡敏夫編『漱石日記』(岩波文庫、1990年)。

前川一郎『イギリス帝国と南アフリカ－南アフリカ連邦の形成　一八九九～一九一二－』(ミネルヴァ書房、2006年)。

松村昌家・川本静子・長島伸一・村岡健次編『女王陛下の時代』(研究社出版、1996年)。

松村昌家『水晶宮物語　ロンドン万国博覧会一八五一』(ちくま学芸文庫、2000年)。

村岡健次『ヴィクトリア時代の政治と社会』(ミネルヴァ書房、1980年)。

村岡健次『近代イギリスの社会と文化』(ミネルヴァ書房、2002年)。

度会好一『ヴィクトリア朝の性と結婚』(中公新書、1997年)。

Arthur Ponsonby, *Sir Henry Ponsonby: His Life from His Letters* (London, 1942).

Andrew Porter, ed., *The Nineteenth Century*, vol.III of the *Oxford History of the British Empire* (Oxford, 1999).

John Prest, *Lord John Russell* (London, 1972).

Michael Reid, *Ask Sir James: The Life of Sir James Reid, Personal physician to Queen Victoria* (London, 1987).

Andrew Roberts, *Salisbury: Victorian Titan* (London, 1999).

Richard Shannon, *Gladstone: Peel's Inheritor 1809-1865* (London, 1982).

Richard Shannon, *Gladstone: Heroic Minister 1865-1898* (London, 1999).

E. A. Smith, *George IV* (New Haven, 1999).

David Steele, *Lord Salisbury: A Political Biography* (London, 1999).

Lytton Strachey, *Eminent Victorians* (London, 1918) [橋口稔訳『ナイティンゲール伝』岩波文庫、1993年に一部翻訳あり].

John Van der Kiste, *Dearest Vicky, Darling Fritz: Queen Victoria's Eldest Daughter and the German Emperor* (Stroud, 2001).

John Van der Kiste, *Sons, Servants & Statesmen: The Men in Queen Victoria's Life* (Stroud, 2006).

Stanley Weintraub, *Uncrowned King: The Life of Prince Albert* (New York, 1997).

その他の日本語文献

秋田茂編『パクス・ブリタニカとイギリス帝国』(ミネルヴァ書房、2004年)。

伊藤之雄『明治天皇』(ミネルヴァ書房、2006年)。

井野瀬久美惠『女たちの大英帝国』(講談社現代新書、1998年)。

井野瀬久美惠『黒人王、白人王に謁見す　ある絵画のなかの大英帝国』(山川出版社、2002年)。

井野瀬久美惠『大英帝国という経験』(講談社、2007年)。

鹿島茂『怪帝ナポレオンⅢ世　第二帝政全史』(講談社、2004年)。

加藤徹『西太后』(中公新書、2005年)。

加納邦光『ビスマルク』(清水書院、2001年)。

君塚直隆『イギリス二大政党制への道　後継首相の決定と「長老政治家」』(有斐閣、1998年)。

君塚直隆『パクス・ブリタニカのイギリス外交　パーマストンと会議外交の時代』(有斐閣、2006年)。

君塚直隆『女王陛下の影法師』(筑摩書房、2007年)。

古賀秀男『チャーティスト運動』(教育社、1980年)。

参考文献

Lynne Vallone, *Becoming Victoria* (New Haven, 2001).
Walter Arnstein, *Queen Victoria* (New York, 2003).
John Plunkett, *Queen Victoria : First Media Monarch* (London, 2003).
K. D. Reynolds & H. C. G. Matthew, *Queen Victoria* (Oxford, 2007).

ヴィクトリア女王にかかわる日本語文献

川本静子・松村昌家編『ヴィクトリア女王　ジェンダー・王権・表象』（ミネルヴァ書房、2006年）。

君塚直隆『女王陛下のブルーリボン　ガーター勲章とイギリス外交』（NTT出版、2004年）。

君塚直隆「ヴィクトリア女王の政治権力」（伊藤之雄・川田稔編『二〇世紀日本の天皇と君主制－国際比較の視点から　一八六七～一九四七－』、吉川弘文館、2004年、246～272頁）。

その他の英語文献

Robert Blake, *Disraeli* (London, 1966).
Robert Blake, *Gladstone, Disraeli and Queen Victoria* (Oxford, 1993).
David Cannadine, *Ornamentalism : How the British saw their Empire* (London, 2001) [平田雅博・細川道久訳『虚飾の帝国　オリエンタリズムからオーナメンタリズムへ』日本経済評論社、2004年].
David Cecil, *Melbourne* (London, 1955).
M. E. Chamberlain, *'Pax Britannica'? : British Foreign Policy 1789-1914* (London, 1988).
John Charmley, *Splendid Isolation ? : Britain and the Balance of Power 1874-1914* (London, 1999).
R. R. James, *Rosebery* (London, 1963).
R. R. James, *Albert, Prince Consort* (London, 1983).
William Kuhn, *Democratic Royalism : The Transformation of the British Monarchy, 1861-1914* (London, 1996).
William Kuhn, *Henry & Mary Ponsonby : Life at the Court of Queen Victoria* (London, 2002).
Theodore Martin, *The Life of His Royal Highness The Prince Consort*, 5vols. (London, 1875-1880).
H. C. G. Matthew, *Gladstone, 1809-1898* (Oxford, 1997).
H. C. G. Matthew, ed., *The Nineteenth Century*, vol.IX of the *Short Oxford History of The British Isles* (Oxford, 2000).
L. G. Mitchell, *Lord Melbourne, 1779-1848* (Oxford, 1997).

ヴィクトリア女王にかかわる英語公刊史料

Viscount Esher, ed., *The Childhood of Queen Victoria: A Selection from Her Majesty's Diaries between 1832 and 1840*, 2vols. (London, 1912).

A. C. Benson & Viscount Esher, eds., *The Letters of Queen Victoria*, 1st series, 3vols. (London, 1907).

G. E. Buckle, ed., *The Letters of Queen Victoria*, 2nd series, 3vols. (London, 1926-1928).

G. E. Buckle, ed., *The Letters of Queen Victoria*, 3rd series, 3vols. (London, 1930-1932).

Roger Fulford, ed., *Dearest Mama, Your Dear Letter, Darling Child, and Beloved Mama* (London, 1964, 1968, 1971, 1976, 1981).

Agatha Ramm, *Beloved and Darling Child* (London, 1990).

Arthur Helps, ed., *Leaves from the Journal of Our Life in Highlands* (London, 1868).

Arthur Helps, ed., *More Leaves from the Journal of Our Life in Highlands, 1862-1882* (London, 1884).

ヴィクトリア女王にかかわる英語文献（年代順）

M. G. Fawcett, *Life of Her Majesty Queen Victoria* (London, 1895).

Sidney Lee, *Queen Victoria: A Biography* (London, 1904).

Lytton Strachey, *Queen Victoria* (London, 1921) [小川和夫訳『ヴィクトリア女王』冨山房百科文庫、1981年].

Frank Hardie, *The Political Influence of Queen Victoria* (Oxford, 1935).

Elizabeth Longford, *Victoria R. I.* (London, 1964).

Dorothy Marshall, *The Life and Times of Queen Victoria* (London, 1972).

Cecil Woodham-Smith, *Queen Victoria: From Her Birth to the Death of Prince Consort* (London, 1972).

Barry St-John Nevill, *Life at the Court of Queen Victoria 1861-1901* (Stroud, 1984).

Stanley Weintraub, *Victoria: An Intimate Portrait* (New York, 1987) [平岡緑訳『ヴィクトリア女王』全三巻、中公文庫、2006年].

Richard Mullen & James Munson, *Victoria, Portrait of a Queen* (London, 1987).

Dorothy Thompson, *Queen Victoria: Gender and Power* (London, 1990).

Monica Charlot, *Victoria: the Young Queen* (Oxford, 1991).

Adrienne Munich, *Queen Victoria's Secret* (New York, 1996).

Juliet Gardiner, *Queen Victoria* (London, 1997).

Christopher Hibert, *Queen Victoria: A Personal History* (London, 2000).

主要参考文献

＊文献は日本で比較的入手しやすいものに限った。

一次史料

［王室文書館（The Royal Archives, Windsor）］

George IV Papers（ジョージ四世関連文書：ウィリアム四世関連文書も含む）

Melbourne Papers（メルバーン子爵関連文書）

Victoria Papers（ヴィクトリア女王関連文書：アルバート公関連文書も含む）

［イギリス公文書館（Public Record Office, National Archives, London）］

Cabinet Papers（内閣関連文書）

Foreign Office Papers（外務省文書）

Granville Papers（グランヴィル伯爵関連文書）

Russell Papers（ラッセル伯爵関連文書）

［大英図書館（British Library, London）］

Aberdeen Papers（アバディーン伯爵関連文書）

Gladstone Papers（ウィリアム・グラッドストン関連文書）

Lansdowne Papers（ランズダウン侯爵関連文書）

Peel Papers（サー・ロバート・ピール関連文書）

［ボードリアン図書館（Bodleian Library, Oxford）］

Clarendon Papers（クラレンドン伯爵関連文書）

Disraeli Papers（ベンジャミン・ディズレーリ関連文書）

Harcourt Papers（サー・ウィリアム・ハーコート関連文書）

［サウサンプトン大学図書館（Hartley Library, Southampton）］

Palmerston Papers（パーマストン子爵関連文書）

Wellington Papers（ウェリントン公爵関連文書）

［リヴァプール公文書館（Liverpool Record Office）］

Derby Papers（ダービ伯爵関連文書）

［スコットランド国立図書館（National Library of Scotland, Edinburgh）］

Rosebery Papers（ローズベリ伯爵関連文書）

［ハットフィールドハウス図書室（Hatfield House, Hertfordshire）］

Salisbury Papers（ソールズベリ侯爵関連文書）

［ダーラム大学図書館（University of Durham Library）］

General Grey Papers（グレイ将軍関連文書）

ヴィクトリア女王年譜

西暦	年齢	主な出来事
1819年		5月24日 ヴィクトリア誕生（イギリス国王ジョージ3世4男ケント公爵とザクセン＝コーブルク公爵家のヴィクトワールの長女として）
1820年	1	1月23日 父ケント公爵死去 1月29日 祖父ジョージ3世死去→ジョージ4世即位
1821年	2	8月7日 キャロライン王妃死去
1825年	6	ケント公爵家の年金が6000ポンドに加増
1826年	7	ジョージ4世より王室勲章授与
1830年	11	6月26日 ジョージ4世死去→ウィリアム4世即位 ヴィクトリア王女は王位継承者第1位となる
1832年	13	8月1日 レーツェン（ガヴァネス）の勧めで日誌作成開始
1836年	17	5月18日 ザクセン＝コーブルク公爵家のアルベルト（アルバート）王子と初会見
1837年	18	6月20日 ウィリアム4世死去 ヴィクトリア女王即位 最初の枢密顧問会議を召集 7月 総選挙（ホイッグ・急進派・オコンネル派349議席、保守党309議席）
1838年	19	5月8日 ロンドン労働者協会が人民憲章公表（チャーティスト運動の開始） 6月28日 女王戴冠式 10月1日 第1次アフガン戦争（～1842年1月）

ヴィクトリア女王年譜

1839年	20	1月 マンチェスタで反穀物法同盟結成 5月 寝室女官事件（9～13日） 10月 ザクセン＝コーブルク公爵家のアルベルト王子と婚約 11月3日 アヘン戦争（～1842年8月）
1840年	21	2月10日 アルバート（アルベルト）と結婚 11月21日 長女ヴィクトリア誕生
1841年	22	7月 総選挙（保守党368議席、ホイッグ・急進派・オコンネル派290議席） 8月30日 第2次メルバーン（ホイッグ）内閣総辞職→第2次ピール（保守党）内閣成立 11月9日 長男アルバート・エドワード（皇太子）誕生
1842年	23	7月 レーツェン（ガヴァネス）引退 10月 メルバーン子爵が脳卒中で倒れる（政界の第一線から事実上の引退）
1843年	24	4月25日 次女アリス誕生 9月 女王夫妻パリ訪問（2～7日）
1844年	25	6月 ロシア皇帝ニコライ1世訪英 8月6日 次男アルフレッド誕生 10月 フランス国王ルイ・フィリップ訪英
1845年	26	8月 女王夫妻コーブルク訪問 アイルランドでジャガイモ飢饉が深刻化 12月 ピール首相が辞意表明するもラッセル（ホイッグ）が組閣に失敗し、ピールが首相に復帰
1846年	27	5月25日 3女ヘレナ誕生 6月26日 穀物法廃止法案が貴族院を通過 6月27日 第2次ピール内閣総辞職→第1次ラッセル（ホイッグ）内閣成立
1847年	28	7月 総選挙（ホイッグ298、保守党227、ピール派91、急進派40各議席）

1848年	29	2月　フランス2月革命→ルイ・フィリップ退位（24日） 3月　ドイツ3月革命→メッテルニヒ宰相失脚（15日） 3月18日　4女ルイーズ誕生 4月10日　チャーティストがロンドンで大集会 9月　スコットランドのバルモラル城購入 12月20日　ルイ・ナポレオンがフランス大統領に就任
1849年	30	8月　女王夫妻がアイルランド行幸
1850年	31	5月1日　3男アーサー誕生
1851年	32	2月22日　内閣危機（〜3月3日） 5月1日　第1回ロンドン万国博覧会開会（〜10月15日） 12月2日　フランスでルイ・ナポレオンのクーデタ成功 12月26日　パーマストン外相辞任
1852年	33	2月21日　第1次ラッセル内閣総辞職→第1次ダービ（保守党）内閣成立 7月　総選挙（保守党299、ホイッグ270、ピール派45、急進派40各議席） 12月17日　第1次ダービ内閣総辞職→アバディーン（ホイッグ・ピール派・急進派）連立内閣成立
1853年	34	4月7日　4男レオポルド誕生 11月1日　ロシアがトルコに宣戦布告→クリミア戦争勃発（〜1856年3月） 12月13日　パーマストン内相辞任騒動（〜23日）
1854年	35	1月　アルバートが反逆罪でロンドン塔に収監されたとのデマがロンドン市中に流される 3月27日　英仏がクリミア戦争に参戦
1855年	36	1月30日　アバディーン連立内閣総辞職→パーマストン（ホイッグ・ピール派・急進派）連立内閣成立 4月　フランス皇帝ナポレオン3世訪英

		8月 女王夫妻パリ訪問 9月11日 セヴァストポリ要塞陥落
1856年	37	1月 ヴィクトリア十字章創設 1月29日 女王がナイティンゲールにブローチ贈呈（会見は9月21日） 2月25日 パリ講和会議（〜3月30日）↓クリミア終戦 10月23日 第2次アヘン戦争（アロー号戦争〜1860年10月）
1857年	38	3月 総選挙（ホイッグ340、保守党260、ピール派27、急進派30各議席） 4月14日 5女ベアトリス誕生 5月10日 インド大反乱（〜1858年8月） 6月25日 アルバートに王配殿下の称号授与
1858年	39	1月25日 長女ヴィクトリアがプロイセン王子フリードリヒ・ヴィルヘルムと結婚 2月19日 パーマストン連立内閣総辞職↓第2次ダービ（保守党）内閣成立 8月2日 東インド会社が解散↓イギリスがインドを直轄支配
1859年	40	1月27日 長女ヴィクトリアにヴィルヘルム王子が誕生 4月 総選挙（保守党306、ホイッグ285、ピール派23、急進派40各議席） 4月29日 イタリア統一戦争（〜1861年3月） 6月6日 ホイッグ・ピール派・急進派により自由党結成 6月11日 第2次ダービ内閣総辞職↓第2次パーマストン（自由党）内閣成立
1860年	41	10月 皇太子アルバート・エドワードがカナダ、アメリカ訪問
1861年	42	2月23日 スター・オブ・インディア勲章制定 3月15日 母ケント公妃死去 4月12日 アメリカ南北戦争（〜1865年4月） 12月14日 夫君アルバート公死去

1862年	43	5月1日　第2回ロンドン万国博覧会
		7月1日　次女アリスがヘッセン大公国王子ルートヴィヒと結婚
		9月23日　プロイセンでビスマルクが首相に就任
1863年	44	1月22日　ポーランド反乱（～1864年3月）
		3月10日　皇太子アルバート・エドワードがデンマーク王女アレキサンドラと結婚
		7月2日　薩英戦争
		12月　イギリス新聞各紙が女王の服喪期間について疑義
1864年	45	1月8日　皇太子アルバート・エドワードに長男アルバート・ヴィクター誕生
		2月1日　デンマーク戦争（～10月）
		4月25日　ロンドン国際会議（～6月25日）
		10月5日　ロンドンで国際労働者協会（第1インターナショナル）結成
1865年	46	6月3日　皇太子アルバート・エドワードに次男ジョージ誕生
		7月　総選挙（自由党360議席、保守党298議席）
		10月11日　ナポレオン3世とビスマルクがビアリッツで密約締結
		10月18日　パーマストン首相死去→第2次ラッセル内閣成立
		12月10日　ベルギー国王レオポルド1世死去
1866年	47	2月6日　議会開会式に5年ぶりに出席
		6月15日　普墺戦争（～8月12日）
		6月26日　第2次ラッセル内閣総辞職→第3次ダービ（保守党）内閣成立
		7月5日　3女ヘレナがシュレースヴィヒ＝ホルシュタイン公国王子クリスチャンと結婚
1867年	48	5月7日　ロンドン国際会議（～11日）→ルクセンブルク問題解決
		8月15日　第2次選挙法改正成立
1868年	49	1月　『ハイランド日誌抄』出版

		2月25日　ダービ首相引退→第1次ディズレーリ内閣成立 11月　総選挙（自由党382議席、保守党276議席） 12月1日　第1次ディズレーリ内閣総辞職→第1次グラッドストン（自由党）内閣成立
1869年	50	7月26日　アイルランド国教会制度廃止 8月29日　次男アルフレッドが日本訪問（明治天皇と会見）
1870年	51	7月19日　普仏戦争（～1871年5月） 8月　アイルランド土地法・初等教育法制定 9月2日　ナポレオン3世捕虜に→フランス第2帝政崩壊 10月2日　イタリア王国統一
1871年	52	1月18日　ドイツ帝国成立（プロイセン国王が皇帝に即位） 3月21日　4女ルイーズがアーガイル公爵の長男ローン侯爵と結婚 3月27日　前皇帝ナポレオン3世とウィンザーで会見 3月28日　パリ・コミューン（～5月） 8月中旬　女王がバルモラルで発病（11月までには恢復） 11月　皇太子アルバート・エドワードが発病（腸チフス） 12月14日　皇太子の容態が恢復→「共和制危機」終息
1872年	53	2月27日　セント・ポール大聖堂で皇太子の恢復記念礼拝 12月5日　女王が岩倉使節団とウィンザーで謁見
1873年	54	3月13日　グラッドストン首相が辞意表明するも、保守党党首ディズレーリと調整つかず、女王の斡旋でグラッドストンが首相復帰 6月20日　ペルシャ皇帝ナーセロッディーン＝シャー訪英
1874年	55	1月2日　次男アルフレッドがロシア皇帝アレクサンドル2世の長女マリア大公女とサンクト・ペテルブルクで結婚

1875年	56	2月　総選挙（保守党352議席、自由党300議席）
		2月20日　第1次グラッドストン内閣総辞職→第2次ディズレーリ（保守党）内閣成立
		5月　ロシア皇帝アレクサンドル2世訪英
		4月　ドイツで「戦争は目前に迫ったのか？」危機
		11月9日　皇太子アルバート・エドワードがインド訪問（～1876年3月）
		11月25日　イギリス政府がスエズ運河会社株買収
1876年	57	4月27日　王室称号法成立→女王がインド女帝に即位へ
		8月12日　ディズレーリ首相がビーコンズフィールド伯爵に叙せられる
		9月　グラッドストン著の『ブルガリアの恐怖と東方問題』が20万部を超すベストセラーに
1877年	58	1月1日　インド帝国成立
		4月24日　露土戦争（～1878年3月）
		12月31日　インディアン・エンパイア勲章、クラウン・オブ・インディア勲章を制定
1878年	59	3月3日　サン・ステファノ条約締結
		3月27日　インド軍をマルタ島に派兵し予備役を召集する旨が閣議決定→ダービ外相辞任（後任にソールズベリ）
		6月13日　ベルリン国際会議（～7月13日）→イギリスはキプロス島を獲得
		11月　第2次アフガン戦争（～1880年8月）
		12月14日　次女アリスが死去
1879年	60	1月12日　ズールー戦争（～8月）
		3月13日　3男アーサーがプロイセン王女ルイーゼ・マルグレーテと結婚
		6月1日　ルイ・ナポレオン・ボナパルト少尉が戦死
		11月　グラッドストンのミッドロージアン・キャンペーン開始
1880年	61	4月　総選挙（自由党414議席、保守党238議席）

		4月23日　ビーコンズフィールド内閣総辞職→第2次グラッドストン（自由党）内閣成立
		9月　アイルランド土地戦争激化（ボイコット運動の拡がり）
1881年	62	2月1日　エジプトでオラービー・パシャの反乱（～1882年9月）
		4月19日　ビーコンズフィールド伯爵死去
		6月　スーダンでマフディー運動が始まる
		8月22日　第2次アイルランド土地法制定
1882年	63	3月2日　女王がウィンザー駅で暗殺未遂に遭う（生涯で8度目にして最後の暗殺未遂事件）
		4月27日　4男レオポルドがヴァルデック＝ピアモント侯爵家のヘレン王女と結婚
		5月6日　アイルランド相カヴェンディッシュが暗殺される
		7月　イギリス軍がエジプトに侵攻
1883年	64	3月29日　ジョン・ブラウン死去
		8月18日　腐敗および違法行為防止法制定
		11月15日　マフディー軍がイギリス軍を撃破
1884年	65	1月　フェビアン協会結成
		2月18日　ゴードンがハルトゥームに到着
		3月28日　4男レオポルド死去
		7月　選挙法改正めぐり与野党で激しい攻防戦始まる（～11月）→女王の仲介により調整へ
		11月15日　コンゴ問題めぐるベルリン国際会議（～1885年2月26日）
		12月　第3次選挙法改正成立
1885年	66	1月26日　ゴードン戦死（救援軍がハルトゥームに到着したのは28日）
		6月23日　第2次グラッドストン内閣総辞職→第1次ソールズベリ（保守党）内閣成立
		6月25日　議席再配分法成立
		7月23日　5女ベアトリスがバッテンベルク公爵家のハインリヒ王子と結婚

		11月 総選挙（自由党334、保守党250、アイルランド国民党86各議席）
1886年	67	1月28日 第1次ソールズベリ内閣総辞職→第3次グラッドストン（自由党）内閣成立 6月8日 アイルランド自治法案が下院で否決 7月 総選挙（保守党316、自由党190、自由統一党79、アイルランド国民党85各議席） 7月25日 第3次グラッドストン内閣総辞職→第2次ソールズベリ（保守党）内閣成立 9月4日 ブルガリア公アレクサンダルがロシアの圧力で退位
1887年	68	3月23日 女王がバーミンガム行幸 4月4日 第1回植民地会議がロンドンで開催 6月21日 在位50周年記念式典 7月4日 ブルガリア公にフェルディナント即位 12月12日 イギリスがオーストリア・イタリアと地中海協定締結
1888年	69	3月9日 ドイツ皇帝ヴィルヘルム1世死去→フリードリヒ3世即位 4月 女王がイタリア訪問（イタリア国王・ブラジル皇帝らと会見） 4月23日 インスブルックでオーストリア皇帝フランツ・ヨーゼフ1世と会見 4月24日 フリードリヒ3世の見舞いに訪れる 4月25日 ビスマルクと会談 6月15日 フリードリヒ3世死去→ヴィルヘルム2世即位 8～11月 ロンドンで「切り裂きジャック事件」
1889年	70	5月31日 海軍国防法制定 8月2日 ドイツ皇帝ヴィルヘルム2世が訪英 8月19日 ロンドンのドックで労働者の大ストライキ 10月 女王が自らの肖像画をビスマルクに下賜
1890年	71	3月18日 ドイツでビスマルクが宰相を辞任

年	年齢	出来事
		6月18日　ドイツとロシアの再保障条約が失効
		12月　アイルランド国民党指導者パーネルが裁判沙汰で失脚
1891年	72	12月5日　皇孫アルバート・ヴィクター王子がテック公爵家のメアリと婚約
1892年	73	1月14日　アルバート・ヴィクターが急逝
		7月　総選挙（自由党２７０、保守党２６８、自由統一党47、アイルランド国民党81各議席）
		8月12日　第2次ソールズベリ内閣総辞職→第4次グラッドストン（自由党）内閣成立
1893年	74	7月6日　皇孫ジョージ王子がテック公爵家のメアリと結婚
		8月23日　次男アルフレッドがザクセン＝コーブルク公爵を継承
		9月8日　アイルランド自治法案が貴族院で否決
1894年	75	1月4日　露仏同盟締結
		3月2日　グラッドストン首相引退→ローズベリ内閣成立
		4月　女王がコーブルク訪問→ロシア皇太子ニコライと孫娘アリックスの婚約を聞く
		6月23日　皇孫ジョージ王子に長男デイヴィッド誕生
		7月25日　日清戦争（〜１８９５年3月）
		11月1日　ロシア皇帝アレクサンドル3世死去→ニコライ2世即位
		11月26日　ニコライ2世とアリックスが結婚
1895年	76	4月23日　独仏露が日本に三国干渉
		6月21日　ローズベリ内閣総辞職→第3次ソールズベリ（保守党・自由統一党）内閣成立
		7月　総選挙（保守党３４１、自由統一党70、自由党１７７、アイルランド国民党82各議席）
		12月14日　皇孫ジョージ王子に次男アルバート誕生
		12月30日　南アフリカでジェイムスン侵入事件
1896年	77	1月3日　クルーガー電報事件
		1月27日　ロイヤル・ヴィクトリア勲章制定

		8月5日　オズボーンで李鴻章と会見 9月23日　イギリス歴代君主で最長の在位記録を更新 9月24日　バルモラルでロシア皇帝ニコライ2世一家を歓待→ニコライと国際情勢の意見交換
1897年	78	3月26日　カンヌでグラッドストンと最後の会見 6月7日　第2回植民地会議がロンドンで開催 6月21日　在位60周年記念式典
1898年	79	4月21日　米西戦争（～12月） 5月19日　グラッドストン死去 9月5日　スーダンでマフディー軍殲滅 9月18日　ファショダ事件
1899年	80	5月18日　ハーグで第1回平和会議開催（～7月29日） 10月12日　南アフリカ戦争（～1902年5月） 11月20日　ドイツ皇帝ヴィルヘルム2世が4年ぶりに訪英
1900年	81	4月4日　女王がアイルランド行幸（～26日） 6月20日　中国で義和団の乱（～8月14日） 7月31日　次男アルフレッド死去 9月　総選挙（保守党334、自由統一党68、自由党186、アイルランド国民党82各議席） 11月11日　ウィンザーで体調不良に
1901年		1月13日　最後の日誌を執筆（口述筆記） 1月22日　午後6時30分オズボーンで死去 2月2日　ウィンザーのセント・ジョージ・チャペルで葬儀 2月4日　夫アルバートの墓の隣に埋葬（ウィンザーにあるフロッグモア王室墓地）

君塚直隆（きみづか・なおたか）

1967（昭和42）年東京都生まれ．90年立教大学文学部史学科卒業．93～94年英国オクスフォード大学セント・アントニーズ・コレッジ留学．97年上智大学大学院文学研究科史学専攻博士課程修了．東京大学客員助教授，神奈川県立外語短期大学教授などを経て，現在，関東学院大学教授．専攻，イギリス政治外交史，ヨーロッパ国際政治史．

著書『イギリス二大政党制への道』（有斐閣，1998年）
『パクス・ブリタニカのイギリス外交』（有斐閣，2006年）
『近代ヨーロッパ国際政治史』（有斐閣，2010年）
『チャールズ皇太子の地球環境戦略』（勁草書房，2013年）
『女王陛下のブルーリボン――英国勲章外交史』（中公文庫，2014年）
『物語 イギリスの歴史』上下（中公新書，2015年）
『立憲君主制の現在』（新潮選書，2018年　第40回サントリー学芸賞受賞）
『ヨーロッパ近代史』（ちくま新書，2019年）
『エリザベス女王』（中公新書，2020年）

ヴィクトリア女王《じょおう》
中公新書 *1916*

2007年10月25日初版
2020年1月30日4版

著　者　君塚直隆
発行者　松田陽三

本文印刷　三晃印刷
カバー印刷　大熊整美堂
製　　本　小泉製本

発行所　中央公論新社
〒100-8152
東京都千代田区大手町 1-7-1
電話　販売 03-5299-1730
　　　編集 03-5299-1830
URL http://www.chuko.co.jp/

Published by CHUOKORON-SHINSHA, INC.
Printed in Japan　ISBN978-4-12-101916-5 C1222

中公新書

世界史

e2

2050 新・現代歴史学の名著 樺山紘一編著
2223 世界史の叡智 本村凌二
2253 禁欲のヨーロッパ 佐藤彰一
2409 贖罪のヨーロッパ 佐藤彰一
2467 剣と清貧のヨーロッパ 佐藤彰一
2516 宣教のヨーロッパ 佐藤彰一
2567 歴史探究のヨーロッパ 佐藤彰一
1045 物語 イタリアの歴史 藤沢道郎
1771 物語 イタリアの歴史Ⅱ 藤沢道郎
2508 語る貨幣がローマ帝国史 比佐篤
2413 ガリバルディ 藤澤房俊
2152 物語 近現代ギリシャの歴史 村田奈々子
2440 バルカン―「ヨーロッパの火薬庫」の歴史 M・マゾワー 井上廣美訳
1635 物語 スペインの歴史 岩根圀和
1750 物語 スペインの歴史 人物篇 岩根圀和
1564 物語 カタルーニャの歴史(増補版) 田澤耕
1963 物語 フランス革命 安達正勝
2286 マリー・アントワネット 安達正勝
2466 ナポレオン時代 A・ホーン 大久保庸子訳
2529 ナポレオン四代 野村啓介
2027 物語 ストラスブールの歴史 内田日出海
2318 2319 物語 イギリスの歴史(上下) 君塚直隆
2167 イギリス帝国の歴史 秋田茂
1916 ヴィクトリア女王 君塚直隆
1215 物語 アイルランドの歴史 波多野裕造
1420 物語 ドイツの歴史 阿部謹也
2304 ビスマルク 飯田洋介
2490 ヴィルヘルム2世 竹中亨
2546 物語 オーストリアの歴史 山之内克子
2434 物語 オランダの歴史 桜田美津夫
2279 物語 ベルギーの歴史 松尾秀哉
1838 物語 チェコの歴史 薩摩秀登
2445 物語 ポーランドの歴史 渡辺克義
1131 物語 北欧の歴史 武田龍夫
2456 物語 フィンランドの歴史 石野裕子
1758 物語 バルト三国の歴史 志摩園子
1655 物語 ウクライナの歴史 黒川祐次
1042 物語 アメリカの歴史 猿谷要
2209 アメリカ黒人の歴史 上杉忍
1437 物語 ラテン・アメリカの歴史 増田義郎
1935 物語 メキシコの歴史 大垣貴志郎
1547 物語 オーストラリアの歴史 竹田いさみ
2545 物語 ナイジェリアの歴史 島田周平
1644 ハワイの歴史と文化 矢口祐人
2561 キリスト教と死 指昭博
2442 海賊の世界史 桃井治郎
518 刑吏の社会史 阿部謹也
2451 トラクターの世界史 藤原辰史
2368 第一次世界大戦史 飯倉章